THE DAYS OF GOLDEN LEAVES

茶金歲月

北埔姜阿新洋樓的故事

原　著
精華版

廖運潘
著

天高し

北埔洋樓

雨後の晴れ

廖運潘

二〇二一、十、十四、

終於散去了，
北埔洋樓的陰霾，
秋日天高爽。

＊北埔姜家歷經榮華、苦難，廖運潘以此俳句表達買回洋樓的莫大欣慰，並分享雨後必有晴天的人生體悟（姜惠琳譯）。

徐江妹繪

目次

第五章　一九五三年開始北埔生涯

第六章　正式進入茶業界

第七章　決心重振岳家

第八章　窮則思變

推薦序

從《茶金歲月》見證北埔姜家的興衰

陳郁秀
鋼琴家、公視華視董事長

事情是這樣開始的……，在闊別多年再見到惠慶之時，若不是她詳細地自我介紹，我已無法認出她曾是我擔任師大音樂系系主任時期的鋼琴組畢業生。記得那天，惠慶捧著她父親廖運潘先生的九本浮生手稿來見我，第一句話就說：「陳老師，北埔洋樓在我們姜家第三代子孫的團結努力下，買回來了！我們可以告慰祖父母在天之靈了……。這是爸爸的手記，請老師過目……。」聽到後，我內心一陣悸動，心想是什麼樣的曲折情節，讓一個大家族經歷了這場人生的翻轉與巨變。

《茶金歲月》是一個勵志的真實故事，也是一部又悲又喜的人生奮鬥史，內容是描述桃竹苗地區的北埔大茶商——姜阿新，是如何樓起樓塌、最終宣佈破產的歷程。他創立臺灣最大的茶廠並擁有最新的設備，也就是當年呼風喚雨的「永光茶廠」，一九五〇年代更興建了洋樓屹立於北埔，這也代表著臺灣輝煌的「茶金年代」。當時，這家工廠有著最大的紅茶產量與最高的茶葉出口量，積極行銷全球，遍及非、亞、歐、美四洲；同時，北埔地區所研製出臺灣唯一、特有的「膨風茶」，就是俗稱的「東方美人茶」，也為臺灣樹立了茶葉的「品牌」標竿。

《茶金歲月》作者廖運潘，是姜阿新的女婿（所以惠慶是大茶商的孫女），在他的手稿中娓娓道出，於永光茶廠時期如何與姜家結緣；畢業於臺大經濟系、是金融圈一份子的他，在姜家事業步入下坡、處於四面楚歌的氛圍中，他是如何毅然辭去臺銀工作，投入種茶、製茶及造林等工作；且在最艱困時期，嘗試製作蒜頭粉及洋菇干等過程。也描述他期盼能力挽狂瀾，為家族事業中興，但仍難挽劣勢；最後，與丈人秉持「為商之道」，清還債務、安頓員工後宣佈破產，所有祖產付諸東流，一家人無奈黯然離開山城的一段淒涼故事。

初讀文本，內心十分激動。試想，人生竟可以如此大起大落；惠慶與姜家第二代及第三代子孫為了再度買回洋樓所經歷的辛酸與付出的心血，著實令人動容。很難想像習於富貴生活的家族，是如何安於苦難日子的煎熬，但他們不懈的努力、展現「尊嚴活下去」的勇氣，更是讓人感佩。

這是一個家族的興衰史，有笑有淚、有血有肉，悲歡離合盡在其中。得知九本手稿精簡濃縮出版，備感欣慰。我深深體會「人生不管發生任何起伏，永保尊嚴努力向前」是關鍵，與大家共勉，是為序。

推薦序

勇於改寫生命劇本的人

徐仁修
作家、攝影家
荒野保護協會與荒野基金會創始人

每個人的一生，都是一部小說，重要的是精采與否？而人生中，你的每一個起心動念都影響你的行動，而每個行動就是小說中的片段或章節，最後加起來，就決定你使用行動書寫的人生小說了。精不精彩，說老實話，你自己心知肚明，只是大多數還正在上演的人，都不願或不敢面對自己的演出。所以，大多數的人都在歹戲拖棚。只有那些有勇氣或智慧的人，敢於面對，勇於反省，也敢於立刻改寫劇本，這樣的人終將是了不起的人物。

《茶金歲月》是一部精采的回憶錄，也是一部非常難得又重要的民間歷史。從一九四〇到一九八〇年，是臺灣大變動的時代，無論政治、經濟、國際局勢、生活方式……但記錄權、解釋權，都掌控在當時的官方手裡，老百姓都無權或無力置喙。但非常難得的就是廖運潘先生，在命運與個人特質的因緣下，參與並置身在壯闊的波瀾裡。一九九六年之後，用他驚人的記憶力、觀察力、與人為善，以及幽默，把那個時代，他被命運之神安排與北埔望族姜家聯

姻，卻因上一代無法調適時代環境的改變，必須扛起破產的責任，最後全家空手落難到臺北租來的小屋棲身。從面對還沒有著落的明日三餐，到如何安排正要就學的一群小小孩，他把當年發生的故事，人情冷暖一五一十的記錄下來。也把岳父姜阿新先生從富商淪落到棲身小屋一角，從無怨言的身影刻劃得栩栩如生。

當年那麼多官宦政客向他借貸或尋求支助，他都盡可能伸出援手。而破產後，現實人性的突顯令人感慨，姜阿新先生也從不多言。這些精采的片段，經作者用九大本書娓娓道來，寫下那個對民間來說，幾乎空白的時代紀錄，自行印刷分享兒孫，冀望兒女從中閱歷祖輩家族的過往。本書摘錄其中書寫北埔茶業在二戰後由盛而衰之故事，公開出版單行本以饗讀者。

最有意思的是，當年那五個小姑娘及一位小弟，長大之後，各自事業有成，竟在二〇一二年將祖父姜阿新當年遭銀行查封之北埔洋樓購回，並以洋樓為平台成立姜阿新教育基金會，承襲祖父關注偏鄉教育之精神在大隘地區協助弱勢兒童之教育。這是臺灣版的公主復國記，非常值得我們欣賞與閱讀。

廖運潘先生人生閱歷豐富，文學底子深厚，觀察敏銳，記憶力驚人，更難能可貴的是，他有華人最欠缺的幽默，閱讀起來，讓人興致盎然而欲罷不能。

好看的民間版《史記》

李偉文
作家、牙醫師、環保志工

十多年前齊邦媛教授以自傳《巨流河》記錄二次大戰前後，有一群人在那巨變的大時代中，顛沛流離來到臺灣的故事。當時就盼望著，在同一個時代，但不一樣環境中努力生存的前輩們，是否能如同《巨流河》般，為有緣匯聚到臺灣的不同族群，留下真實的記錄？

很開心《茶金歲月》實現了當年私心的盼望，更榮幸的是，書中許多的情節，三十年來，我就斷斷續續聽聞，並親眼見證「姜阿新洋樓」失而復得及修復過程的諸多「奇蹟」。也因為這個真實故事，我如同作者女兒廖惠慶所言，從買回洋樓就更加相信，心存善念在好事累積下，不可思議的奇蹟都可能發生。

認識惠慶是在荒野保護協會籌備期，因為我們兩家都是協會的志工幹部，所以經常見面，甚至天天都有傳真機相互傳的訊息。十多年前大家陸陸續續卸下幹部職務後，至今在週末假日大夥還是會一起出遊爬山聚會。

多年來就非常好奇，惠慶這麼奇特的個性是怎麼養成的——在環境議題上，總是溫柔和顏悅色卻永不放棄直到成功；在待人接物上，極為細心體貼周到卻又不會形成別人的壓力；任何工作與任務，總是全力以赴卻從不抱怨也不邀功。

如今看了這本《茶金歲月》，由惠慶從父親親筆書寫，近一百三十萬字中節選出的內容，才明瞭原來她傳承了父母親的個性與做人處事。

《茶金歲月》表面上雖然只是作者的自傳，但從個人經歷與真實細節的描述中，可以建構出二戰前後臺灣本土產業發展與興衰的過程，甚至小到當時的車票，柴米油鹽……的價格都能鉅細靡遺的記錄下來，真可說是民間版的《史記》。

對於離那個時代還不遠的我們，從書中知道父母親那一代庶民生活的點點滴滴，有重回歷史現場的樂趣，但同時也在作者生活應對中，得到寶貴秘訣，比如他在新婚之夜與太太約定的「夫妻憲法」，就很值得我們參考。

近年，新竹北埔變成觀光旅遊的熱門地點，「姜阿新洋樓」更成為年輕人打卡聖地，從《茶金歲月》全新改編的電視劇《茶金》也將搬上銀幕。但是若大家能閱讀歷史場景背後的真實故事，體會一位意氣風發的有為青年與一位才貌雙全的天之嬌女，共同面對命運的磨難，攜手走過一甲子相知相守的深情歷程，相信會有更多的感動。

自序

雨後天已晴

一九二八年我出生在日本殖民地臺灣之新竹州觀音庄，舊名「石觀音」，是個純樸的海邊村落，父親在街上經營漢藥鋪兼雜貨店。父母親養育我六兄弟八姊妹，我排行次男，一個姊姊七個妹妹，個個壯碩健康。父母親勤儉持家，樂善好施而剛正不阿，深深影響了我的性格。

我七歲上觀音公學校接受日語教育，十三歲讀私立淡水中學校四個年光，一九四五年三月，十七歲考上臺灣總督府臺北高等商業學校。同一年八月十五日，日本戰敗向美國同盟國投降，臺灣主權歸屬中華民國。我們這一批高商第二十七屆是日本教育最後一屆學生，決定繼續沿用日本學制，所以留用八位日本人教授，依然用日語教導我們到三年畢業為止。

但是兩年後的一九四七年，我們母校被併入臺灣大學成為法學院商業專修科，日本教授被遣送回國，改由來自中國大陸各地的教授用各地方言授課，一九四八年三月，臺大法學院商業專修科畢業後，我回鄉晴耕雨讀半年，九月底插班臺大法學院經濟系三年級。一九五〇年六月，臺大經濟系畢業，同年九月就職臺灣銀行，翌年一月四日奉派高雄市臺銀左營分行勤務，可以說是學以致用，一帆風順。

一九五一年春，我與新竹縣北埔鄉茶業界名人姜阿新先生獨生女姜麗芝成婚，翌年四月長女蒂玉誕生，我們在高雄前後兩年多的生活，於公於私都充滿活氣而心花怒放。我曾向麗芝承諾將來一定要當臺銀總經理並確實孜孜不倦地力求上進，但事與願違，連個股長都未做到就不得不放棄我遠大的夢想。

一九五三年二月，我應岳父要求辭去臺灣銀行職位，到北埔協助岳父經營的龐大事業，但扶翼無能，以致十三年後不得不以破產收場。我夫妻帶領六個嗷嗷待哺的子女北上，嘗試各種生計設法度過窘境。「千金之女」的妻子堅強樂觀，由電繡學號、日文秘書、家庭代工、禮品公司店員到永漢日語教室老師，一直默默相扶至子女完成高等教育，順利踏入社會，全不氣餒，無一字怨尤，富家女出身且勤奮如此，客家女子之好名，可見一斑。

我十八歲以前的國籍是日本人，這是出生在那一年代，生活在那一個時代全體臺灣人共同的宿命。況且我當時年幼無知，接受的又是徹底的日本皇民化教育，所以除了個人恩怨外，對日本人沒惡意也沒好感，只是對其異民族的隔閡從未消失過。

我的母語是客家語，但父母親出生時，臺灣已經變成日本領土，因而未曾正式學習過中文。然而我無師自通，七顛八倒的書寫中難免帶有濃厚的客語腔調和嚴重的日文辭癖，呵呵！在這個意味上，我的文字也許是前無古人後無來者之作。我從古稀之年開始糊里糊塗地用中文寫了九本書，內容除了一些統計數字和若干政治問題外，大部分是我記憶的產物。這一百二、三十萬的文字裡面，好像沒有什麼驚世駭俗的哲理，但如果我的家人或其他人能讀出足以為訓的東西，那是他的福氣，我的僥倖。

我的興趣在文學和歷史，但從事的工作都以商賈為主，所幸業餘的興趣古典音樂、京戲、日本文藝之俳句、川柳，以及古今中外書籍唾手可得，粗茶淡飯米酒頭怡然自得，加上有可愛的妻兒相伴，即便不夠有成就，夫復何求？

轉眼已兒孫繞膝，垂垂老矣！回首冷眼看如夢浮生，綺麗曲折，我嘗盡冷暖，無怨無悔亦問心無愧。不如記下這人間百態，算是給愛聽故事的兒女一個紀念，也對老祖宗有一點交代。

文化部長李永得先生與公視董事長陳郁秀女士，讀了這套雜文覺得有趣，決定以岳父製茶事業為背景重新改編的劇本，拍出《茶金》影集十二集，拍攝結束後，承蒙瀚草影視湯昇榮總經理建議，從《想到什麼就寫什麼》摘錄與茶葉有關的北埔生涯，出一單行本，配合影集的推出，期待讀者可以透過拙作得以一窺洋樓生活的真實樣貌，並對當年臺灣動盪的社會及洋樓裡的起伏人生有更深的體會。

廖運潘　二〇二一年十月三日

第一章
求學

成長於濱海小村

一九二八年十月二十二日清晨，我出生在桃園觀音塘背老屋。當時屬於日治時代，按照日本的年號是昭和三年舊曆九月十日，稍微長大以後我必須牢記這個舊曆日子，因為自己要提醒母親，才能得到兩個煮鴨蛋，而其他兄弟姊妹也可以各分享到一個，以示同慶。可惜我們大部分都沒注意到舊曆的日子，所以常常日子過去才想起來，只有頓足捶胸的份。

父親在觀音的店於一九三〇年改建為兩層樓，成為當時觀音的最高建築物，我們這一房人從塘背搬出來到觀音街上住，我的記憶就從此時期開始隱約出現在腦海裡。阿公的去世對我們家帶來很大的衝擊，加上臺灣總督府採取漢醫遞減政策，漢藥店牌照不准傳世，為了維持所需的收入，父親只好擴張雜貨店的生意。於是乎，布匹、菸

榮源商店，即廖家的雜貨舖，1941年淡水中學校川村良明老師來訪觀音學生廖運潘及謝萬協。

酒、石油、糖果、南北貨、金炮燭、棺材，甚至於賣豬肉都變成我家的營業範圍。在阿公去世後的十年間，由於父親做生意及僱人開墾海埔新生地的努力，家裡的財產由十三甲增加到三十甲之多。

五分埔阿姨

一九四五年三月，我淡水中學校畢業考上臺北高等商業學校時，先寄宿在安叔家一陣子，不久搬進現在中山北路一段八條通新埔阿姨的家，當時的地址是大正町一丁目二之五番地。那是標準的日式宿舍，室內有八個榻榻米的房間兩間和三個榻榻米的小房間，以及廚房、廁所和玄關，兩個榻榻米大的玄關後來成為我的書齋。

住新埔街五分埔的阿姨，其實是母親少女時代最要好的朋友。外公因為買棕（做蓑衣的棕料）前往五分埔，獲知五分埔腰纏萬貫的詹文光先生有意續弦，便自告奮勇前去拜訪詹先生，結果一撮而合，阿姨嫁給詹先生成為他的第三任太太。詹文光先生的第一位太太生了兩女一男後去世，第二位太太生了兩個女兒後也撒手歸天，阿姨生二子，大兒子詹梅谷後來成為我姊夫，小兒子詹錦川是我念高等商業學校時的早一屆前輩。當時，住在宿舍的人，除了主人詹錦川桑以外，有竹東人何智謀和何智光昆仲。錦川桑的侄孫輩詹德鎮以日語叫錦川桑為G將，這個稱呼很適合少年老成的錦川桑的風格，所以大家都跟著德鎮君叫，久而久之，G將就成為錦川桑的外號。

初聞姜阿新之名

隨著戰後社會秩序的慢慢恢復，一般社會活動也趨於活潑起來，這一個時期開始，由鄉下來臺北辦事而未克當天返鄉的親朋偶爾會到我們宿舍來借宿，使我認識了不少新埔、竹東一帶的長輩和朋友，其中不乏地方的名人、巨賈。日本式房屋的一大特色在於全面積能夠用做睡床，夏天只要有大張的蚊帳，冬天如有足夠的被褥，我們不算大的宿舍尚可容納不少宿客。

暑假開始不久，邱家伯父阿重伯來訪觀音家。阿重伯在南投水裡坑開集賢旅社兼營山產買賣，此行目的是要求父親資助他一筆錢來向北埔姜阿新先生標購造林地杉木，這是我第一次聽到姜阿新的名字。父親允諾阿重伯的要求，我不知道後來伯父標購杉木的詳情如何，但我們家新房子和贈送給表哥陳盛明兄蓋在中壢河畔同一規模的新家所需福杉圓木、杉板，全數都來自北埔姜家大坪造林地。

暑假過去，新學期開始後，宿舍的住客漸多，其中包括姜阿新先生夫妻。當時我對他們的認識有限，只知道姜先生是位家住竹東郡北埔庄的大地主兼製茶業者，夫人是G將的異母大姊。爾後偶爾來借宿的人之中，姜先生的部屬居多。

驚鴻一瞥

一九四七年秋天的一個星期六下午，我回到宿舍時，在玄關看到兩雙女人皮鞋，屋子裡面有一老一少，姊夫的大姊蒜姑我認得，她替我介紹留長髮、穿淺藍色衣服的少女是她女兒麗芝，然後告訴女兒我就是阿潘舅。當時我怯生，尤其毫無與女生對話的經驗，因而覺得十分尷尬而不知所措。沒有多久，她們家的自用車來把母女接走，我和麗芝的初次見面，時間不到十分鐘就結束。所謂的驚鴻一瞥莫過於斯矣。

新竹女中時期，前排中為姜麗芝，前排左一為姜紹祖孫女姜秋蘭，後排左一是表妹詹苑君。

說客阿姨

一九四八年七月下旬的某一個下午，新埔的阿姨突然來我們家作客。英姊嫁給她兒子梅谷後，應該以親家母稱呼才對，但我們都沒有改口，母親仍然叫她阿娘姊，我們兄弟姊妹照舊尊她一聲阿姨。在我的記憶裡，阿姨除了英姊訂婚時以外，似乎未曾來過觀音，她的破例光臨令我難免有一點奇異的感覺，但晚餐後我照樣前往海邊西瓜田執行防盜任務而喝酒如儀，談天說地如常，三更半夜酒罄話盡，臥在沙地，熟睡如泥。

翌日清晨，我回家吃早飯時，母親告訴我說，阿姨有事跟你商量，我吃過飯即到新房子二樓見阿姨。阿姨開門見山地說：「阿潘，你給我女婿姜阿新的女兒招贅好不好？」由於事出突然，在毫無心理準備的情形下，我一時無法回答如此重大問題。據阿姨說，她女婿家財萬貫，事業規模龐大，包括茶業、糖業、林業、交通業等，但膝下只有一男一女，將來恐怕無法繼承他的事業加以發揚光大，因而想要一位得力的助手。她外孫女麗芝氣質高尚，性格溫馴，毫無千金小姐的傲氣，例如到外婆家時，她肯跟傭人一起幹活，甚至篩堆肥之類的粗工也難不倒她，如果你能和她結婚，算是你的福氣云云。

我沉默良久，阿姨性急，一直催我表示意見。其實當時我沒有任何想法，甚至可以說對事態的把握都如在五里霧中。我對麗芝確有好感，但未有進一步的感情發展。在如此情況下突

新埔詹家，由左至右為詹苑君、詹梅谷、G將詹錦川、姜麗芝、廖鏞英、廖運潘，中間坐著的是外婆吳娘妹。

然提起婚姻，難免有一點奇怪、不自然的感覺。經過思考後，我對阿姨說，我一定要念完大學，若有緣分，再等兩年我大學畢業後再談不遲。阿姨說如果你願意，我女婿可以負擔你念大學的學費，我沒有答腔，覺得阿姨傷了我小小的自尊心，於是結束了和阿姨的秘密會談。

據阿姨說，姜家財產包括良田一百多甲、山林近千甲、茶工廠好幾家，另外有糖廠、製材所、新竹客運公司六分之一股份、富甲舊新竹州等等。但當時我自命不凡、異想天開，陶醉於自己到美國去開拓前途的夢想，正因為如此，我對阿姨的勸誘無動於衷。同時，我還考慮到鳴鐸兄的問題，鳴鐸兄是麗芝的哥哥，但非親生，如果我成為姜家贅婿，他的感受如何將是一個大問題。總之，我當時年輕，麗芝也只不過是高中二年級學生，爾後就沒有再進一步的進展。

插班臺大經濟系

同年十月一日午前十時，我抵達法學院，在佈告欄看到我們這一批經濟學系三年級插班生的錄取名單，包括我等一共十四名，是從八十多名應考生中脫穎而出者。當年的臺灣大學分成法、醫、文、理、工、農六個學院，法學院在徐州路原臺北高商校址，醫學院在中山南路臺北帝大醫學部舊址，其餘四個學院集中在大安區羅斯福路四段一號臺北帝國大學原址而稱為大學本部（臺北帝國大學創校於一九二八年）。法學院設有經濟、商業、法律、政治等四個學系。按照過去商業專修科的學制，我們學習的內容屬於商業系統，唯礙於商業學系是那一年剛剛成立而我們有資格插班三年級，因而只好將就歸屬於經濟學系。

這一年初冬，從前同宿在八條通宿舍的何智謀結婚。當天是星期六，我放學後，和姊夫一起南下新竹，於東門城邊姊夫二哥煥奎先生家與在永光公司竹南木行上班的G將會合，這是我首次到新竹市。麗芝是新竹女中高三學生，寄宿在她煥奎舅家。我們一行人搭乘通車不久的內灣線火車往竹東，剛好是學生下課時間又逢星期六的好日子，只有四節且不甚寬大的車廂擠得水洩不通，車廂兩邊長椅已經坐滿乘客，我們只好站在一起，任憑施工不精的鐵路搖晃顛簸。車行未幾，和旁邊幾個穿新竹女中制服的女生悄悄私語的麗芝突然轉身過來問我她們正在爭論的焦點：《罪與罰》作者是不是托爾斯泰？當時在我的人脈

廖運潘（左一），與臺大經濟系同學蔡瑞龍、呂榮茂、劉世汀（左二起）。

小圈裡，我是大家公認的文學青年，而且身穿詰襟（つめえり，大學生制服、不折圍頸的高襟）又佩逆三角形藍底白字的臺大徽章，威風凜凜得一塌糊塗，想必這是麗芝抛開兩位舅舅，把質疑矛頭指向我的理由。但很糟糕的是我根本不知道《罪與罰》是誰寫的書，甚至連書名都未曾聽過。我雖然若無其事地答以不確知，但羞赧之念令我無地自容，非常後悔自己讀書的範圍太狹窄。

在此之前，我並非完全不接觸外國文學，只是我過去的印象裡，翻譯出來的東西少有文采，甚至往往難免有不太順暢的敘述，加上外國人名尤其是俄國人名字冗長，容易成為閱讀上的困擾，因而不無敬而遠之的傾向。唯如今竟然碰上如此窘態，試想作為一個堂堂臺大學生是孰可忍孰不可忍？

次週，我不顧繁重的功課壓力，抽空到新公園博物館地下室的省立圖書館辦理借書證，首先借出的當然是杜斯妥也夫斯基的《罪與罰》，順便也借了雨果的《鐘樓怪人》，從此開始到畢業為止的將近一年半，我持續利用省立圖書館，將其珍藏而爾後想必少有人問津的舊日文版托爾斯泰全集、杜斯妥也夫斯基選集、大仲馬全集、雨果全集幾乎全部讀完。這一段是我讀書最多的時期，可惜七十年後的現在，我對那一大堆著作中，托爾斯泰的《戰爭與和平》、《安娜·卡列尼娜》，杜斯妥也夫斯基的《罪與罰》，大仲馬的《基度山伯爵》、《三劍客》，雨果的《悲慘世界》、《鐘樓怪人》等內容仍舊能夠隱約記得以外，其餘大部分都抛到九霄雲外了。

竹東一帶人士素以嗜酒聞名，當天喝的是添加紅麴釀熟的私製米酒，芳醇可口，但後勁很強。我遇到不少以前來過宿舍的謀助桑醫專同學和嗚鐸桑朋友。喜筵的歡欣氣氛令一群年輕人酒脾大開，酒杯獻酬此起彼落，很快就使我進入飄飄欲仙的陶然境界。我手執酒杯，到最上座向新婚夫妻和主婚人二老敬酒祝賀，在附近見到姜阿新先生和他叔父姜振驤先生等人在座。我不認識同桌人士，但個個西裝筆挺，儀表嚴肅，看似頗具社會地位的模樣。我從上位老者開始一一把盞，輪到姜阿新先生時，他以略帶酒意的語氣向鄰座的振驤先生介紹我，然後改用日語說：「我想把女兒嫁給他，」並問我：「你意下如何？」在當時我與麗芝之間的婚姻問題尚無絲毫進展的前提下，姜先生如此鄭重宣言，令我大感意外，我隨即以多謝先生美意作答，但突如其來的衝擊令我情緒翻騰，久久難以平靜。我很想找麗芝談心，但場內已經凌亂狼藉，始終看不到人。宴畢，我步出公會堂，麗芝和她母親站在寒風中，說裡面空氣太悶先出來透透氣，不久她父親和哥哥也來，坐上自用車回北埔，姊丈和我本來打算搭夜車返北，但他姊夫亦即姜阿新先生勸我們在北埔住宿一晚，並叫車子到家後馬上折回來接我們。坐在公會堂前條凳等車約四十分鐘時間，我一直在思考姜先生對我說的那一句話。

這個階段，我對麗芝的感情已經慢慢滋長成形，我的家人和比較接近的朋友也好像在注視我們之間的進展，可是最大的問題是我不知道麗芝對我的看法。從她過去的態度或言行判斷，我認為她對我稍有好感，但由於相處機會不多而且她還是一個高中學生，所以我不敢奢望她對我有任何深切的感情。在此之前，有一天聽說曾經是鳴鐸兄的家庭教師卻不務正業，專教鳴鐸兄打架的新埔人陳茂生來宿舍借宿。陳桑說麗芝和他搭同一班火車北上，姊丈問麗芝何事來臺北，陳桑答以她上北會晤男友，姊丈說她男朋友在哪裡，陳桑以唱代說，說坐在我旁邊喝茶者便是。然後對我說，你最好不要娶她，我問他理由，他卻突然把頭上的乞丐帽拆下猛摔在地板，跳起來屁股著地坐在破帽上。我看得出，他的動作是在演出日諺「把屁股壓在丈夫身上」，亦即老婆當權欺壓老公的意思。我雖然不喜歡他開這種玩笑，但從他談笑裡，我洞察出麗芝周圍好像有人在談論我和她的結合。如今直接聽到她父親提起此事，對我自然是喜出望外，但苦於不知麗芝對我的看法，也沒有相處的機會。經過深思熟慮，我所獲得的結論是一切還要看我和麗芝之間感情的進展，如果她不能接受我，縱使得到她父母同意亦是枉然。

抵達北埔姜家時，大家都疲勞困憊、酒氣沖天。姊丈、G將和我躺在八張榻榻米的日式房間，他們很快就鼾聲大作，唯我回想傍晚姜父對我所言，一直無法入眠。

姜家正在大興土木，在原有古老伙房屋南邊新蓋一棟規模雄偉的雙層洋樓，鐵筋混泥土的外部結構已經完成。翌日清晨起床不久，麗芝帶我們通過工地，到她們家卡車車庫改造成臨時廚房兼餐廳的寬敞木造建築物，姜先生夫婦和鳴鐸兄在那裡等我們吃早餐。未幾，要往新竹購物的姜家自用車開過來，姊夫和我搭便車到新竹，改乘火車回臺北。辭別姜家時，蒜姑和麗芝邀我舊曆新年再訪，我滿口答應，從此我接近麗芝的機會增加了。

第二章 北埔姜家

北埔春節

一九四九年初，我虛歲二十二，經濟系三年級第一學期期考後進入寒假，舊曆新年就在眼前。元旦早晨，我們家依例男女分別到甘泉寺上香，然後男兒隨父親往塘背家祠拜祖。午後，我搭車南下，傍晚抵達北埔。鄭書爋寄宿在姜家，他是麗芝母親同母胞妹蜂姑之子，也就是鳴鐸兄的表弟，麗芝的表哥。他服務於永光公司糖廠，由於家住花蓮，路遙未克返鄉，留在姨媽家過年。鄭君借宿過臺北宿舍，所以我們之間有一面之雅。他告訴我說，吃年夜飯時，他無意中誤夾麻油雞中的雞尾而遇到既不敢吃又不敢放回去的進退維谷場面，最後終於鼓起渾身勇氣把那一塊棘手之物強吞下去的一剎那，聽到他姨丈在大鉢中遍找不著而發出的「奇怪，雞尾跑到哪裡去？」的疑問，使素來就畏懾姨丈的老實人鄭君尷尬得不知所措，只能用蚊子哭般的聲音說出他不慎夾到，又不敢放回去，所以不得不勉強吞下去的艱鉅過程，一家人捧腹大笑。我造訪姜家不久，煥奎先生、姊夫、G將三兄弟連袂抵達。晚餐時，大家都喝了不少酒，而主人酒量看似不甚高明。

翌日清晨，鳴鐸兄帶我到北埔街尾興建中的茶工廠，他說原來位於北埔口的舊廠面積不夠大，因而改為精製茶廠，新建中的工廠將是臺灣最大規模的粗製茶廠，一樓磚造部分已經完成，二樓是木造，所需木料全由竹南林場供給，為了迎接四月初春茶的生產，目前正在趕工中。

北埔街道的規模與觀音大約相當，但此地出產茶葉、竹木、煤炭，又加上有電燈、電話之便，看起來顯然比較富有活力，與觀音街近於寒傖的氛圍感覺截然不同。中午，姜家在尚未完竣的洋樓下宴請永光公司員工十餘桌，掛在前庭長竹竿的十餘公尺長鞭炮炸裂的巨響和猛烈火光是我首次見到的壯觀景象。當年永光公司事業順利成長，一百多位男女員工以董事長為中心團結一致，融洽歡欣的氣氛令人印象深刻。北埔鄉人口雖少，但富人多，可能因為如此，街上有兩位馳名廚師——阿斗伯和阿日師。兩位老人家都在街上開點心店，姜氏一族宴客時輪流請他們前來掌廚，所用材料所費不貲，因而北埔料理在全島客家庄中別具一格。

宴客用春酒是他們謔稱北埔威士忌的紅麴釀熟私製酒，芳醇中略微帶甜。北埔人喝起酒來個個勇猛，日治時代專賣局記錄北埔庄人的平均酒類消費量居全島之冠，據說來自關西的永光公司茶師陳阿球先生年輕時聞到酒就醉，但奉派北埔庄役場產業技手後，沒有多久就練出高超酒藝而名列酒仙之一。

北埔人喝酒，以叫做「北埔例」的酒令著稱。只要把自己酒杯飲乾，就有權把空酒杯放在任何人面前，被放置酒杯者必須倒滿喝乾後還杯，這是藐視人權、強人所難的作法，但大家都樂此不疲，習以為常，我也很快就如法炮製，靠我過人的酒力大出風頭。宴畢客散後，董事長做莊在客廳博弈，桌上掀開一大張白紙，分十二個格子寫上象棋將士象車馬包紅黑各六個字，莊主把一個象棋棋子裝入鐵罐中放在桌上，讓蝟集而來的賭徒押寶，勝負是押一賠十，亦即押中一萬元就賠十萬元，不中者沒收。每一次開寶時，押中者歡呼和落空者嗟嘆之聲哄然而起，場面非常熱鬧。參與者幾乎全是永光員工，姜先生除了愛玩之外，亦不無多分一點紅給員工的含意，但大家都無法猜中他葫蘆裡賣的是什麼藥，有時被耍詭計，連續好幾次放進同一個棋子，令大家抓不住他心理而頓足捶胸。我固守學生本分的同時賭性也不強，所以志願擔任會計，但鳴鐸兄和書爋君興致勃勃，多次押進去被吃掉，後來被姜先生發現，囑我退還兩人的錢並且禁止他們再押。可是兩位仁兄都欲罷不能，退出圈外偷偷地託別人代押，鳴鐸桑堂弟文煥和柏年也跟進，很快就把壓歲錢押光。

翌日早晨，我離開北埔返家，第一次正式拜訪姜家，除了喝酒看賭以外無所事事，連和麗芝講話的機會都沒有，因此頗有美中不足而依依難捨之情。

暑假開始前不久，我鼓起勇氣寫信給麗芝，內容雖然只不過是單純的閒話家常，但在那個時代已經算是不良少年的行徑，信件也有被她父母沒收的可能，所以不敢過於奢望她的回函，但一方面又如大旱之望雲霓似地期待出現奇蹟。麗芝似乎也有同樣的顧慮，我在暑假快要結束的時候才收到她的回信，內容雖然是情見乎辭，但對我繼續通信的冀望卻以未獲父母諒解之前恕難以接受而婉卻。這是我和她交往一年半期間唯一的書信來往，其間我多次情不自禁地想要提筆，但又怕破壞她父母對我的印象而弄巧成拙，因而不敢造次。現在想起來，我實在是

1949年秋，麗芝與家人在台中公園，左起姜阿新、詹蒜妹、姜麗芝、姜鳴鐸。

一個正人君子、模範青年，連我自己都不得不佩服自己。

初冬某日，麗芝隨她父母到宿舍來晚餐，英姊準備壽喜燒招待貴賓。麗芝穿著暗紅色連衣裙，長髮垂肩，看起來成長了許多。這年，鳴鐸兄入學臺中農學院，寄宿在他父親公學校同學宋火華先生家。宋先生原為北埔大湖村人，也是姜家親戚，他在臺中開設雙美堂餅舖而大獲成功。鳴鐸兄雙親怕他在學校宿舍不得溫飽，所以讓他寄居親友處。麗芝跟隨父母往臺中探視兄長，然後一起北上來遊玩。這是我和麗芝相處較久時間的首次經驗，但在她父母長輩同席下，鮮有直接交談的機會。她們一行人回重慶南路寓所時，姜母邀我舊曆過年再來北埔摺（客語：玩）。

洋樓倩影

一九五〇年，我虛歲二十三。舊曆年初二早晨，我和三弟運淮按照事先約定，前往新竹煥奎伯家會合姊夫同赴北埔。姜家新建洋樓已經落成，我參觀全館，其絢爛豪華，讓我看得目瞪口呆。

吳進先生是新埔阿姨的么弟，也是姜家掌櫃，由於曾經來大正街借宿過，所以有一面之緣。吳先生帶我兩兄弟到永光公司糖廠參觀製造赤糖過程，在辦公室遇見鳴鐸兄和姜烘樞先生等人在打麻將。烘樞桑是抗日義士姜紹祖遺腹子振驤先生次男，我很早就認識他。聽說製糖工程二十四小時不能停火，因此過年也必須繼續操作，而工作人員採兩班交替制，亦即一半人員要通宵作業。在如此環境下，辦公室內打麻將，照理是不合適的事，但大家都好像不在乎的樣子。

回到姜邸，麗芝和她來遊玩作客的多位竹女同學在談天說地，其中幾位有一點面熟，我記得每逢星期五上大學本部歷史課時，在同車前往都麗美洋裁學院上學的女生群中看過她們。位在羅斯福路臺大本部附近的都麗美是當年最出名的洋裁學校。那個時代，臺灣女性升大學的風氣不盛，一般高中畢業就要準備出嫁，上洋裁學校主要是為了提高新娘子的教養和身價，學習一技之長的目的在其次，所以都麗美又有花嫁（日語：花嫁是新娘之意）學校之稱。黃昏時分，姊夫、G將以及大正街從前的室友詹德鎮陸續抵達，晚餐十分熱鬧，有一位外省人陳老先生是麗芝在校時的英文老師，隻身在台，麗芝招待他來家裡過年。

翌日，麗芝同學大部分離去，午前，登門拜年的親朋絡繹不絕，中午包括我等一行人，兩張餐桌又是客滿。下午賓客回去，部分人聚集在舊伙房屋打牌，運淮不知去向，我一個人坐在洋樓大廳，期待麗芝出現來陪我聊天，結果大失所望，我無聊地坐在寬闊的客廳，整個下午看日本雜誌打發時間。晚飯受姜重烇先生招待。重烇先生是麗芝的堂叔，夫人是麗芝的姨媽，也是我姊夫詹梅谷先生和G將的異母姊姊，他家在北埔慈天宮廟前右側，離麗芝家只有咫尺。

舊曆年初四中午，董事長以喝春酒名義宴請永光公司員工一百多人，似乎亦有慶祝新廈落成之意。姊夫說擺設在樓上客廳的大套豪華天鵝絨黃金色沙發是全體員工贈送的舶來品，約新臺幣一萬元，在臺大註冊費只要八元的當時可以說是天文數字。據聞那一年是永光公司業績最佳的時期，年終獎金相當豐厚，大家興高采烈，宴會氣氛和樂親善，主客盡歡。

舊曆年初五，作客第四天，本來

永光棒球隊。

長髮垂肩的麗芝。

應該適可而止，但這一天永光公司在北埔國校操場舉行棒球大賽，麗芝留我們多住一天，所以我就順水推舟，賴著不走。永光男性員工組成四個球隊，特選中年頭肥體胖者當投手，煥奎先生也是其中之一。董事長主持開球式，用日語致辭說，這是全體員工上下歡悅娛樂的場面，我們不要野球試合（棒球比賽），大家來一個野球芝居（棒球演戲）好了。試合si-ai和芝居si-bai的發音接近，講話的內容恰好配合現場的氣氛，因而博得在場員工、眷屬以及庄中來看熱鬧的多數觀眾滿堂喝采。董事長的話雖如此，永光公司當年對那個時期不甚流行的棒球運動可以說熱心有加，特地把新竹高中投手劉志浩延攬來當教練，可知一斑。

北埔國校南邊是斷崖，從操場邊端俯瞰下去是大片水田，一條河川貫穿其間，有吊橋橫跨河上，我未曾見過吊橋，但曾經看過麗芝站在吊橋上的照片。鐵線橋寬約四公尺，長約百公尺，走上去搖晃不停，我雖然初次經驗而且有一點懼高症，但由於橋面不高，所以沒有恐懼感。爾後十幾年，昭和三年完成、與我同庚的這座南興橋，成為我往南埔村同年爺鐘娘德先生、姜阿新同庚結拜兄弟家猛喝平安戲酒必經之處。

翌日一早起床。我一個人睡在洋房二樓前方臥室。洋房有兩道樓梯，前梯通往客廳，後梯可至後堂。我無意識地走下後樓梯，穿著日本和服的麗芝站在下面樓梯口，帶著微笑向我說早安，令我受寵若驚。長髮垂肩加上雅淡的化妝配上她的亭亭玉立，情人眼裡出西施，我覺得她美麗可愛而且相信是為我而容。我們兩人回到二樓陽台談天，難

麗芝童年和姜阿新在花園。

都麗美老師（前排左一左二）和學生於羅斯福路四段都麗美學院 ，姜麗芝為後排左一。

得有機會在一起卻找不出話題來。屋子右邊小空地聳立著一棵杉木，麗芝說她出生那一天，父親種植那一株杉木以資紀念，因為那個時期她父親非常熱中於杉木造林，所以特別栽植杉木來表達他做父親之喜悅。

十九歲的杉木長得很高，但枝葉凋落不整，可能是遭到鄰居廚房炊煙的熏灼，頗有垂頭喪氣之狀。彼時湊巧下了一陣雨，淋濕的孤杉，看起來更加無精打采。逗留四天，已經非走不可，我就把我依依之心和想像中的麗芝不捨之情，假託與麗芝同年的杉木寫成俳句：一ト時雨孤杉濡らして去りにけり。

富家女和窮學生

麗芝和表妹詹苑君、堂妹姜櫻堳B將及摯友張芬吟一起上都麗美洋裁學院，並寄宿在永光公司臺北分公司三樓。自從麗芝進入洋裁學校，我和她見面的機會忽然多起來，第二學期課程表更改，聽完校本部的中國通史課後，不必急著趕回法學院，剛好又是雨季，所以我大部分搭乘一路巴士到大學本部。我算準麗芝四人幫的上學時間前往臺北車站，由於上班時間交通雜沓，乘客大排長龍，必須等好幾班車才能擠上去。如果時間容許，我就不急著上車，因此三次有一次能夠遇到她們，但那是男女授受不親、止乎禮的時代，在大眾和她多數同學面前少有交

姜麗芝在永光公司臺北分公司。

談，只能點頭致意而已。

麗芝四個人四時形影相隨，永光公司日夜都有不少受過男女七歲不同席儒教思想薰陶的歐吉桑們在吹鬍瞪眼，所以很少去看她，倒是她多次訪友順路來宿舍訪問她舅母，而我就是住在她舅母家。當時一般住宅大門和玄關都不鎖，日式宿舍狹小又開放，好幾次她打開玄關就看到我正在睡覺，害我尷尬難當。那時我正在趕寫畢業論文，上半夜以前宿舍內外喧嘩，不適合閱讀我蒐集的大量資料，因而採取晝伏夜攻戰術，白天惜寸陰飽睡，夜闌人靜時看書，興之所至，有時通宵達旦。我怕她誤解我是懶惰賴睡之人，所以有一天對她解釋說，我昨晚念書到半夜才睡覺，她卻以不稀罕回答我。有一天下午我一個人在宿舍，買了兩人份炸水粿正要大快朵頤時麗芝來訪。三角形的炸水粿三大塊五角，堪稱價廉物美，是我當時最喜歡又吃得起的點心。我看麗芝吃得津津有味而樂不可支，她竟說這是你第一次請我吃東西。

我父親自己沒有經驗，只知我在大學念書卻沒考慮到兒子會交女友，所以每月給我的零用錢少得可憐，當時又無打工賺外快等變通辦法。但當時一般學生的處境幾乎都是如此，因而我未嘗真正感受貧窮的悲哀。麗芝是富家獨生女，無法體會我這個成長於十四個子女的小康家庭的家道如何，我明白她並非故意挖苦我，但卻尷尬得難以答腔。

我和麗芝無所不談，她是深閨少女，我則從小浪跡天涯，備嘗世路崎嶇，比她通達世故，很多事情都是我說得天花亂墜。唯談起西洋音樂，我就遠不如她。她從小學習鋼琴，對古典音樂有相當的造詣和理解，我卻仍在聆聽輕音樂的階段，難免有相形見絀之嘆。在此之前，我曾經去聽過幾次古典音樂演奏會。例如早期省交樂團每一季都在臺北公演一次，入場券只贈不賣，大家都對古典音樂不感興趣而退避三舍，唯我勇者不懼，多次赴中山堂去活受罪。我把貝多芬的命運、田園、第九交響曲當做噪音，每一次都只能勉強忍受到休息時間就中途脫逃。

儘管如此，我並非毫無音樂細胞的人，只是以往未曾有培養古典西樂興趣的環境和機會而已。唯與麗芝相處的機會較多以後，我自慚形穢，從而開始試圖陶冶自己的音樂素養。

凡事都要從根底做起是我性格上的要求，我先到圖書館借出貝多芬、莫札特、舒伯特等音樂家的傳記，著手吸收音樂的氣息。經營大和寫真機店的安叔家有簡稱電蓄的電氣蓄音機，當時一般人都使用靠彈簧發條迴轉的手動唱機，而電蓄是電唱機，無論機器性能或音響效果都與手動唱機有天淵之別，價錢昂貴，普通人家極少擁有此物。但安叔家人全為音痴，因而稀有寶物長年淪為他家陳設排場的裝飾品。此外，他家亦有獲自歸國日本人留下的古典音樂唱片幾十套，這一大批稀世珍寶在安叔家也無異是一堆廢物。

昔時唱片材質是硬質膠（ebonite），厚而重，容易磨損而且一摔就破，轉盤每分鐘旋轉七十八轉，普通唱片直徑八英寸，使用鋼製唱針，運轉時間三分鐘；古典音樂唱片十二英寸，演奏五分鐘，為了減輕材質磨損，必須使用竹針，每次換片就要修剪竹針一次，所以費時又費事。為了培養對音樂的樂趣，我多次到叔父家，不嫌其煩地操作電蓄，忍痛耐苦聆賞雅韻，但始終無法自得其樂。法學院學生社團活動有音樂社，每隔一週在禮堂舉行古典音樂唱片欣賞會，並且以日語做簡單的解說，我也盡可能抽空參加，但依然未能領悟響遏行雲之妙。

五月中旬某日早晨，叔父家店員到宿舍來叫我過去延平北路榮安銀樓。安叔說他的錢莊已經無法支撐下去，準備宣佈關門，但不想讓子女看到他的窘態，所以要我先把三個兒子帶到宿舍暫住並且叫我把喜歡的唱片全部帶走。我雖然沒有特別喜歡的唱片，但知道這些寶物頗值錢，只是他家危急存亡之秋搬走其財物，我於心不忍。安叔以反正他也不能保留下來為由，一再催我盡量搬取，我雖然心動，但還是躊躇不前，最後只拿一本最薄的唱片套，帶著三個天真爛漫的小堂弟走出來。當天下午榮安銀樓和榮安照相器材店倒閉，結束了安叔戰後五年來榮華富貴的風光歲月。

獲知我不肯多帶幾本唱片套的幾位朋友都譏我是餓鬼假細膩（客氣），正如安叔所說，我取走與否，對他毫無影響。如此簡單的事，我焉有不懂之理，但無法在安叔處於逆境時取得私利是我與生俱來的性格使然，此乃個人選擇。我從一大堆中隨便挑選最小的一套帶回的唱盤，是莫札特第十九號鋼琴協奏曲，作品K四五九。之前，我對此毫無印象，爾後變成我唯一的選擇，我將其寄放在隔壁傅桑家，每隔兩三天就走過去借用他家的手搖唱機來學聽莫札特。我年輕時，靦腆、不善於交際，但傅家全家人成為我的好友，前院木製隔牆被颱風吹倒後，乾脆撤走以利兩家來往便捷。我常到他家大放噪音，有時他

麗芝與鋼琴老師。

家沒有人在，我也全嘸細膩地闖入鄰宅，猛聽一共三張半的鋼琴協奏曲。

麗芝來訪時，我都會帶她去隔壁同享我的寶貝唱片，有一個下雨天的午後，兩人閉目靜聽莫札特，樂曲完結時，我發現她在流淚，麗芝是被音樂之美所感動，而我則為她對名曲領悟之深而感同身受。大概從那個時候開始，我也慢慢開始進入佳境，爾後我盡可能去聽免費的音樂會。

對音樂的開竅，給我往後的日子帶來難以估量的樂趣。結婚後，岳父贈給我們一架由荷蘭進口的飛利浦收音機。在百事待舉、物資極端匱乏的當時稱得上是珍奇寶貝，價格高達一千七百元，等於公務員四個月的薪水，但其性能甚佳，在高雄可以清晰收到日本ＮＨＫ的廣播，每晨一個小時附有扼要解說的古典名曲欣賞節目令我大開耳界，而終於使我成為古典樂迷。

我中年因事業失敗，處境可以說是從山頂跌入谷底，當時我萬念俱灰，自然難免悲觀而迷惘。我之所以能夠堅忍不拔地從谷底爬到山腰，除了我對我可愛家族一股強烈的責任感以外，想到在任何逆境下都無人能奪走我聽音樂和看書的樂趣二事，讓我湧出東山再起的勇氣則是不爭的事實，書籍和音樂無異是我後半生涯重要的精神食糧。我熬過漫長的貧寒窘迫，但在那坎坷困頓的歲月裡，從讀書和音樂方面得到無比的慰藉。

第三章
考上臺灣銀行

門當戶對

一九五〇年六月，我畢業於臺大法學院經濟學系。這個時期，臺灣省政府舉行大專畢業生就業考試，闈明錄取者必須接受兩個星期就業講習後，分發各公家機關或公營事業服務。楊鴻游、張錦國、陳鳳儀、鄭如蘭和我五個人報名，七月中旬在南門臺北女子師範學校舉行考試，五人全部上榜。

就業考試合格的學員，自八月中旬至下旬之間，接受為期半個月的就業講習，我從畢業考試完畢至八月中旬兩個月之間無所事事，偶爾回鄉補給糧秣，或為了落花生收成和種植番薯回家十多日以外，盡可能留在臺北，專心一意地找機會與麗芝見面。當時她虛歲二十一，已經是女大當嫁的年齡，在憑媒妁之言婚嫁尚在盛行的時代，妙齡的大家閨秀，必然有好事之輩，介紹門當戶對的人登門求

廖運潘臺大經濟系畢業照。

親，此為門不當戶不對如我者最大的畏忌。因為那個時期，子女婚姻由父母作主的情形相當普遍，而父母多半是聽從媒人嘴提供的資料，主要是以對方之財力為成婚與否的後盾，尤以女方為甚。我自信在血統、健康、體格、學歷、能力等條件都夠資格當麗芝的配偶，但如果提起經濟條件，我不得不承認遠不如人。

有一天下午，我把腳踏車寄放在永光公司，然後去逛舊書攤，傍晚回去取車，看到麗芝的父親坐在沙發椅上與對坐的年輕人談話。那個人髮長垂肩，嘴寬接近雙耳，下顎獠牙寸餘，我認得出他是臺大法學院政治系三年級學生，是來自中南部的福佬人。想不到那個人會拜訪姜阿新先生，我的直覺立即察知其意，但他是法學院第一怪男，因而當時我並不在意。可是不久我聽說此君是臺灣首富霧峰林家成員之一，經有力人士介紹給姜先生認識，相較之下，我的家世財富完全無法與之相比，這才使我感到有一點壓力，因為麗芝是非常孝順的乖女孩，萬一她父親欣賞此人，事情可不樂觀。後來林某去過好幾次永光公司，但未能得到老人家青睞，麗芝根本就不理他，因此知難而退。

永光公司臺北辦事處的詹煥奎，右是姜阿新。

就業講習後，我按照事先指示，前往師範學院領取服務單位派令，我不作任何期待地打開信封，臺灣銀行四個字躍然紙上，令我欣喜欲狂，手舞足蹈。次日，我回家向父母親報告就職臺灣銀行消息，雙親格外歡喜，命我到甘泉寺上香，祈求觀音娘保佑我今後的工作順利。

返鄉住了幾天後，我在九月初北上，準備臺灣銀行報到所需文件，我聞知姜阿新先生在臺北，直接赴永光公司當面懇求姜先生當我的保證人。姜先生慨然應允，在保證書上簽名蓋章時看到臺灣銀行字樣說，我聽說你要去土地銀行怎麼又變成臺灣銀行，然後頻頻點頭說：很好，很好。讓我感覺好像得到姜阿新先生之賞識而欣悅不已。他說，在臺灣銀行磨練幾年後，退出來做自己的事業比較理想。姜先生那一天期勉我的談話，正確的預言了我未來的命運。

遠赴高雄任職

一九五一年陽曆元旦，虛歲二十四，實際年齡二十二歲又一個月，我從此踏入社會。

前一日中午，我和利用新曆過年放假回家的麗芝、芬吟桑、B將搭乘同一班快車南下。我在中壢下車，麗芝把頭伸出車窗，揮手道別。我站在月台，心裡追懷在臺北和麗芝所共享的快樂時光，然後以欣喜無比的心情走向返鄉之路。

元月四日下午，姊夫梅谷先生帶我到衡陽路北埔人鄧騰煇（鄧南光先生本名）開的百合咖啡店談話。他好像是銜命而來，直截了當地告訴我說，姜家人丁稀薄，麗芝父母捨不得把女兒嫁出去，因此欲與麗芝成婚的唯一途徑是入贅，並勸我審慎考慮這個可能左右我終身命運的重大問題。

姊夫的說詞並不意外，我雖然未曾認真想過此事，但自從四年前何智謀先生向我試探，再經兩年前麗芝外婆替我說媒以來，我下意識裡似乎早就存在著欲與麗芝結婚必然遇到此一難題的潛在憂慮。如今我與麗芝兩人情投意合，正欲談論婚嫁之際，權威人士（姊夫是麗芝的母舅）堅決的說法，使我覺悟問題終於出現而且非面對現實不可，當贅婿者也有其應有的主觀條件，亦即除非是溫柔如貓、馴良如羊、克勤克儉、任勞任怨者，恐怕難以勝任。以我自己的客觀條件來講，父親擁有二十甲良田，我家是觀音生意最興隆的漢藥店兼雜貨店，所以，不至於窮到無錢娶妻的地步。而且我又是觀音鄉第一個臺大畢業生，全島企業中待遇最高的臺灣銀行行員，血統純良、品行方正、身體健康等等，具有如此優越條件，大可不必去入贅他家。在主觀方面，我近於剛毅木訥和擇善固執，不擅於曲意奉迎，阿諛媚俗等等性格，實在是不適合入贅人家，我無論是客觀或主觀條件都不算為人贅婿的材料。沉思良久後，我對姊夫說：若入贅是與麗芝結合的唯一途徑，我似乎別無選擇，但此事將帶給父母重大的打擊，所以必須得到雙親允諾，我自己唯一的要求是我未來的行動不受任何掣肘。然後，懇求姊夫從旁協助我與麗芝的婚事，結束了我們的重要會談。

在宿舍晚餐後，辭別英姊和隔壁傅桑一家，前往永光公司會合親友。英姊淚如泉湧，令我十分難過，傅太太贈我一盒蛋糕，囑我在火車上當點心。詹錦川先生、蔡瑞龍夫婦、劉世汀君、詹益三君、運淮都在公司集合，八點半出發送我到火車站，麗芝挽我胳膊走，在多位親朋好友面前，顯得自然大方。我們抵達車站不久，傅少雄兄、呂榮茂君和姊夫也來了，在一大群人歡送聲中踏出我有生以來最遠距離的行程。在如此場面，日本人一定要三呼萬歲來抖擻精神，但臺灣人沒有那麼誇張，我站在車門，與送行的麗芝和多位親朋猛揮手，直到雙方影子消失為止。

晚上九時，臺北開往高雄的快車三等車廂乘客不多，我一個人占兩排對坐的席位，想要看列車時間表時，打開手提旅行袋（當時沿用日本外來語，稱為Boston bag），發現上面排著三大塊巧克力糖，我想那是麗芝為了給我驚喜而悄悄放入之物，感受她的體貼入微，離愁之情油然而生。

我開始上班兩星期後的元月二十日是左營分行開業週年慶，全體同仁一共十人，在行舍面前合照留念以外，沒有什麼慶祝行事，連一個花籃都沒有；這一張照片如今仍然保存良好。我們的行舍是按照建地形狀蓋成格局不大整齊的長方形兩層樓磚造建築，屋後隔一小空地有房東居住的舊磚造平房，空地上一口水井是銀行和屋主共用的水源，左營非但沒有自來水，連銀行業務上絕對不能缺少的電話設備都付諸闕如。主任桌上擺有一架手搖電話機乃是海軍的私設電話，只能通海軍總機，我們想要通話時，必須經過海軍總機轉接，不只不方便，通話效果也甚差，而且往往只能通高雄分行。因此左營分行的電匯盡量利用電報，以期正確。在當年臺灣太平洋戰爭期間遭受的重創尚未完全恢復，全島大小城市中，唯有臺北、高雄、嘉義三市設有自動電話。

臺銀左營辦事處，後排中央為廖運潘。

感慨萬千的婚約

這段時間，我接到琦哥來信，大意說為了我和麗芝婚姻問題，奉父親之命，即將與梅谷一起搭夜車到高雄一趟。當天我向李主任請假一個早上，到車站迎接他們，在車站餐廳吃過早餐，再去塩埕町蹓躂一番後，坐在B．B連鎖喫茶店談話。

我和麗芝立意廝守終身，而來高雄前曾懇求姊夫從旁鼎力相助成全我二人的願望。依當時我個人感覺以及南下後麗芝與我之間的頻繁通信，再加上姊夫和琦哥的書函等判斷，我相信雙方家長在原則上都有默許之意，但最大的障礙在於結婚的形式問題。

很慶幸的，我們的父母都十分明理，他們獲知我和麗芝已建立深厚的感情後，為了我二

天水堂的姑姑們和姜麗芝（左一）。

姜阿新全家福。

麗芝（右）小時候。

母女情深。

人的婚事不遺餘力。麗芝父親直接寫信給我父親，約好在新竹詹煥奎先生家見面，當面談論原則問題。父親一開頭就請我準岳父把千金嫁給我，但準岳父說貴府多子多孫，我家人丁淡薄，所以懇求您給我一個兒子，希望將來麗芝生產的頭一胎孫子冠姜姓，除此以外，絕無其他要求，亦無需書寫招贅協議書之類的形式，因為倘若相互間沒有誠意，那一些東西形同虛設。準岳父的誠實，令我父親感動，他答應原則上同意，但最後決定仍在我，這是很久以後父親告訴我的事，也就是他命琦哥和姊夫老遠跑到高雄來的理由。

姊夫說，麗芝雙親心許她與我結婚，但捨不得把獨生女嫁出去。另外，麗芝哥哥嗚鐸身體依然不很健康，病情不甚穩定，日後能否結婚仍在未知數，姜家三代抱養，幸得一女，不得已時，尚可依賴女兒傳宗接代，這就是麗芝父母更加堅持招贅成親的理由，在此同時，似乎亦不無期待我將來能夠協助他們事業的含意在內云云。琦哥說，目前在臺灣，此一方式的結婚是不甚體面的事，父母親辛辛苦苦養你長大成人，學業有成、亦有正當理想的職業，好不容易卸下重擔、鬆一口氣就要讓你入贅姜家，他們心中之不忍和周遭之冷言冷語是無可避免的。但父親最後要你自己定奪，此事可能左右你今後的命運，所以必須審慎考慮，無論你做出任何決定，他們都會支持你。

我若入贅姜家，父母親一定會很傷心，這是我最難以承受的心理負擔。父母親考慮周詳後，只管尊重我的意志而不顧一切後果。爺孃（父母）恩重如山，令我銘心鏤骨，為了實現我們的山盟海誓，只要雙親不反對，入贅麗芝家是我既定的意旨。我請琦哥把我的意思向父母覆命，並請姊夫向我未來的岳家提出將來不約束我自由意志的唯一要求。我問起鳴鐸兄近況，姊夫說他現在腳傷差不多復原，用枴杖可以步行，關於我和麗芝的婚事，他已經表示同意，此話使我如釋重負。

第四章 婚約

感念父母的成全

姊夫和琦哥回去約五天後，我同時接到麗芝、姊夫、琦哥三人的信件，內容都是報知雙方家長同意我和麗芝結婚的喜訊。麗芝的信充滿喜悅而情長紙短。姊夫說，經過雙方商議，訂於二月十一日訂婚，結婚日期另行決定。琦哥的書信敘述聽取他的報告時父母親的心情，這一封日文信至今仍然保存在手中，大意如下：父母親帶著微笑聽取我報告你在高雄的工作環境和起居情況而頻頻點頭表示高興，但一提及你們婚姻，確知你的真意時，表情忽然嚴肅起來，父親之果然如此這句話，好像包藏著萬千感慨似的。我把父親帶著感傷的語氣所說的話傳達給你，希望你善自謀畫。父親說：阿潘從小就調皮，可是幼年多病，把他養大並不是簡單的事。如今雖然學成踏入社會，但仍然是一個小孩子，實在不能放心。不過既蒙姜府錯愛，阿潘自己也希望如此，我只有成全他願望一途。梅谷，就請進行婚事吧，我信任阿潘，只要他不忘本，入贅他家又何妨。

一九五一年二月十一日禮拜天，我和麗芝訂定婚約。之前，麗芝來信說，她已經在臺北替我訂做一枚白金訂婚戒指，我母親和二妹繡蓉，日前到臺北看她並一起逛街一個上午，為我選購一套濃藍色英國布料。

我和麗芝的訂婚儀式，男方列席者總共三十六人，乃是我所知訂婚參加人數的最高記

1951年2月11日的洋樓訂婚典禮。

錄，這是應我岳父要求所做的安排，想必岳父是想藉豪華熱鬧的場面使來賓盡歡，以減輕一般人視為不太光彩的入贅結婚沉悶氣氛。參加訂婚儀式的親朋都由父母親和琦哥商量決定。除了至親好友外，亦可看出當年父親刻意邀請地方上舉足輕重的人物，欲藉各方的反應來表示我與麗芝的婚姻與一般贅婚確實有所不同，從這些安排看來真是用心良苦。

由於陪伴的親朋眾多，岳家派來一輛大客車。岳父是新竹客運公司創辦人兼大股東，他的結拜兄弟許振乾總經理特別選派剛出廠的最新車輛，司機是後來成為我好友的彭煥亮兄。我們早上七時出發，沿途經過中壢搭載應邀親朋；謝清京老師在平鎮縱貫公路邊等候，謝府離公路不遠，師母帶著綾子、三郎、澄江和受到寒風而猛流鼻涕的滿子武夫等一群大細（小），在路旁向我揮手致意。

姊夫在新竹城煌廟邊的著名餅舖新復珍訂做大量喜餅，父母親事先按照舊例準備訂婚所需之一切禮品，加上喜餅就算完善無缺。大客車行至竹東大窩第二房祠堂附近，宗叔燈輝叔上車，廖家大訂婚團，於上午十一時許抵達姜府。依據客家習俗，訂婚儀式必須在正午前完成，三十六位來賓在姜家寬闊的樓下客廳坐定侍茶後，我家族、堂伯父母，大姑、華景伯等十人移席二樓正廳，舉行文定之禮。

麗芝穿橙黃色旗袍，由B將母親陪著端茶出來，從長輩開始，依順序奉茶，準新郎我屈就末座。大家喝完甜茶，幾分鐘後改穿深紅色洋裝的麗芝，再由伴娘陪伴端著空茶盤出來，由上位依序收回茶杯，大家在茶杯上放一個紅包，準新郎當然要準備特大紅包，準新娘端著茶杯退下。過去一般訂婚儀式到此為止，已算大功告成，但戰後不知道什麼時候興起要準新郎把訂婚戒指戴上準新娘左手無名指的新花樣，英語把這隻手指叫做環指（Ring finger），可知此乃模仿洋人的奇風怪俗。如今未婚夫給未婚妻戴上戒指這個洋玩意兒成為婚約典禮的重頭戲，在十多位準婆家成員和眾多親友環視下，麗芝表情看似鎮定，但我牽她手時，她微微地在發抖。我把樸質的白金戒指套上麗芝左環指，她名正言順的成為我的未婚妻。

岳家宴請親朋二十桌，擺滿了洋房樓下和樓上客廳，何禮棟博士以媒人身分，把我介紹給貴賓，我宗叔也是恩師香景叔代表廖家致謝並祝福兩家婚姻圓滿，岳父答謝後，訂婚喜宴開始。廖家來賓為姜家銀製酒器之豪華，陶瓷餐具之精緻，餚饌之豐盛，莫不歎為觀止。

翌日下午，父親把岳家的禮物交給我，其中浪琴金錶是岳父年前往香港購買之名錶，美觀大方而準確無比。我和未婚妻相處的時間前後只有四天，下一次見面時，她已經是我的婦娘（新娘）。

婚禮當天早上，新郎手上拿著當時流行的捧花。

洋樓婚禮

一九五一年三月四日，我和麗芝在北埔姜家舉行婚禮。我搭三月二日夜車從高雄北上，三日早上回到觀音。父親把後棟新屋二樓的最邊間佈置成為我的新房。四日，岳家派來的兩部轎車清早已抵達。其中一部聽說曾經是俄羅斯大使乘坐的大型車，後座與前座之間有兩個可

1951年3月4日的天水堂婚禮。

以折疊的備用座。父母親、琦哥、五弟運瑼，堂兄運㴔，宗伯華景、宗叔香景、沐景、古萬桂鄉長同往參加我的結婚典禮。

上午十一時到達北埔，岳父穿著長袍馬掛在大門迎接我們，岳父儀表非凡，裝束嚴整，加上屋內嘹亮的八音嗩吶聲形成格外隆重而豪華的氛圍。我們在客廳坐定，岳母叫我進去更換衣服，我當天穿著新埔阿水師縫製的濃藍色雙排釦新西裝，當做新郎禮服應該沒有問題，所以岳母叫我更衣時，我突然想到岳父的奇裝異服，以為要我扮成同樣的奇形怪狀而大為緊張。所幸，她交給我的是一件燕尾服，一條直條紋長褲和一件白背心，這種禮服當時已經少有人穿，麗芝說是借自振乾叔的。岳家右鄰便是姜家祖祠天水堂，我和穿著純白綢緞新娘衣裳的麗芝向姜家祖先靈位上香完畢，雙方親朋一起在祖祠前照相留念後，結婚儀式告一段落，沒有招贅協議書，沒有任何條件，與一般結婚形式不同的是，我不能同一天把新娘娶回觀音拜祖。三天後，我帶麗芝回塘背家祠上香，補辦這一道禮節。

結婚喜宴大約有三十桌貴賓光臨，在祠堂前庭搭帳蓬擺宴桌，這個數字在今天來講是微不足道，但在當時是少有的盛會。開宴之前，何禮棟博士以媒人身分致辭，簡明而扼要，縣長朱盛淇說賀辭，我學弟冷飯劉世汀也跳出來客套一番，令我印象深刻。

在八音吹奏聲中開宴不久，煥奎舅敦促我和麗芝走動挨桌敬酒，敬酒過後，麗芝帶我到我們的新房小坐，房間分成兩段，一個小居室和一個大臥房，臥房擺有蓋著刺繡鳳凰的淡綠色絲綢被蓋的西式雙人床，櫸木地板舖著波斯地毯，地毯上放一張大型沙發椅。我坐在沙發椅，麗芝坐寬綽的沙發扶手上，兩人相對無語，感慨無限。岳母端一碗魚翅要我吃，她說我什麼都

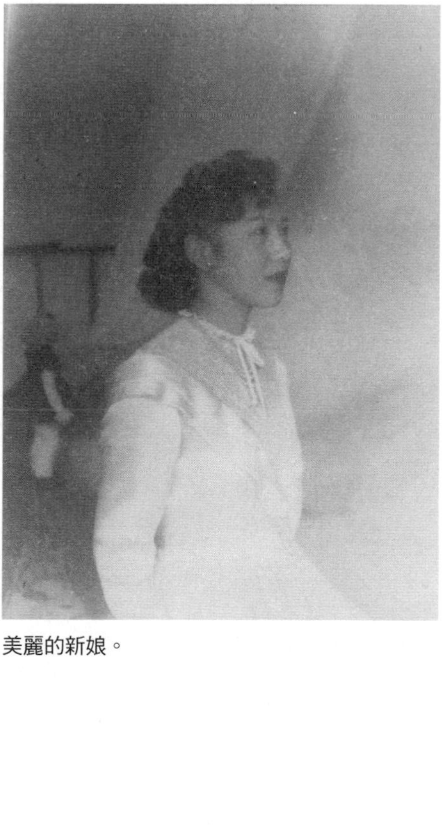

美麗的新娘。

沒有吃，應該吃一點東西，岳母的關心，令我有多了一個母親的親切感。

喜宴結束後，我在姜家大門送父母親等一行人回家，想必這是父母親最難過的一刻，在歡送的新媳婦和新親家面前，父母都面帶笑容，但我能體會出他們心中難言之痛。父母親都是感情脆弱的人，尤其母親為甚，所以我不敢直視他們，免得母親當眾漏氣，七十年後的今日，我想起當年情景，尚且難忍欷歔。父母親回去後，我突然感到一股難以形容的寂寞感，在眾多親戚好友環繞中，感覺無比的孤獨。

夫妻憲法

我和麗芝互相愛慕多年，如今排除萬

婚禮時在洋樓陽臺留影。麗芝旁為許振乾總經理、新竹女中姜瑞鵬校長。

難終於能夠結合，自然是歡天喜地，在我們結婚初夜，我想該有一些甜言蜜語來表達我由衷的欣喜，以紀念我們新的人生開始，但我卻提出一則非常不浪漫但爾後受益匪淺的現實問題。我有自知之明，我頭腦反應快而感情纖細，因而容易鬧意氣，一方面我又有相當自律的能耐，必要時能克制感情，過去麗芝與我是戀愛中的一對男女，不易把自己缺點顯露出來，即使發現一些小瑕疵也能互相包容，相安無事。但結婚以後就未必如此，夫妻之間，不必客氣，我可能大發脾氣，口無遮攔地罵起人來。在麗芝這一方面來講，過去她已經有幾次在我面前耍大小姐脾氣的不良紀錄，令我想到陳茂生「臀坐乞丐帽」的忠告並非完全空穴來風。此外，我聞知岳父年輕時相當豪放不羈，日治時代在怒不可遏的情緒下，當眾毆打北埔庄長平間秀顯的事蹟，如果麗芝繼承乃父衣缽，將來很可能是母老虎一個。倘若如此，我們這一對夫妻恐怕難以和平相處，長相廝守。我也看過一些夫妻，為了雞毛小事，意氣用事而堅持到底，最後各飛西東結束婚姻的不幸例子。以上是我慎重思考而憂慮的問題，但沒有想到在我

婚禮隔天早上，夫妻與親友同遊秀巒山。

們洞房花燭夜，突然會從我口中很順暢地流露出來。

我很誠懇地對我的新婚太太說，過去也許在妳面前有一點貓被（日語：假君子），其實我缺點很多，其中脾氣不好是我最大的壞處，為了維持我們永久美滿的夫妻關係，我要求妳跟我一起遵守一則我們夫妻間的憲法，那就是不能同時生氣。遊戲規則是誰先生氣誰為大，慢生氣者只能忍氣吞聲，絕對不得有怨言，我發誓遵守憲法，妳也應該贊成，她誓言同意，我和麗芝正式成為夫妻。爾來六十幾載，我和麗芝拳拳服膺這則夫妻憲法，從未違背過，但大部分都是我搶先行使權利，她只好遵從憲法。出乎我意料，她出奇的馴良，鬧情緒的頻率大概是我的十分之一以下，輪到她發威時，我也按照規則看風使帆，任憑她去，所謂一手獨拍，雖疾無聲，乃是我們夫妻長久以來未曾有隔宿之仇的秘訣。

第二天，天氣特別清朗，芬吟桑、B將、劉世汀君、G將和我夫妻結隊遊秀巒山，麗芝表哥梁俊光為我們照相，一個早上很快過去。下午，客人全部賦歸，洋房驟然安靜下來，我和麗芝兩人坐在客廳，外婆靜悄悄地走過來說，明早要回觀音。麗芝看似有一點緊張，對她來說，那是未知的世界，但也是為人媳婦者必經之路，所以她當然無可逃避。然而，之所以由外婆告知這個本來就安排在先的行程，是因為她將與我們同行之故，其實我們夫妻婚姻的真正月下老人是外婆。她不僅是媒人，倘若沒有她的存在，我不但不可能與麗芝結婚，甚至連見面的機會都沒有。如果說歷史是由偶然因素累積而成，我夫妻的緣分應該溯源至五十幾年前，外婆

新婚回觀音塘背宗祠祭祖。

偶然出生在伯公崗四湖、我外祖父近鄰時開始。而這些經過是我和麗芝出生以前發生的事，但若無如此淵源，我不可能住進八條通宿舍而加入詹家生活圈，當然也不會認識我未來的泰山和泰水。人海茫茫中，與麗芝相遇的機會是渺乎其微，更遑論其他的交會了。

翌日早晨八時，吳大峰汽車行的俄羅斯大使車準時來到，外婆陪伴我夫妻回觀音，抵達觀音後，母親迎接外婆進去客廳休息，父親和琦哥陪我夫妻到塘背祠堂拜祖。華景伯和親房幾位長老之外，一大群宗親男女已經在那裡等候看新娘子，不少小孩子也來圍觀那一部大型矮孆車（客語）。廖氏家祠武威堂，建於一七七六年，與美國同庚。我結婚那一年已經是一百七十五高齡，古老的房屋狹窄，採光通風不良，土磚塗石灰和木梁蓋紅瓦的祖屋，經過長年煙火的熏騰，整個正廳都變成黑漆漆，但牆上卻掛著一面閃閃發亮的金框大鏡子。鏡面右上角有父親手寫廖運潘、姜麗芝結婚紀念的幾個紅字。我和麗芝向祖先靈位上香，父親對阿公婆祝告後禮成，隨後在公廳正面照相留念。

拜祖禮成，我們一行人回到家時，賀客滿堂，全是我們家至親好友，父親一向不喜歡舖張，只請了十桌賓客。宴後大家歡敘，我帶麗芝到甘泉寺參拜觀音娘，我個人雖然信仰不深，但這個質樸的老廟是我從小玩到大的地方，每日進出好幾趟，對其所有裝設和每一個角落都有濃厚的感情，長大以後，只要回來，我有事無事都要踏入廟中東張西望，重溫舊夢一番。

我在廟裡見到阿才舍坐在門樓旁，我握他右手，他用左手摸一摸我手背說，原來是阿潘舍，恭喜你討一個好婔娘。阿才舍是盲人，以算命賣卜為業，甘泉寺是他的營業場所。阿舍應該是大財主的稱呼，等於是中國話的員外。彭阿才並不富裕，只因他喜歡尊人家一聲阿舍，大家也以阿才舍來給予回敬。他雙眼完全看不見，但具有過人的記憶力和第六感。任何人手掌給他摸過幾次，他就能夠牢記在心。我們通常故意不出聲，直接握他手，他就能鐵口直斷地叫出名字。

我不信占卜，所以阿才舍賺不到我的錢，但也有一次例外。那是結婚之前三、四年的事，我在甘泉寺後面阿卯哥小店首次碰到阿才舍，他個子矮小而瘦弱，大概是剛剛出師經驗不足的關係，看起來有一點心神不寧、毫無自信的樣子。阿卯哥可能是想要幫他拉生意，增加他的信心，勸我給他算命看看。我不便說我不相信占卜，因而推說我是學生，身上無錢。阿才舍搶著說沒有關係，當做讓他學習好了。我無法再推卻，只好任他去。阿才舍口中唸唸有辭，搖擺籤筒，要我抽出二支筮竹，用手指摸竹籤的刻紋後，說了一些好聽的話。我認為他說的都是模稜兩可的營業用詞，所以幾乎都未記在心，不過程序完成後，我還是付給他一點錢，這是我與阿才舍的第一次結緣，也是我唯一支付占卜報酬的例子。

可是那一天我帶麗芝到觀音廟見到阿才舍時，突然間想起他幾年前告訴我的話。當時他說，阿潘舍你二十四得妻，二十五得子，你很長壽。我問他我妻在何方，他又摸一下竹籤說，妻在東南方向，我問哪裡是東南方，他說大概是新埔、竹東一帶。那個時候，我還不認識麗

高雄的新婚生活。

芝，所以我以為他在信口雌黃，如今至少兩件事給他言中。走回家途中，我把阿才舍算命事告知麗芝，她咄咄稱奇，但說要看明年如何。第二年四月長女蒂玉出生，好像能夠說明阿才舍所言非虛。至於我長壽與否，只有看老天爺的安排和我自己的造化了。

新婚生活

三月十七日，半個月婚假屆滿，我帶麗芝同往任所。我夫妻在北埔辭別岳父，岳母送行至新竹車站，此行亦可算是我們的新婚旅行，不能太寒酸，所以我買了二等快車票。

我們當年婚後一段時期的收支簿還留存，是我賴以喚起七十年前記憶之寶貴資料，第一件支出記載是二等車票一百二十元。岳母也一起走進月台，臺灣道路交通戰後改為右側通行，但鐵路設備繁雜，更改不易，一直沿用日治時代的左側通行至今。因此，南下列車停靠第二月台，必須越過天橋，二等車廂又是掛在車尾，我提著兩個大皮箱，步履蹣跚地走到停車位置。體諒母女離別之悲傷，尤其是將與獨生女分開天南地北的慈母愁懷，我藉著照應行李，不敢回頭看她們母女的悄悄細語。

結婚三個月後，麗芝已經習慣家庭生活，夫妻二人起居單純，日常家事不多，因此她白天一個人在家相當無聊。雖然家裡有一個能夠收聽日本電台的仙琴（收音機），但麗芝性格不喜歡靜坐著無所事事，她在前金市場買菜時認識一位車繡老師，繼而向她拜師學藝起來。車繡是使用縫紉機代替手工的刺繡技術，速度比傳統手法快得多，但必須具備很熟練的手藝，否則略有差池便功虧一簣。現在縫紉機非常進步，可能有車繡專用機，但當時唯有老式腳踏縫紉機可用。電冰箱尚未問世之前，每天早上到菜市場採購當天的食材是一般家庭主婦的例行公事，麗芝藉買菜之便，每日到老師家習藝，有時借用房東太太的

麗芝不喜歡無所事事。

老爺機來練習。

一九六五年初夏，我事業失敗，舉家北上，租屋在臺北螢橋，我在臺大同學楊鴻游君以夫人名義經營之祥富公司上班，薪水不足以養活老幼十口。但我夫婦勤勉毫不退縮，晚上我在成淵中學夜間部和清華日語補習班教書以外，抽空翻譯日文資料，提供給產經資料社；麗芝則在屋前掛起看板，以一個字一角的行情價格開始替學生繡學號，生意很快就忙得不可收拾，對我們拮据的家計有莫大的幫助。當初麗芝學習車繡時，萬萬沒有想到有一天自己會落魄到非靠此藝維生不可，此乃一藝在身，勝積千金的活生生實例。

六月三十日是我赴任左營以來的第一次上期決算日，依例有兩日決算假加上一個星期日，我們共有三天假期。我們決定回娘家，麗芝搭早上八時半的特快車先行一步，我則決算完畢後，乘晚上十時半的夜快車，七月一日上午九時抵達北埔。

這一次回北埔，岳家玄關前庭正在雇人挖造一口直徑五公尺深一公尺的圓形魚池。我從小受到母親嚴禁接近水邊的叮嚀，以致不僅不會游泳，甚且畏忌有深水的地方，更重要的是將來對幼兒的安全可能構成威脅，所以我心中難免對水池建造稍存芥蒂。唯岳父深信風水地理之說也頗有研究，造池可能也是經過他深思熟慮的決定，而且工事已經進行中，因此我不表示任何意見，但一直耿耿於懷。玄關正面院子本來有磨石子水泥圈圍的大橢圓形花壇，岳父再把圓形水池造在橢圓形圈內，想必是出自他的風水理論之舉，但岳母好像不大欣賞他的想法。一年後，鄉人邀請臺北長山地理仙曾子南來北埔看風水時，順便請他來看水池，曾仙說這一口池可能使家人欠安，藥罐不斷，但岳父相信自己的學說而無動於衷，約兩年後，長女蒂玉開始學走路時，我以孫女安全堪慮為由說服岳父，岳母也在旁幫腔，老人家終於答應把池塘填土重新恢復為花壇，這就是當年我們家前庭花壇使用兩個水泥圈框住的來龍去脈。

住在這裡的一個黃昏，岳父帶我去參觀永光公司北埔茶廠。北埔街背著秀巒山形成在東向西延伸的銳三角形小台地上，三角形底邊附近，以北埔唯一的街道為界，分為北埔村和南興村，尖端是埔尾村。姜家、鄉公所、農會屬於北埔村，市場、派出所在南興村，永光公司北埔茶廠和製糖工廠位於埔尾村，從家裡走路大約十分鐘的距離。

我們到茶廠時，員工都已經下班，只留一個工人在焙茶。岳父說現在是夏茶尾，茶菁不多，製茶作業早已結束，只剩最後一道工程，本廠採用全自動焙茶機，所以一個工人就足以勝任。我對製茶完全外行，之前亦不曾參觀過茶工廠，因此對北埔茶廠之規模和設備不能作評鑑，岳父未作任何說明，兩年後我才明白該廠建坪八八〇、用電馬力八二、擁有大型揉捻機四、全自動乾燥機二、自動噴霧式發酵室、熱風萎凋室四百坪，為全臺灣最大製茶工廠。那一天岳父在廠內非常真摯地對我強調說，永光茶的品質是臺灣第一，臺灣茶百分之七十是低級貨，所以買臺灣茶的外商非買我們的茶來拼堆提高品位不可。老人家如此說，我相信他而牢記在心，成為後來岳父與我意見相左的原點。

這一年初秋，麗芝有懷孕徵兆，這是我夫妻期待已久的事，但對這一方面的知識有限，難免有一點忐忑不安。為此麗芝決定回娘家，向母親討教養生之道。岳母陪麗芝到新竹彭阿庚婦產科求診，確定有喜而預產期為翌年三月底，麗芝在家住半個月後回高雄，智英伴隨她來，為的是幫忙家事，特別是不讓麗芝提重物，以策母體和胎兒安全。當時智英大約十六歲，個子不大，但十分勤勞。她來了以後，麗芝白天也有人陪伴而不再寂寞，本來就不多的家事幾乎全由智英包辦，又為了促進胎兒發育而增加攝取營養食物，故而慢慢地發胖起來。

臺灣省議會成立

此一時期，臺灣省政府宣佈成立臺灣省議會，並且舉行第一屆省議會議員選舉，在美國受過教育而頗獲美國政界信任的吳國楨接任省府主席職位。吳主席積極推動地方自治，一九五一年元月，各縣市議會產生，接著在秋天成立省議會，名稱為臨時省議會，議員任期兩年，由縣議會議員間接選出，新竹縣名額兩席，開票結果，許金德十二票，岳父九票當選，鄒滌之以八票落敗。省議員是臺灣人最高民意代表，北埔人士以鄉親獲得如此殊榮，歡欣鼓舞之餘，發起慶祝大會，鄉中每家每戶都有人前來參加，宴桌從慈天宮前一直擺到第二個十字路口，可以說是空前絕後的盛會。

雖然岳父家中有了那麼重大的事，在高雄的麗芝和我卻一無所悉。一九五一年十一月十九日，我為了領取現鈔一百萬元運往左營，午前八時半抵達高雄分行，等候出納課長上班開啟金庫，有幾位行員坐在沙發椅看報紙而且很熱烈地在談論新聞內容，我不知道他們辯論的主題是什麼，但胡汝康兄之姜阿新應該不是半山（日治時旅居大陸、戰後返臺的臺籍人士，其中有不少是國民黨員）吧的發言立刻引起我的注意。我千萬沒有想到會從老胡口中聽到岳父的名字，所以走過去瞄他手中的報紙，看到各縣市省議員當選名單的版面而岳父名列其中。我正想要把報紙接過來看時，王副理和以課長同時出現，由於重要任務在身，我只好拿著提款文件，走向出納課辦理公事。

那一次運鈔任務完成後，我立刻拿報紙詳讀有關省議員選舉的記事，在各縣市當選名單上看見岳父的名字以外，亦在桃園縣部分發現張芳燮的名字而感到驚訝。因為，我所認識的張某人是永光臺北分公司經理黃盛藩把自己小舅子推薦給董事長採用的總務課長，依我所知，他應該沒有那麼大的財力來角逐那個價值連城的顯要祿位。我以麗芝和我兩人名義，向岳父發出祝賀電報並且用信函表達恭賀之意，下班之後，把喜訊告知麗芝，她也認為張能夠出馬競選而順利上榜是難以想像的事，其中必有蹊蹺，最大的可能性是父親資助張競選而一飛沖天。

臺灣人的祖先，除了原住民以外，絕大多數是來自廣東沿海的客家人和福建的閩南人。日本領臺，臺灣總督府整頓住民戶籍時，在戶口簿設置族謂欄，把客家人記載為廣東族，福佬人歸為福建族。日本中央遇到廣東話通譯之要求，很單純地想到臺灣的廣東族而糊裡糊塗地下達動員令。派遣戰地的通譯，應該是具有相當學歷又身體強壯的年輕人為理想條件，岳父於一九三八年受日軍徵召時已經是三十八歲，在男性平均生存年齡不到五十的當時，算得上是中年人，況且他體形稍為肥碩，顯然不適合擔任在沙場出生入死的任務，他是受人陷害的。

一九三七年，日本侵略軍在中國連戰皆捷，看來很快就能席捲整個大陸的中秋節晚上，北埔庄長平間秀顯發起在北埔派出所後院廣場舉行賞月會，邀請地方名流紳士參加，以慶祝皇軍大勝，與會人士臺、日參半，岳父也在其內。一般日本人家庭賞月的習俗是把一張長几放在日本房屋的緣廊，叫做緣側，几上中央擺一大盤豆餡饅頭，兩邊放著插有長茅草的花瓶來祭拜滿月，然後大家坐在榻榻米上，邊喝酒邊賞月，如果人數多就把草蓆舖在地上進行如儀，平間主持的賞月會正是如此。那個時期的日本人陶醉於日軍的大勝不免意氣軒昂，酒過三巡後個個氣燄如虹，庄長平間發言讚揚皇軍勇猛無敵，奚落中國軍缺乏愛國心，因而士氣低落，不堪大和民族一擊而興高采烈的同時，譏嘲漢民族是劣等民族，同為漢民族的臺灣人也好不了多少，所以必須早日皇民化，同化變成真正的日本人，才有光明的未來。平間正說得得意洋洋時，坐在旁邊的巨漢突然咆哮說：你說什麼？什麼是劣等民族？而且揮起拳頭重重地向平間的禿頭打下去，使平間人仰馬翻倒在草蓆上。平間是退休警察、柔道高手，跳起來擺出架勢，但遭到巨漢雙手一推，再度四腳朝天地倒下，此時多人向前把雙方拉開來，賞月酒席狼藉不堪，最後不歡而散，那一位拳打庄長者乃是我岳父姜阿新先生是也。

岳父與幾位日本朋友交情甚篤，但十分不齒動輒愛欺壓臺灣小百姓的日本小吏而毫不掩飾他的反感。據岳母說，他在新年元旦故意穿長袍馬掛並頭帶碗形帽，使推動皇民化運動不遺餘力的平間庄長恨之入骨。如今，不顧他身為庄長之尊，當眾將其毆打羞辱更是孰可忍孰不可忍？但一拳一推尚未構成刑責，對方又是頗具聲望的地方名士，因而平間對他無計可施，所剩唯一途徑是利用其長期在警界服務的人脈到處告狀，批判姜某人思想不純正，有反日傾向。不久日軍徵召赴粵通譯，岳父被盯上，軍方召集令絕對不准抗命，岳父只得「為國」效勞去。

派遣廣東的通譯人員集合在中山大學，岳父在此遇到黃盛藩先生，同時也認識我四妹夫發萬君的父親葉標香先生。我推算當年葉親家年齡二十八，小我岳父十歲。據發萬云，曾經聽過父親說，姜阿新先生在廣東期間，經常叮嚀他在戰地千萬不能搶光（太積極、愛出鋒頭），以免招來殺身之禍，深感他對年輕人之體貼而印象深刻。

日本陸軍煞費苦心，召集了大批通譯人員，派遣到廣州以後才發現，此廣東族非彼廣東族，臺灣的所謂廣東族是客家人，客語與粵語是各屬不同系統的語言，彼此間並無共通之處，雞同鴨講，完全無法通話。日本政府花費龐大軍費送到大陸的通譯竟然不通當地語言，這可以說是始料未及的糗事，但對抱著辛酸心情被迫來到可能有生命危險之戰地的通譯人員來講是天大的福音。日軍確認這批軍屬在廣州無用武之地後決定遣返，岳父設法探悉船期，寫一張明信片給茶師陳阿球先生，說懋熙哥將於某月某日由高雄到北埔遊玩，屆時煩勞給予多加照應云云。我岳母看到明信片，悟察弦外之音，即命阿球師按照信件暗示的日期前往高雄碼頭迎接岳父回家，結束了他為期三個月的窩囊從軍記。以上是岳父晚年親口對我講的故事，而前述明信片中提到的懋熙乃是岳父自己的別號。岳父莫名其妙的被日軍派遣大陸，受盡虛驚而且浪費寶貴時間，但他若無此一遭遇，大概沒有機會認識黃盛藩先生。日後張芳燮受我岳父知遇、提拔、推戴，因而能夠進出政界而一步登天、顯姓揚名、富貴騰達，藉春秋筆法，其淵源可說是由我岳父打在平間庄長禿頭的一拳而起。

初為人父

麗芝第一胎預產期是三月底，我們考慮長途車程疲勞以及照顧孕婦的方便，決定提早兩個月讓麗芝回北埔靜養，她回去後，我們經常通信，得知她身體健康，但因為是第一次懷胎，所以我總是不放心。後來由於接近三月底預定產期，麗芝於三月中旬移居新竹二舅煥奎先生家，四月五日我坐夜車北上，翌日清晨抵達新竹，先到煥奎舅家看麗芝後回北埔參加鳴鐸兄婚禮，麗芝預產期已過，因而不敢冒險出席哥哥盛典而十分失望，由於隨時都有分娩可能，所以不得不在舅舅家靜待，二舅全家人一早就往北埔，留岳母特地請來照顧麗芝的歐巴桑在家陪伴她。我抵達北埔，一下車就聽到姜家客家八音吹奏，散播著喜慶的歡騰氣氛。

新娘春霞小姐是新埔望族陳家千金，她是新埔鎮長陳文達先生么妹。多年後，她胞弟廷輝君也當了省議員和新埔鎮長。新埔小鎮素以美女輩出聞名，煥奎舅母說，陳小姐是新埔三美人之一，她由外婆作媒，成為姜家媳婦。

一九五二年四月十二日舊曆三月十八日星期六營業時間即將結束，高雄分行王副理利用海軍電話轉達來自北埔的電話，麗芝清晨產下女嬰、母女都平安的消息。李主任把王副理傳話的內容轉告我，我一瞬間無法真實感應，彷彿在聽與自己不相干的事，隨即猛然省悟我終於當起父親來，欣喜若狂之餘，真想跳躍三尺而吶喊歡呼一番，但我故作冷靜，擺出生孩子並不稀奇的姿態。我本來未作返北探視之打算，前幾天也將此事告知麗芝，但我不由自主地請示李主任星期一能否請假，李桑向我道喜並照准。

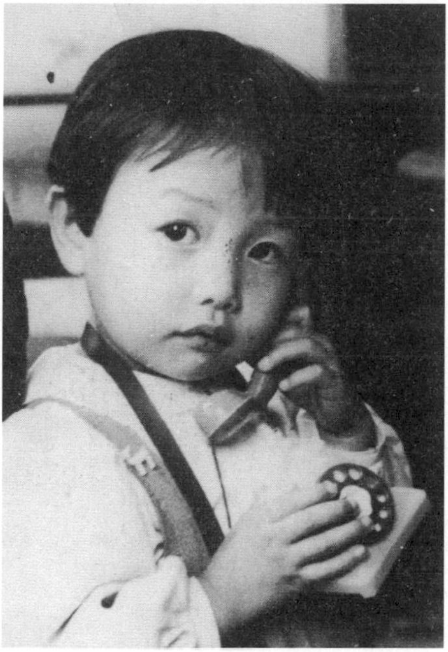

長孫女姜蒂玉。

左營火車站是小站而且接近高雄站，所以快車都不停靠，唯有平等號例外。我不知左營站發車時間，手邊又無時刻表，推算為十二時十五分而所剩時間不多，我把當天帳務委託洪哥收拾，借用工友專用腳踏車，囑徐桑隨後走路到車站辦公室取車後，以接近噴射機的速度衝向車站，我雖然未曾去過那個地方，但聽說那是距離一公里多的田中直線道，因而順利到達目的地，我把腳踏車寄託給站長，請他交給前來取車的臺銀工友，買好車票走進月台時，列車剛好進站，行動果斷、風馳電掣的我，成功地踏上心曠神怡的父女初見面之旅。

我向服務生買一本月刊雜誌，但想到嬰兒的事就心不在焉，視而不見，根本無法看下去。我想初生女兒不知長得怎樣，像麗芝還是像我，擔心母女健康狀態，渴望抱男孫的岳父母是不是很失望，如果是男嬰應該姓姜，既是女嬰又該如何，要取什麼名字，以後怎樣照顧娃娃，還要添加什麼裝備或器具……等等，很多思考泉湧不息，在此同時我感覺本身與昨日的自己似乎有所不同，一方面耽溺於初為人父的滿足感，又好幾次不由得自問是否真的做了爸爸，因為我總是覺得沒有實際感。總之，我第一次為人父，精神怡悅之餘，思緒凌亂，漫無止境。這個超過半個世紀前的感受，於今仍歷歷如在眼前。我屢次停止思索確認車行至何處而每次都有車速慢如牛，幾乎都在原地打轉的感覺，好不容易熬到傍晚七時抵達新竹站，前往南鄉婦產科醫院。

麗芝和娃娃躺在四疊半榻榻米床上。麗芝身體狀況良好，但看起來相當疲憊，她未想到我會回來，為此欣慰有加，但時而顯現昏昏欲睡的樣子。我的初生女兒其貌不揚，嘴唇微翹承繼外祖父和母親的特徵，頭部前面毛髮稀疏，像日本德川幕府時代武士髮型，後來五個弟妹出生時皆有濃密烏黑頭髮，可見唯有她得到廖家正傳衣鉢，因為她祖父如是，四十年後她父親也是如此。但不管如何，她是我親生骨肉，我的父愛不知從全身的哪一部位油然而生，初為人父那漠然的概念頓時變得真實無比，無論如何，我已經做了我女兒的老爹，這是千真萬確的事實。

隔日下午我在醫院陪麗芝至晚間十一時才回煥奎舅宅休息，其間煥奎舅母送食物到醫院以外，不見有其他人來，聽說麗芝生產時岳母不在場，爾後也未曾來看她。我推測岳母可能是為了處理鳴鐸兄結婚後的各種後續禮俗而忙，但自己獨生女分娩嬰兒的重要時刻未到場，事後也不能來，按照常識判斷也是不尋常，所以在電信局打電話回北埔，想要向老人家報告麗芝和嬰兒的情況以及我回來陪她們，並將於翌日晚上南下等等。可是接電話的小廝卻說歐吉桑他們全部去臺北，詳情一問三不知。晚上煥奎舅對我說，鳴鐸兄身體不適，故而二老陪他到臺北看病，明日大概可以回來。

第三天是星期一，我買了幾本書整天在醫院陪麗芝，她睡著時，我出去附近商場走動，下午嫁給頭份黃淵發先生的振驤叔公第五千金秋蘭姑來，她不顧自己大腹便便，老遠跑來探望堂姪女，盛情難能可貴，但麗芝父母親卻終究無法前來。我必須搭午夜十二時半快車南下，麗芝忍不住寂寞而掩面大哭，在旁的歐巴桑也頻頻擦眼淚，我以無比淒涼的心情離開麗芝和小女兒。

一週後，我從麗芝發自北埔的家書獲知，嗚鐸兄在臺大醫院住院，病情已經穩定，岳父母在我南下翌日下午，由臺北回來看她母女，二十日接她們回老家靜養。我請岳父代我決定女嬰姓和名，岳父把他第一個孫女命名姜蒂玉。

人生志業的大轉折

一九五三年新年休假，外婆和岳母蒞臨高雄寒舍，兩位從松山搭飛機到花蓮參加鄭書爋婚禮，然後從花蓮坐飛機到高雄來，在當時可說是一大壯舉。外婆和岳母抵達時已經是黃昏時分，晚餐後長時間逗弄小孫女的岳母突然對我說，她非常希望蒂玉常在她身邊並問我能否辭去銀行工作，回北埔協助岳父事業，外婆也在旁贊同其說。至此我恍然大悟，她們不辭勞苦遠道而來是另有目的。

由於事出突然，過去我未曾想過這個問題，所以不加思索地答以尚無此意，顯然使她們尤其是岳母大失所望。但她們不再多說，岳母囑我回北埔一趟，與岳父詳細討論此事，我雖然同意，但忖思將不會答應老人家的要求，因為經過兩年多的磨練，我的銀行工作漸入佳境，對自己在臺銀的未來充滿自信和期望，相反的，我對岳父事業了解有限，對出生、成長於海邊的我來說，製茶、製糖、造林伐木等是一竅不通的事業，一個門外漢想成為一位行家的得力助手真是談何容易，這就是我躊躇的重要理由。

翌日，我全家陪兩位貴客遊覽市內，欣賞大溝仔頂各種海鮮美味，並在高雄最大的照相館攝影留念。外婆和岳母搭三日清晨快車返北，我夫妻帶蒂玉到高雄火車站送行。行前岳母再三叮嚀我考慮辭職之事。

岳母回北後未幾，我接到岳父親筆函，信中表示他對我未即允諾辭職返鄉深感失望，敘述他對自己事業之信心和身邊欠缺足以託付重任之人的苦衷，以

新埔外婆和岳母來訪，右為智英。

及對我能力之認定和期待。語云士為知己者死，何況我有半子之義，事已如此，我似無選擇餘地，經過多日深思熟慮，決心遵照岳父意思放棄銀行職位，改行從事完全陌生的農林事業，我向麗芝誇下海口有朝一日將成為臺銀總經理的美夢瞬間成為泡影。

我向李主任表白辭意，李桑熟悉我的家庭背景，因而不感意外，但對此深表惋惜，勸我三思而行。幾天後我提出辭呈，開始預作準備以便隨時離開現職，但我的辭呈始終石沉大海般毫無下文，反而使辭意已堅的我感到心神不寧，無所適從。我對李主任訴苦，李桑以凝重的表情說你真的要走嗎？然後從抽屜拿出我的辭呈交給鄭總務辦理轉呈手續，原來他是考慮年輕人往往做事衝動有時會反悔，為了給我充分時間考慮而故意把辭呈壓著不處理。

一九五三年二月二十三日，我收到總行辭職照准的公文，翌日辦妥移交，退還二月份剩下四天的薪水，正式離開臺灣銀行，告別過去兩年又六個月的銀行生涯，我們在月底搬回北埔，為了新的起步而暖身。是時我滿二十四歲又三個月，麗芝少我兩年兩個月，蒂玉十個月半，我對姜家的情況，包括親族、事業、資產、財務等內容當時仍毫無所悉，完全白紙一張，往後人生道路之崎嶇是可以預想到的。

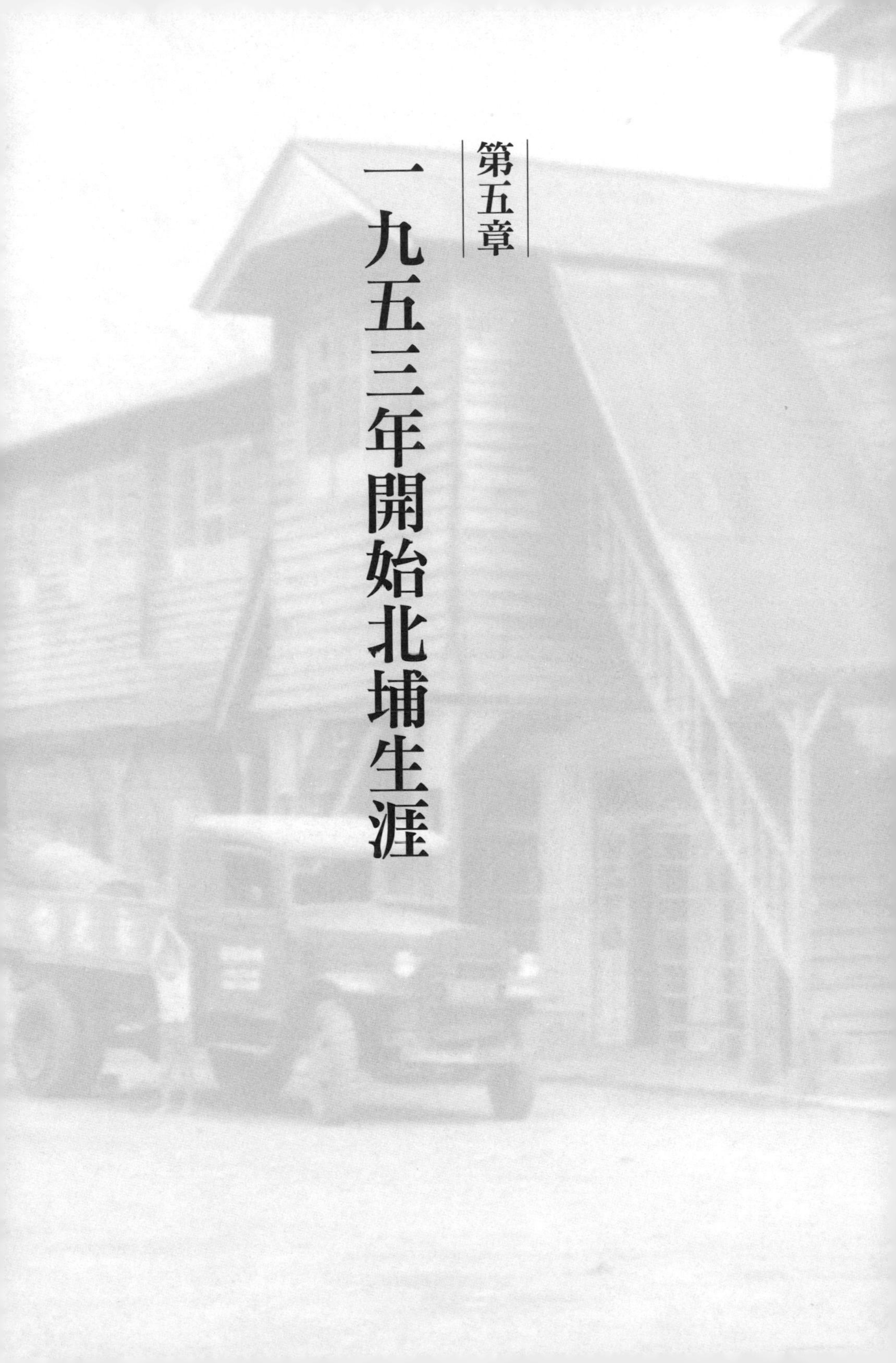

第五章 一九五三年開始北埔生涯

永光茶業冠全臺

一九五三年二月二十四日辭去臺灣銀行左營分行職務，我們夫妻和長女蒂玉一椅仔人（一家人）從高雄搬來北埔加入岳家一起生活。當時岳父全家一共僅有岳父母和內兄夫妻四人，但佣人卻不少。他們是管家吳進、雜役何金、長工鄧邱坤、小廝黃春發、養女蔡綉英和吳智英，還有一位忘了其名的煮飯歐巴桑，另外養有一隻名叫奇比的大型犬，岳父說是純種狼狗，但其外形、毛質、性格都不像，只是幾次咬人惹禍之兇暴表現，令人勉強相信牠可能帶有少許狼犬血統。

訂婚後，廖運潘首次拜訪岳家。

岳家位於姜氏祖厝天水堂南邊，隣接北埔慈天宮廟坪，用地約四百坪，建物包括一八三〇年代建造的祖厝左側第三棟土磚單層伙房屋，和一九四九年竣工、外殼以唭哩岸石作基盤再加鐵筋混凝土，內裝用稀有高級木材烏心石木芯為主的豪華雙層洋樓兩個部分。洋樓平面格局呈凸字形，岳父母居室在樓下後側，分別有書齋和臥房，洋樓前面部分是大廳，但平時都用雕刻精緻的烏心石木屏風隔成三間，向外左邊兩間是正式會客室，右間是起居室兼餐廳，中央放一張整塊花樟木製作的大圓桌和十張烏心石木圓凳子，兩邊各擺四張籐椅和放菸灰缸、茶杯等的兩張小桌。岳父平時坐在起居室抽菸、喝茶、看報紙，接待熟人或不必太拘束的客人，晚上找他老人家談天的朋友或公司同仁都聚在這裡，手搖接線式電話機設在同一室內角落，臺灣電視開播後，黑白電視機也擺在此室，這是家中人氣最旺盛的地方。

內兄夫妻房間設在洋樓二樓後側，由起居室和臥室所構成。二樓前面分成三個部分，

內兄姜嗚鐸夫婦。

右側是我們的寢室，中間是奉祀觀音菩薩的神明廳，左邊是鋼琴室，麗芝的山葉一號豎型鋼琴在此，後來我長女蒂玉、次女茗郁、三女惠慶都在此開始向母親學鋼琴，蒂玉因為健康關係中途放棄，茗郁改修聲樂，唯有惠慶能夠貫徹素志成為專業鋼琴家。麗芝外祖父詹文光公贈給祖父姜清漢公作為六秩一華誕禮物的福州產鑲鈿古董座椅擺設在此。這個四張一套的寶物後來被偷又復得，現在傳給岳父長孫姜百塘。

我們房間有半坪大的壁櫥，裡面分成二層，上層可利用小木梯登上設在橫梁上面之貯藏室，室內堆滿預備用寢具、日本坐墊、老祖宗穿用過的羊毛大襖之類。二樓後側內兄房間旁邊有一走廊，其盡頭設有盥洗設備和廁所，這個廁所是設計堂皇華麗洋樓的建築師彭玉理之一大敗筆，因為他設計樓下廁所使用抽水馬桶，樓上卻採用傳統空投式設備，化糞池排氣不良，廢氣循原路而上，不只臭氣難當，幾乎要令人窒息。

舊伙房屋由前而後，依序是小玄關、帳房、榻榻米房間、廚房、餐廳、臥房兩室。臥房一邊擺架子床，另一邊是木板通舖，煮飯歐巴桑和綉英等在此。男佣人各自有家，晚飯後下班回去，唯有小廝住在榻榻米房間，以備夜間不時之使喚。伙房屋最深處有一大間廂房附有小廚房，是麗芝三舅父亦是我姊夫詹梅谷一家人住處。據蕙英姑云，這個房間早年是她祖母姜紹祖公遺孀陳氏滿妹的居室。

我回北埔寄宿岳家頭一個月的處境，可以說是嘸落嘸著（無所適從）。岳父不作任何指示，我過去在銀行按照辦理規則做事，但對岳父事業卻一無所知，因此不知如何是好。這個期間，省議會正在開會，岳父常常上臺北，向他支持當選的張芳燮聽取開會情況或提供意見命其代為提案等，岳父雖然很少出席議會，但對臺灣政治仍然抱有濃厚關心。岳父不在家，鳴鐸兄熱中於攝影和沖洗照片，他在舊屋帳房設一暗室，終日專心致志，意欲洗出稱心傑作。永光公司糖廠三月間仍在生產赤糖，整個北埔街充滿煮糖香味，我偶爾走訪糖廠參觀，所遇職員都對我恭敬有加，他們都認識我，也應該知道我辭職到此之目的，但我畢竟是一個外來人，在永光公司尚無任何身分或地位，所以難免受到敬而遠之的對待。我之辭去工作來此是為了協助岳父事業，但我自己卻不明白，我在永光究竟能做什麼，岳父在哪一方面需要我幫忙。為此，我多次討教於他老人家，他每一次都說，你慢慢看，首先了解事業的內容，以後我要你出力的地方多得很。某日，我建議先在永光公司給我一個職位，我想要在自己工作崗位上學習事業的全盤，岳父思考片刻後說，此事不必著急，你暫時跟在我身邊就好。我提出自己認為理所當然而確有必要的請求，他卻有所遲疑，當時我不知他用心何在。

廖運潘在洋樓露臺，身後就是姜阿新在女兒麗芝出生時種下的的杉木。

後來我推想，岳父可能是未能確定我做事能力之前，不敢貿然決定我的職位，若是擔負過重而我又是庸懦無能之輩，日後彼此間處境難堪，另一方面又不得不考慮我棄職投入其事業行列的立場，更重要的是我與內兄鳴鐸之間的定位或職掌等微妙關係。我相信我的推測並非無的放矢，其中鳴鐸兄與我之間的軋轢，成為爾後多年岳父最頭痛和傷心的問題。

茶廠裡的糖廠

北埔糖廠設在北埔茶廠四千坪用地內之邊緣角落，占地約三百坪，建築分為前後兩個部分，前棟是磚柱木造之榨蔗室，兩部油壓式壓榨機相連貫，把人工投入的甘蔗原料榨出蔗汁，使用幫浦抽到後棟土磚建築的煮糖室。土造的大竈設有八個大鐵鍋，利用蔗粕做燃料煮糖水，水分煮乾後，用糖杓把糖膏撥在木製糖槽內，待其降溫後，再用鐵耙耙散即成為赤糖。這是粗笨原始的製糖設備，此處依舊把唯一像樣的機器設備油壓式壓榨機叫做蔗石，蓋因早一代的榨蔗設備是以巨石打造的磨盤和磨輪或兩個夾輪所組成之故，昔時蔗石用牛力轉動，永光的蔗石是二十馬力電動機運轉，總算聊勝於清朝時代蔗石一籌。

岳父在北埔時，每日下午和夜間較晚時間會到糖廠巡視一番，而每次都要我隨行，目的似乎在順便把我介紹給所遇到的永光員工或北埔人士認識，也藉步行以及逗留糖廠時間，向我講述他的事業概況，此外夜晚怕鬼，要人做伴壯膽也是他老人家命我同行的理由之一。岳父身高一七一公分，體重約七十五公斤，我一七三公分高、七十公斤重，當時少見的兩個巨漢一起走路相當引人注目，北埔街上人士很快就認識我。我們下午巡視時大部分是在廠內繞一圈，停留片刻就離開，但晚上九點多以後來廠，通常留滯很長時間，甚至過了午夜才回家，岳父有熬夜習慣，但隨從的我有一點吃不消。北埔鄉地勢高，冬天夜半氣溫低，而且著名的新竹九降風冷峭入骨，這是老人家捨不得離開溫暖的糖槽邊長板凳的理由。糖槽附近留有相當寬濶空間做為成品裝袋之用，煮糖工程非常悠閒，兩位煮糖師傅偶爾動一動，輪流觀察糖鍋內糖液濃度，使用糖杓依序將其舀到最後一鍋，以便完成煮糖過程或把煮乾的糖膏移到糖槽製成產品以外，都坐在板凳上談天。糖廠主管彭水德先生晚上來廠或值夜職員也經常流連在這個舒適的地方，成為岳父閒聊的夥伴。水德先生與岳父同庚，也是北埔公學校同學，因而講話投機。他外貌與日

糖廠主管彭水德（右），茶師謝阿火手捧茶葉品評會獎狀。

本明治天皇有一點相似，所以大家背後叫他明治天皇，有人不小心，在他面前說溜嘴叫出他綽號，他也不在乎似的置若罔聞。

煮熟的糖膏撥開在糖槽上面時已經不含水分，所以不冒煙。明治天皇警告我不可觸摸尚未耙散的糖膏，他說有一次董事長帶怡和洋行英國人來參觀製糖，那一位洋人可能特別喜愛甜食，眼見香噴噴的一大槽糖膏，忍不住伸手抓了一塊糖膏而突然大叫一聲，想擺脫燙熱，把手指連糖伸入口中，結果又燙了口腔，旁邊正在搬運成品的幾個小女工忍不住吃吃地竊笑，害董事長和他很難為情，連忙向那一位洋人道歉。

判斷糖膏是否煮成熟，亦即可否撥散在糖槽叫做起鍋的方法很簡單，只要取出少許糖膏樣品放進冷水裡，用手揉搓看看，如果是軟質即表示含有水分，不能起鍋，煮成熟的糖膏，則一捏即碎，唯非常不簡單的是他們直接伸手從糖鍋取樣的野蠻行為。煮糖師傅左手提著裝水的小木桶，右手泡在水中，若無其事地靠近糖鍋，剎那間把右手伸入糖鍋內又放回水桶中，搓幾下手指後拿出一塊東西看了一眼，又丟進其他糖鍋，行動沉著而敏捷。首次目擊此景，著實令我大吃一驚，快要煮成飽和狀態的糖膏溫度可能超過攝氏二百度，那個人不用儀器測試或起碼用木杓取樣，而徒手空拳赴湯蹈火卻未被糖膏燙得溜皮溜骨而安然無恙。

明治天皇解釋說，沾在皮膚表面的水膜能夠短暫時間抵擋糖膏熱度，水膜抵抗力消失前，把糖膏帶入水中快速冷却，因而其溫度不至於傷及手皮。這是工業未發達，測試儀器未出現之前，由經驗所得到的古來傳統作法，如今一切儀器完備的世界，他們依然墨守古法來逞匹夫之勇，想必是因為不想放棄展現手路（手藝）的機會使然。煮糖師傅好幾次勸我嚐一嚐未成熟糖膏的味道，我年輕時不喜歡吃甜，又看他用來保護手皮的那一小桶水不太衛生，所以不敢領情，但聽說口感、味道都像麥芽糖。岳父酷嗜甜食，因而滿口假牙，所以無法吃軟糖，但撥在糖槽內降溫到差不多的糖膏是他的最愛，看他一再把糖膏送進口裡，難免有一點倒胃口。

這一段時期，岳父對我的談話並無具體性，主要是強調永光公司各茶廠所在地區之茶菁品質良好，機器設備完善，製造技術超群，在此等優越條件下生產的茶葉，於質於量都是全島之冠。臺灣茶百分之七十品質平凡無奇，所以從日本時代開始，外銷茶必須利用我們的產品來拼堆提高品質，否則無法打開銷路，這是日治時代三井農林株式會社每年購買永光全部產品，戰後怡和洋行一直以提供現金的方式預購我們茶葉的理由。岳父如此樂觀的說法令我欣慰，很單純地想像，他可能因為年紀大，不想在多家工廠間走南闖北疲於奔命，所以要我回來代勞，爾後只聽從他指使，他要我做啥，我就做啥便可。

見風轉舵的怡和洋行

一九五三年三月中旬某日下午走山路時，我看見滿山茶樹開始萌芽，顯現春天即來的氣

北埔再製茶廠。

息，嫩芽綠中帶赤，陽光下顯得美麗可愛，我雖然不懂茶樹生態，但畢竟是農村長大的人，我知道採茶時期即將來臨，茶廠開工時間就在眼前，但至今岳父未提過春茶的生產計畫，也未曾看到他有任何行動而穩如泰山，使我這個內心期待著大有可為而躍躍欲試的外行人感到無比的訝異和焦躁。對有關春茶生產方針的質疑，岳父重提他牢不可拔的信念，堅持洋人非買永光茶不可之說，並且斷言不出幾天，他們一定會找上門來。

三月下旬某日，怡和洋行（Jardin Matheson & Co., Ltd）臺北分公司代理總經理諾頓（Norton）帶著茶業部經理赫克（Hawk），和英文名字叫做狄克的副理兼通譯張國敏來訪。怡和洋行是英國人創立的大綜合公司，總公司在香港，分公司遍佈全世界，規模龐大，歷史悠久。戰後永光公司產茶幾乎全數賣給該公司，過去雙方關係十分密切，但我回北埔這個時期，情況似乎不盡相同。岳父約客人在茶葉再製廠商談並命鳴鐸兄和我在場。再製廠位在北埔口水磜村低窪地，前面有一條小溪，廠後是以麗芝名義出租給劉妹伯的水田，廠地約一千坪，分前後兩棟，前棟是紅磚木造兩層樓建築，後棟是木造平房，總建坪約六百坪。這是岳父一九三〇年代創業的發祥地，廠房老舊，但使用的建材卻是檜木。終戰

怡和洋行職員眷屬及許振乾家族來訪北埔粗製茶廠。

前，岳父幾所茶廠生產的粗製茶悉數運交三井農林會社設在臺北武昌街現址水門邊的再製工廠。戰後為配合怡和洋行直接輸出的需要而擴建後棟，裝設包括篩、剪、除梗、風選、裝箱等再製機器，另在埔尾村新建臺灣全島規模最大的粗製茶廠，於一九四九年竣工啟用後，再把前棟原粗製茶廠改為成品倉庫和裝箱場。

當年路面尚未舖設柏油，行車緩慢，怡和客人從臺北抵達北埔時，已經接近中午，但賓主雙方立即展開商談，岳父氣勢凌厲，一開口就要求諾頓提供充足資金，強調只要有充裕的資金，永光能夠供給大量良質春茶。諾頓問永光計畫生產多少春茶，岳父以多多益善，有充分資金就可以大量生產，從而能夠降低成本回答，如此沒有具體數字，可能是岳父過去商談的一貫作風，但諾頓以今年茶市不穩為由堅持要永光明示生產方針。兩人各持己見，談判毫無進展，年紀相當大的諾頓露出倦容，要求中止洽商，狄克從竹籃拿出三明治，我們叫醉樂園送來幾碗湯麵，再製廠廠長藍金輝和怡和司機林生來也一起午餐。飯後喝茶時，諾頓把預先擬定的合作計畫書拿出來說，我們今年春茶的計畫是想要委託貴公司製造毛茶二十萬台斤，加工費是每一百台斤一百四十元另加再製費六十元，我們提供一切資金，製造數量若是未達到二十萬斤，怡和樂意照付二十萬斤的加工費，姜桑如果同意，我們就此決定簽約。老蕃牯（年紀大的外國人）的話尚未說完，藍兄猛然拉著鳴鐸兄和我到外面說，董事長心肝像牛氣恁大（董事長雄心大如牛肺），他一定不會同意諾頓的建議，但我們已無選擇餘地，非接受不可，你們兩人趕快去說服老人家，答應洋人提出的條件。

可是我們回到會客室時，看見岳父正在用非常不屑的口氣拒絕對方，諾頓不待狄克翻譯完畢就站起來打道回府，雙方不歡而散。客人走後，岳父說，怡和洋行臺北總經理鮑魯頓（Bolton）返回英國度假半年，由香港總公司派諾頓來暫代職務，他不了解臺灣茶業生意，又是快要退休之人，不願負起責任而縮頭縮腦，他竟敢要求把我們的生產量縮減到生產能力的一半，真正是豈有此理。如果鮑魯頓在，相信不至於此。

岳父與諾頓洽商的經過令我失望，也使我內心起了很大的震盪，我認為諾頓雖然是暫代總經理，但既然是銜命而來，必定是遵照該公司的意旨行事，鮑魯頓之授意，茶業部經理赫克之意見可能也是他決定方針的考慮要件。諾頓冷淡而消極的態度，斷非如岳父所說非買永光茶不可的人該有的表現，構成岳父近於絕對自信的客

永光再製茶廠風選機。

觀要素似乎大不如從前，可想而知最單純的理由是怡和已經不再非買永光茶不可也。

我從一九四六至一九五〇年的五年間寄宿八條通姊夫家，那個期間正逢永光公司業務最隆盛時期，很多出差臺北的公司幹部或職員來借宿。姊夫在永光臺北分公司擔任會計，我從借宿客人或姊夫口中，聽到不少有關永光的事業內容和岳父的為人與事跡而欽佩崇敬有加，因此我對岳父過去兩年來多次向我所強調外商非買我們的茶來攙合提高品位不可之說深信不疑。但由這一次與洋人洽商的情形看來，情勢好像從非買不可演變成不買亦可，只是岳父自己未察覺或不想承認或尚繫一絲希望於過去與怡和間之交易實績亦說不定。這是我當時的直覺，可惜我不懂茶業，也不諳永光公司內幕，故而無法了解或把握真相。岳父要我慢慢看，總是難免有隔靴搔癢的焦躁感，我認為時間不允許我慢慢看，我必須用最快的速度學習並理解事業的一切，以找出自己該做的事，否則我就失去離職回來的意義。唯岳父之於我，他的存在是高高在上，我不敢貿然問他太多他不想回答的問題，所以只能從旁打聽可能大家都知道但不敢或不願意講的事實。

晴天霹靂的重擔

翌日岳父上臺北，可能是為了春茶事，亦可能為了議會事，但我不方便問他北上之目的。我按照計畫開始探究我所置身的環境，姊夫梅谷吐露他以為我早就知道，其實卻毫無所悉的驚人內幕，永光公司負債多達二百五十萬元，已經沒有償還能力，債權者大部分是民間人，大家看得起並且同情董事長獨力擔負重擔的艱辛，故而去年十月起同意停止利息，讓董事長設法清償巨債。這個消息對我來說簡直是晴天霹靂，我在金融機關服務，熟知這是如何驚人的巨額，在一九五三年代，那是天文數字，等於現在的二十億元左右，不久我們把位於臺北重慶南路臺灣銀行總行正對面的臺北分公司三層樓整棟建築售出僅得三十萬元，我學友陳君一九九〇年把在同一地點、差不多同樣的房屋賣八千萬元，依此類推，可知當年二百五十萬元的價值

臺灣最大的永光北埔茶廠。

北埔茶廠揉捻室的揉捻機四基及玉解機一台。

如何。

關於償還計畫，姊夫並不詳知，他只知公司擁有茶廠六家和臺北分公司建築，岳父個人名下不少造林地和田地，另外投資永光林業四分之一股權，但無法估計其價值多少。公司本身全無周轉資金，更不用說生產資金，薪水已積欠三個月未發，春茶季節即屆，各廠整備所需費用尚無著落，公司可以說是處於未曾有的吃緊狀態。我問滿倉赤糖為何不出售換成現金，他苦笑說，那一些存貨大部分是蔗農的寄存品。他補充說，製糖是以代工形式進行，公司收取產品四成當做加工費，六成歸蔗農，他們可以領回現品，但很多人委託公司代理統售或換算現值領取現金，舊曆年過後赤糖滯銷，所以堆滿現貨，但不屬於公司財物。

這個時期的一個下午，家住新竹的煥奎舅來訪岳父，他問知岳父不在，即把一張職務配置表託我交給岳父後準備離去。我把配置表瀏覽一下，在密密層層的圖表一隅看到我的名字，職位是出納員。我想如果這是岳父託他安排的人事配置，他讓精通銀行實務的我經辦出納，實在是大才小用。煥奎舅大概察知我在想什麼，他解釋說，現在公司財務非常困難，你有銀行經驗，想必在資金調度方面有所貢獻，我看總經理一職是空白，我問誰是總經理，他說那要問你岳父。岳父回家後，我把那一張圖表交給他，老人家看了一眼就擱在一旁，什

永光茶廠二樓熱風萎凋室。

麼都沒有說，我想像那一張表格若不是岳父囑煥奎舅安排，可能就是他毛遂自薦的間接意思表示。從岳父的冷淡表情看來，煥奎舅的希求好像不得如願，但他未藉此機會對我的工作內容有所指示，也令我感到徬徨和不安。我突然想到月前岳父促使我放棄銀行工作的信函中提到，身邊欠缺足以託付重任之人的苦衷以及對我之期待的說辭，結合目前獲知之天文數字巨債的驚人事實，推想他老人家心中的構思莫非就是要我這個滿二十四歲的黃口孺子尚未茁壯的雙肩來分擔那個二百五十萬斤重擔。我的恐慌難以形容，自省我有何能耐擔起如此重大責任而心驚膽顫。

膨風茶、紅茶都是永光的招牌

北埔鄉土地大部分是山岳丘陵地，土質多為第三紀層軟鬆砂礫壤土，因此無法開闢廣面積水田種稻，但適合栽植茶樹，而且上述兩個缺陷正是生產好茶的最佳天然條件。加上，北埔一帶早期普遍種植青心大冇、青心烏龍等優良品種製成的茶葉具有特殊香味，因此北埔鄉可以說是先天的高級茶生產地。北埔茶品質早已聞名，但產量有限又缺乏運輸工具，清朝末期乃至日本治台初期，欲把商品送至臺北，唯有人工肩擔是賴，搬運成本高昂，只能限於攜帶高價位的北埔特產膨風茶。聽故老說，從前由北埔前往臺北，必須走山路經過樹杞林（竹東）、鹹菜甕（闊西）、大嵙崁（大溪），在此宿夜，翌日經由三峽至臺北，或從大嵙崁坐船行大漢溪，入新店溪至艋舺（萬華）。因此，當時走一趟臺北，比現時往地球背後更艱鉅辛苦。很久以前，北埔茶販運茶到臺北大稻埕出售，其高級烏龍茶之香氣與風味，使嘗試品茶的商人讚不絕口，因而爭相搶購，價格漲到巔峰。茶販回北埔，把實際售價告知同業，無人相信，大家都認為他膨風，諷刺揶揄他自稱賣到天價的高級烏龍茶叫做膨風茶，久而成為其俗稱。

臺北茶商聞知，買賣茶葉的英商亦知之，怡和洋行將其試銷本國而深受歡迎，英國上流社會視Pun Fuen Tea為珍寶，因而輸出英國的膨風茶逐年遞增，屬於同一地勢、地質、氣候條件的周邊地區，峨眉、獅頭山、老田寮、頭屋一帶亦出產膨風茶，後來隨著交通發達，膨風茶在臺灣出口茶葉占了一席地位，可惜其生產受到地理、節氣和天候等天然因素限制，限於夏茶、六月白大約芒種至大暑間天氣良好的日子、受過浮塵子蟲害而停止發育的蕊芽才能製出真正上等膨風茶，因此無法提高產量（一九六〇年，我綜合同業意見，估算全島年產量不超過三千公斤，其中北埔鄉一千二百公斤，我們於一九六一年輸出日本三井二百七十公斤），為此有一年鬧出悲劇。一九二〇年代後葉，怡和洋行臺北分公司茶業部的青

永光再製廠藍金輝廠長（左起）、姜阿新、三井若林先生、廖運潘、G將詹錦川。

年才俊經理把茶葉出口貿易做得有聲有色，尤其是膨風茶銷售倫敦市場是他的拿手，每年充分地掌握供需量，臺灣膨風茶出口幾乎成為他們的獨門生意。不料那一年，按照往年慣例訂好售貨契約，開始收購膨風茶時發現情況不妙，過去未曾積極採購膨風茶的三井農林會社突然殺入市場，把那一年生產的膨風茶全部搜括殆盡，害那一位英國青年無法可施而舉槍自盡以示負責。

據聞，當年怡和洋行是三井農林在臺灣茶業界的勁敵，三井農林搶購、壟斷膨風茶並非真正有銷路，主要目的在於打擊商敵，卻無意中傷害了一個寶貴性命，後來三井花

永光橫山廠。

了相當長的時間才把囤積的膨風茶銷出去，此即商場如戰場的實例。

最早的茶農，可能是依照自己嗜好或判斷銷路來製造包種茶或烏龍茶，但北埔一帶出產的烏龍茶較具特色而廣受歡迎，因此逐漸傾向於烏龍茶製造，兩者之差別本質上是依發酵程度而異，同樣的茶菜（茶葉）撒開在竹棚上曬太陽，適當地攪拌，促進其發酵，然後倒入炒鍋殺青，阻止發酵，包種茶發酵較輕，烏龍茶較重，兩者基本上的分別決定在這一個階段。比較起來，前者外觀和泡出來的茶湯與茶渣之顏色較淡，後者較濃，味道、香氣各有千秋，孰優孰佳依品嘗者嗜好而定，然而同樣的茶菜造出同種產品時，其品質優劣亦不盡相同，此事完全取決於茶師手藝，是外人不可端倪之者也。

北埔一帶較早期的茶農是自己把每日採摘的茶菜製成茶葉，積少成多擔到北埔或峨眉街上出售，以買賣茶葉成品為業的「茶販仔」櫛比而興。茶販仔收購茶農的成品，按照品質分等拼堆出售，收購時的品質鑑定是決定價碼的關鍵，討價還價之間涉及製造品質問題，對茶農製茶手藝的提高不無教益之功。因此早期的茶農個個都是製茶高手。

一九一三年，北埔、竹東間輕便軌道開通，貨物可託輕便車經新竹轉火車運往臺北販賣，從此北埔茶葉產量漸增。臺北有一種中盤商，專購各地茶葉拼堆賣給茶行，他們把各地出產之次等茶摻上北埔茶而號稱北埔茶推銷，是臺北茶販仔的伎倆。

日本早在第九世紀初，留學中國唐德宗治世的僧人最澄、空海攜回茶種子和製茶方法，但一般人喝茶是十六世紀末才慢慢開始流行，到了十七世紀中葉以後已經變成普通家庭的日常飲料，他們喝的一律是綠茶。日本明治維新成功後四十年，進口商明治屋輸入立普頓（Lipton，現譯為立頓）紅茶，從此飲用紅茶的嗜好逐漸浸透在日本人飲食習慣中。一九〇六年，三井農林會社投資臺灣茶葉事業，在林口、角板山、龍潭銅鑼圈、三義等地培育茶畑（日語，即茶園），製造烏龍茶外銷美國等地，後來配合全球紅茶需求增加而改製紅茶，旋於一九二八年開始生產罐裝紅茶，以三井紅茶商標向全國推銷，對紅茶之普及有了莫大貢獻，戰前的日本國內市場占有率高達九〇%，該會社業務蒸蒸日上，紅茶銷售量逐年大量遞增，對永光公司之創立和發展有很大的影響。三井紅茶後來改為日東紅茶至今。

懋熙先生的無奈

我岳父姜阿新先生字懋熙，一九〇一年二月十九日出生於新竹廳竹北一堡花草林（寶山鄉面

姜阿新曾就讀東京明治大學法科專門部。

姜阿新前排左一與明治大學同學。

盆寮）。他是蔡家長子卻襁褓入嗣姜家，主要是為了嬰兒將來的幸福之外，家境貧窮，可觀的酬金想必也是考量因素之一。麗芝祖父姜清漢公是湖口波羅汶張家之出，推算一八七五年，亦即早於基隆、新竹間鐵路建設完竣十八年以前出生的他，在走路和坐轎以外別無交通工具的時代，會從當時的感覺來講是天西之遠來到山林壁壢角，不知道是什麼因緣使然。我岳母結婚多年不生，因而有抱養螟蛉之議，姜家三代不育，可謂是少有的巧合。

一九一五年，岳父畢業於北埔公學校本科第十二屆後，進入臺北國語學校國語部，此校是全島唯一的自費中等學校，同校師範部為臺北師範學校前身，以養成公學校教員為目的之公費學校。一九一九年畢業於國語學校而負笈東京明治大學法科專門部，翌年暑假歸省，八月底正要離家東渡時，祖母不捨而嚎啕，不忍老祖母悲傷，因而輟學，成為他終身憾事。岳父回顧東京求學時代說，當時物價廉，三十圓足夠臺灣留學生的一切費用，但家裡每月寄來一百圓。他用多餘的錢玩股票賺了不少錢，但熱中於賽馬，賺來的錢也在跑馬場花得差不多了。儘管如此，岳父在東京求學時並未租用高級公寓或寄宿所謂的下宿屋（房間分租給他人，

姜阿新的生母抱著曾孫女姜蒂玉。

也有供伙食者），與一群同鄉共租一棟平房並且輪流煮飯燒菜自食其力。我聽後來也念明治大學專門部，當時還在讀中學校的郭福興先生說，輪到懋熙哥燒飯時，同宿人個個恐慌，因為他燒的飯不是半熟就是燒焦，喜歡煮南瓜卻每一次都鹹得難以入口，有人抗議，他則倚老賣老地答以那是節省菜餚的烹飪法，大家拿他沒有辦法，只好決議免除這一位前輩的炊事當番（日語：輪值）。

雖然斷念東京留學，但一個精力充沛，胸懷理想之弱冠如我岳父者賦閒在家無所事事是談何容易，他從師學習打拳頭（拳法）、挨弦仔（拉胡琴）、吹伸縮喇叭、下圍棋、象棋、打網球、撞球等花樣甚多，但似乎都未成氣候，唯不知道哪一位名師傳習的書法頗有成就，尤其草書自成一家。

不久，岳父透過關係獲得經營日月潭台灣電力公司酒保的權利，開始進行策畫，敦請南埔人林榮春先生負責業務而得到同意。酒保在中國話為舊時賣酒的人或酒家的侍者之稱，但日語是指兵營內販賣飲料食物和日用品的店，台電當時以酒保稱呼，可能是把日月潭發電廠以及附屬建設現場之混雜和管理比擬軍隊作戰而取的名字。但一切部署就緒，岳父興致勃勃地準備出發時遭到老父的強烈反對，壯志未酬即不得不半途而廢。是時清漢公約五十歲，姜家男性最年長者，雖然終日耽溺於鴉片煙毒，但絲毫不影響他絕對性的父權，爾後岳父籌謀新的事業都無法通過老父這一關而相當無奈沮喪。

「那個時候，我想做的任何事都得不到父親同意，他不肯出錢，我就毫無辦法，偃爸希望我像他不做事、在家享受生活。對我來說這是最痛苦不過的事。」岳父多次對我如此說。

麗芝的祖父清漢公於一九三六年四月過六十一歲生日，過去姜家男性幾乎都不長壽，老屋第三房紹祖公抗日犧牲時才二十歲，第二房振乾公，新屋第一房振義公都不到四十歲，新屋第二房振壎公未到三十歲就去世，因此親戚們慫恿岳父大肆鋪張一番來慶祝老人家壽誕。那個日期正逢春茶盛產時節，茶廠內茶菜堆積如山，廠房無法容

姜家女眷們，右一為姜阿新夫人。

納的茶菜大量借用姜家祠堂放置，工廠二十四小時作業也無法消化逐日搬入的原料，因而不得不把部分變質茶菜丟棄河中，廠內上下人困馬乏無法分身的狀況下，岳父把一切安排交給堂哥娘送全權處理，娘送伯是聞名的風流倜儻之士，聽說祝壽活動辦得非常豪華完美，因而名震一時。

大約一九四〇年左右，每日到我們觀音家來聊天的梁玉雙談論庄中陳富壽生日喜宴事，附帶提起某富家人士做生日之豪侈盛大場面，例如，關於壽堂佈置之富麗堂皇，賀客多為名流士紳，祝宴菜餚之奢華，特請採茶戲團三班分別在祠堂前和廟坪演戲讓庄民觀賞等實況說得天花亂墜。我記不清楚梁兄談話詳細內容，亦不知他所講的是何許人家，只是對他所描述之東家請路人吃粢粑（客家人的麻糬）的情景印象深刻。他說，大厝面前坪子築兩個臨時竈頭蒸糯米，十來個後生仔（年輕人）輪流上陣在三個椿臼猛搗粢粑，三個壯漢站立圍牆上，把捏斷之拳頭般大的粢粑，越過圍食的群眾頭上向架在長凳上的三個盛滿花生

姜阿新的父親清漢公和麗芝。

姜阿新全家福及表妹詹苑君（右一）。

粉的大摸欄（竹篩子），雨滴般地投下去，場面精采熱鬧而溫馨，令人感佩，這才是真正大富人家做生日的作風。

我來北埔，逐日了解姜家內外環境和狀況，及於聞知清漢公在六十一歲酬神祝壽的同一年歸西，而且算是姜家男人少有之長壽者，忽地想起梁玉雙早年所講富家的情節很可能就是我岳家的故事。但據我所知，梁兄與姜家毫無因緣，與北埔亦無地緣，不可能參加姜家喜事，而聽其說辭好像身臨其境似的詳細入微，因此，梁所指之富家可能另有其人，唯當時我也想到梁兄能言善道帶有一點膨風，聽到一些有關姜家的傳聞，自己添枝加葉來向人噴雞咳（吹牛皮，雞咳是雞嗉囊，謂小氣球）亦不無可能。不久，我在麗芝堂兄文瀾家遇到一位瘦小中年婦人，她直接叫我名字，但我不認得她，她自我介紹說她是從屏東歸寧回來的文瀾哥妹妹，我公學校同學戴霖玉之兄嫂。原來梁之妻舅戴霖生是岳父堂哥娘送伯的女婿，至此我確信，清漢公祝壽盛況是梁兄聽自妻舅夫婦的口中，然後加以發揚光大者。

岳父姪女早年從山城北埔嫁到海邊觀音鬼嬤埤坡下戴屋港，因而讓我少年時代無意中聽到北埔姜家事跡，想不到十年後自己成為姜家女婿。十三、四歲時當做耳邊風聽故事的不知姓名人士竟然變成自己的丈姻公（岳父），想起來難免有一點不可思議的感覺。

現在，我們留有兩張清漢公的老照片，一張是老人家的個人正面像，另一張是與麗芝的二人合照，推測是他最晚年的攝影，耳順之年的清漢公瘦成皮包骨，反之，站在旁邊滿五歲半的麗芝長得胖嘟嘟，兩張照片好像是出自同一攝影師的作品。大學三年級舊曆新年訪問北埔首次見到掛在帳房牆壁的清漢公照片時，我著實為他左手三根長達尺餘的指甲吃了一驚，第一次得知指甲並非筆直而是旋轉著伸長，從照片判斷其長度大約三十公分，如果拉直可能超過四十公分，指甲生長到那個長度，我想至少要二十年以上工夫，在年長月久的時間，為其育成和保護所耗的苦心想必是筆舌難盡，清漢公不憚其煩地培養個人象徵之心態，亦是旁人無法揣摩的。麗芝說，祖父身體瘦弱，整天躺在床上抽鴉片，幾乎不流汗又害怕傷風，故而很少沐浴。一年幾次的沖洗都要看護人員全程協助，先用溫水把指甲泡軟後，很小心地脫下衣服，以免傷害或折斷老人家的寶貝指甲。

岳父與岳母於一九二〇年十一月一日結婚，我在臺北念書時曾經聽過姊夫梅谷說，岳父從日本回臺渡暑假期間憑媒赴新埔與他大姊相親，大姊看到岳父近視眼目絲絲（眼睛細），因而第一印象不佳，但後來還是嫁給他。岳父過完暑假不再赴日，結婚時兩人都是虛歲二十，當時來講不算早婚。岳母早岳父（一九〇一年二月七日）十二天出生。岳父說：「老父非常保守，他認為我們家祖產不少，人丁又單薄，生活富裕，不必勉強掙錢，以免因小失大，他希望我過一輩子遊手好閒的生活，如果我願意，他可能允許我抽鴉片，因為他的一位世交老友也慫恿吸毒來防堵兒子嫖賭飲無底洞般的揮霍，總之老人家不許我開創事業，即使結婚以後也未改變主意。」

木村先生力勸造林

老人家雖然終日迷迷痴痴地過著半廢人似的生活卻有絕對性的父權，岳父事親至孝全無拂逆之事，當年他的處境正如京戲《四郎探母．坐宮》之楊延輝的唱辭：「我好比籠中鳥，有

日本農林技師協助指導造林。

翅難展。」那個時節新竹州廳正在大力獎勵私地造林，姜家祖業有大面積山坡地任其荒蕪，時任州廳農林技師的木村先生力勸岳父從事杉木造林，岳父甚感興趣而躍躍欲試卻又未獲老父同意，但岳父已經欲罷不能，申領象徵性的獎勵金和免費提供的樹苗，在北埔南方十二公里內大坪與南庄鄉隣接的四十二份之約五十甲山坡地著手種植福州杉。岳父說，植樹季節，剛好是農閒期，農家沒有什麼副業可做，全家人在吃閒飯，他的造林工作每天雇工數十人，對節儉的山中農家生活不無小補，他自己上山監工，腰間帶一個布袋裝滿銀角子，每日收工時支付當天工資，深受工人們歡迎。

姜鳴鐸（左一）拜訪原新竹州農林課長木村的家族，於日本九州。

當時大坪產業道路未造，往四十二份必須跋涉山間小徑，道遙路嶇，無法每日回家，老父可能認為植樹在自家地上是無關宏旨，故而未加以阻止，但仍然不給分文，岳父自己的私房錢和岳母的陪嫁用光還背了不少私債。木村桑非常熱心協助造林，不辭勞苦走入山中現場教導植林和育林技術。岳父聽從其說，按部就班地實施種植、除草、刈蔓等作業，幼苗的成長有驚人的成績，清漢公從常來陪他做伴的朋友獲知這個情況才心滿意足地替兒子還債，從此對岳父的創業熱情有了某種程度的理解，使他能夠繼續把造林面積擴大到伊灣窩之九十多甲地域，木村桑則每年定期巡視姜家造林地，評估造林成績並給予適當的指導或建議。後來岳父事業繁忙，不克親自陪伴，命小廝帶他上山並安排在散居林地內的佃人家吃中飯，木村桑飯後一定給一圓小費，這個金額超過男人一日的工資。岳父尊敬木村桑之為人，故而成為莫逆，二人交情至死未渝，岳父戰後赴日時，不辭遠路跑到九州拜訪老友，而岳父晚年寓居臺北西門町時，年逾八十的木村桑特地來臺看他，我藉此機會見過他一面。

成為三井農林的協力廠商

一九三二年，田中利七擔任北埔庄長，岳父受聘為助役（秘書），積極推廣

姜阿新起家的老茶工廠，前排左起劉霖海、謝阿火、陳阿球、姜阿新、梁金水，約1934-1940年之間。

地方產業，尤其鼓勵庄民採用優良茶種來擴大茶畑面積，為了配合逐年增加的茶菜產量和世界飲茶嗜好的轉變，私下斥資在北埔口建設擁有最新設備的紅茶製造工廠，在庄役場產業技佐陳阿球先生指導下，從一九三四年春季開始生產紅茶。阿球師是臺灣總督府茶業傳習所第一屆畢業的關西人，後來被岳父延攬為永光公司總茶師，跟隨在岳父身邊盡心竭力，是公司的元老功臣，可惜一九五二年八月，因急性盲腸炎延誤手術而撒手塵寰，年僅四十七，阿球師還山（出殯）前夜，二重埔茶廠失火燒光，有人說阿球師方興未艾，把一家茶廠搬到另一個世界去做茶。

一九三一年九月十八日，日本關東軍在中國東北發動九一八事變（日本稱之為滿洲事變），翌年成立滿洲帝國，透過溥儀皇帝的傀儡政府，完全支配以中國東北三省為版圖的滿洲國。一向在日本紅茶市場稱霸的三井農林會社也大舉向滿洲市場發展，因而需求量大為增加。臺灣出產的紅茶品質良莠不齊，大體而言，現新北市、桃園縣、新竹縣北半出產中、下級茶，其產量約占全島七〇%強，新竹縣南半和苗栗縣、南投縣之產茶品質優良，產量卻十分有限。在此狀況下，取得中、下級茶容易，但如無相當數量的高級茶加以混合，無法保持所要求的品質水準，於是尋覓能夠供給大量高級紅茶、信用可靠的協力廠商成為三井農林的優先課題，而我岳父姜阿新先生成為其心目中的第一人選。

岩倉先生鼎力相助

岩倉一馬先生是日本九州人士，東京農業大學畢業，他進入三井農林後分發到臺灣角板山茶場，從茶畑管理和製茶現場機器操作等基層工作做起，最後升為臺北支店茶業課長兼再製工廠廠長。三井農林總公司在東京，但其產業的八十五％在臺灣，因此臺北支店是該公司實質上的事業中樞，然而臺北支店業務的總樞紐在於負責生產紅茶成品的再製工廠，岩倉身兼重職，充分發揮他能文會武的本事，把三井農林的事業推展到無遠弗屆的境界。

生產到一定數量後，把成堆的紅茶裝在布製茶袋，運到臺北直接或透過茶販仔賣給茶行是傳統的做法。但有一天岩倉親

姜阿新與岩倉一馬，於東京。

自走訪產地，視察多家茶廠設備並當場洽購產品，因而有機會與岳父相識。岩倉不在臺北買茶而直接下鄉走遍各地，其用意是為了觀察各廠設備、生產能力、技術以及業主之人品等，以便選定理想的衛星工廠。當時北埔有兩家工廠生產紅茶，起初岩倉比較看重稍早創立的另一家茶廠，有一次岩倉到那一家工廠，把已經打包好的紅茶買下來，講好翌日送上臺北，但慢三、四天才運到，理由是雨天不宜長途運茶。這個理由無可厚非，問題在於廠方驗收的重量和送狀（日語：發貨單）記載的數字分兩不差。岩倉看過送狀後，隨即到現場打開茶包抓一下茶葉，苦笑著走開，從此不再買那一家工廠的貨。焙乾的茶葉容易吸收濕氣，布製茶袋全無防濕功能，打包好的茶放在雨天多濕的空氣中兩三天，至少會吸進一%以上的水分，從而重量多出一、二%是自明之理，岩倉乃茶業權威又靈敏過人，他立刻察覺個中之機微，因而有所決斷，這是戰後岳父赴日時，岩倉桑首次向他吐露的個人秘密。

受到岩倉先生賞識後，岳父的事業一帆風順，不斷地擴充經營規模，不出數年即把峨眉、橫山、大坪、柯子湖、上坪等多家茶廠納入旗下，同一時期收購了外坪新公館七十甲，內坪興新一百三十餘甲、峨眉藤坪三十甲、橫山油羅四十多甲等山林，與祖傳北埔尾隘子一百六十餘甲、內坪四十二份五十甲、伊灣窩九十八甲加在一起，總共擁有林地多達六百甲。

經營事業之目的不外乎是追求利潤，在一般生產工廠來講，原料採購、製造技術、產品銷售等每一個環節都是獲利的關鍵，然而為了使整個流程順利運轉，豐富的資金乃不可缺少的要件。岳父獲得岩倉的知遇，與三井農林合作無間，不必為資金及銷售煩擾，專心整頓生產設備，把製造能力擴張到最大限度，進而策應三井需求量之激增，逐年收購附近地區較具規模的茶廠並加以改善，使其符合製造良質紅茶之要求，岳父能夠順利推展他與眾不同的雄圖，除了祖傳財力以外，三井的後援是他最大的依靠。每年春茶前，岳父親自造訪三井臺北支店，以整修廠房、機器、設施等理由要求預支準備資金兩三萬圓，其實整頓工廠花費無幾，岳父本身資金足夠應付而綽綽有餘，他是利用這一筆錢來收購茶廠或造林地，三井方面不但未曾干涉，反而積極慫恿他增加生力軍。

靠人力搬運的大坪茶廠

規模龐大，工程艱險的大坪茶廠也是在三井支援下完成的。內大坪位於北埔南方八公里、海拔五、六百公尺、整年雲霧飄忽的山谷，最適於栽植茶樹。大坪地區可分三個地域，分別為內大坪、外大坪和南坑三個村，居民耕作貧瘠的小面積梯田之外，在山坡地種植一些茶樹、番薯或自給自足的青菜，生活貧窮。一九三二年以前，通往大坪必須走人行山徑，越嶺涉水，躑躅難行。據一九五〇年代的內坪村長范世耀說，他小時候念北埔公學校，每天清晨五時出發上學，回到家都超過午後六時，夏天山路涼爽尚可消受，但冬季兩頭烏（早晨未亮，傍

大坪茶廠。

晚已黑），而且雨多路滑寒風凜冽，長大以後回想起來依然難免發抖。岳父上任庄助役後，致力於產業振興，推進北埔至大坪三．六公尺寬產業道路，這一條當時被庄民以姜阿新路稱呼的大坪道路，由於新開路基未臻踏實，常受雨水浸蝕，所以相當長的時間無法通行卡車。大坪三村出產的林木、竹材、煤炭、木炭、米穀、茶葉等仍靠人力搬送，故而得不償失，三村庄民增產作物的意願難以提升。岳父相信茶業之將來性無窮，全力推廣植茶面積，他看中大坪地區的潛力，欲以先建茶廠於三村中心地來刺激農民的增植意願，三井答應做他後盾，以提供總工程費半額之五萬圓、二十年分期償還的低利貸款，使他能在運輸方式未解決、原料數量尚無著落的情形下，膽敢貿然建設以三井角板山茶廠為雛型的大型茶廠，其大部分建築材料及機器設備完全得靠人力搬運。

內坪長坪頭下有兩萬坪左右的平地，一部分屬於范家水田，其餘是巨石滿地的荒磧，為姜家之公產，岳父選定此地建廠乃因其地理位置為大坪三村中心以外，西南隣接苗栗縣南庄大東河，東北邊是竹東五指山，將來能夠吸收上揭二地的茶菁也是考慮的因素。廠地附近有一條源自海拔一五七九公尺的「鵝公髻山」、水量豐富的小溪河，岳父前幾年在此開設利用河流運轉的水車為動力的小型鋸木廠，命名新南製材所，準備收購當地林木製材販售，但運輸方法未解決，因而業績不佳。大坪茶廠之建設終於使其發揮最大功能，兩層

人工扛八公里打造出來的大坪茶廠。

樓廠房完全是木造建築設計，岳父大量申購五指山國有林木材，用木馬拖至鋸木廠，按照規格尺碼製材，把廠房的建材問題解決了一大半。砂、石、灰漿牆用的桂竹是就地取材於自家林地，其餘建築材料如地基地板、水車溝渠用水泥、屋頂浪花板、門窗玻璃、鐵釘螺釘鉚釘鐵鍋鐵管，以及補強或鎖緊接口等所需鋼材，甚至重達幾噸的揉捻機、乾燥機、石油發動機、發電機等機器都拆卸包裝，全以人力擔送八公里遠路到現場，其辛勞和苦心不難想像，在此值得一提的是唯一無法拆卸分解的大水車旋轉軸的搬運過程。這個長十二公尺、直徑二十公分的巨物重達四噸多，搬運工三十六人，每人負擔過重，路況又不佳，所以每一次上肩只能走幾十步就停腳，一天行程不到三公里，足足花了三天工夫才走完全程，其間工人到了晚上回家休息，翌晨再往昨日停止處繼續前進，行動中之點心、茶水和用膳都有專人擔送，岳父說，水車軸搬運期間，他整天提心吊膽，怕的是傷到工人，所幸平安無事，真是謝天謝地。我第一次赴山區看到大坪茶廠的設備規模，尤其是直徑十二公尺寬四公尺的巨型水車及其粗而長的旋轉軸時，確實體會到昔時工程的難度，岳父做事的幹勁及氣魄令我折服。

商場也有君子之交

岳父與三井農林交易，很難以一般商業行為的常軌來看待，賣方誠心誠意，盡其一切財力物力人力腦力，供應買方所期待之大量而良質的茶葉，買方在其算盤所允許的範圍內，給予賣方所需的援助以及充分的利潤，雙方互相信賴，合作無間。岳父與岩倉之間，不談生意條件，專心討論製茶品質問題，岩倉以製茶技師和買主的立場指導製茶技術，岳父把岩倉的意見積極反映在茶菜處理開始的製造過程中的每一個環節，以及設備之改良或增設。製成的產品，集到一定數量後陸續運交臺北三井茶廠倉庫，簽回送貨單，不議價亦不結價（決定價格），後續資金按照電話請求滙入岳父戶頭，茶季過後的年底，岳父親自前往三井結帳，岩倉桑以適當合理單價通盤計算，每年都有豐足的利潤，粗俗的說法就是，岩倉桑包岳父賺錢。不久前我整理日治時代老照片，發現岳父四十一歲照片背面記載茶葉突破百萬圓，純益達成最高紀錄八萬有餘，又創設製材業，業績輝煌之日文手跡。那個時代（一九四〇年）的八萬圓足以購買良田三十甲，可知其非同小可也。

岳父與岩倉桑私交甚篤，雙方以摯友相許，岩倉桑雖然讓岳父獲取相當的財富，但他是把岳父當做三井事業上迫切需要的得力夥伴加以扶植，兩人間全無私相授受等曖昧關係，除了禮尚往來的御歲暮（日本人為表示一年間的感謝之意，在年終贈送的禮物）以外，並無中國人習以為常的送紅包之舉，有一年岳父在臺北川端（現新店溪螢橋附近）釣到十幾斤的大鯉魚，命司機送到岩倉先生社宅（日語：公司宿舍），可能是唯一的例外（根據岳父談話）。

岳父的嗜好

岳父事業如日中天，平時異常的繁忙和緊張，引發他尋找調劑情緒的欲望，他透過日本代理商進口一部美國帕卡德（Packard）高級車，差不多等於三甲田地的價錢。當時日本製汽車未到實用階段，美金滙率大於日幣一倍，所以價錢昂貴，舊新竹州下的私人汽車不超過十輛，而其中兩輛在北埔。岳父司機是黃福，另一輛小汽車的車主乃岳父的堂叔姜振驤先生（抗日英雄姜紹祖、電影《一八九五》主角之遺腹子），請年輕貌美的女性司機開車，在當年很少見。岳父的第二部車是道奇（Dodge），太平洋戰爭發生後買不到汽油，但帝國石油會社在竹東設有天然瓦斯站，因而改裝用煤氣行駛。

對釣魚發生興趣後，岳父特別雇用一位釣魚師父，平時在茶廠幫忙，岳父出門釣魚時，他負責調配釣餌並隨身指導技巧。在一次偶然的機會，我見過這一位人稱釣魚烈的太公望。大約一九五六年春茶季節，我坐載茶卡車從埔里回北埔途中，在臺中市綠川邊停車用餐，飯後看見一位陌生人站在卡車旁，自我介紹說他叫做阿烈仔，日治時代在北埔受到姜阿新頭家照顧，剛才打此經過看到姜先生公司卡車，懷舊之念使他停下來等候我們談話。他親切地問起岳父母以及其他多位北埔友人近況，並請我替他向大家問候。

性格上，好勝在一個人是優點還是短處，我想這是很難說的問題，凡事消極，處處退縮的人難以成器，喜歡勝過眾人可能是一個人的幹勁原動力。岳父十分好勝，肯用頭腦，做事積極認真，遇事不輸人的性格是他事業成功的主要因素，但從小嬌生慣養，少年得志，創業順利的經歷似乎亦造成他好高鶩遠的小瑕疵。岳父弱冠之年在東京涉足賽馬場，他喜歡犬馬等大型動物，事業有成後開始養馬，進而以馬主身分參與賽馬。

岳父對馬著迷，興之所至，一匹又一匹地買進優良血統的競賽用駿馬，在茶廠附近建一棟馬廄收容五匹馬，雇用一位名叫馬安的專業馬夫負責照顧、調教馬匹並教導騎術。日本人耕種用馬，臺灣人用水牛或赤牛犁田，北埔人不諳馬性，馬安非本地人，想必是養馬場介紹來具有專門知識者。良馬相當脆弱，容易生病，謝火兄說，跑步過後的馬汗如雨下，馬安得立即

馬廄在工廠左邊成90度的位置、白色平房左邊。從照片可以看到屋頂，當時當作機器零件倉庫之用。

用乾布擦拭乾淨，不然第二天就從鼻孔慢慢垂下像枴杖那麼粗而長的鼻膿，可怕而惡心。馬安不姓馬，不知他姓什麼，鄉下人喜歡把個人的工作加上名字一起叫，既方便又親切，北埔挨礱（糶米）枝、郵便海、觀音閹猪數、巡查梁、剃頭華、棉被苟、打鐵珍、做戲來，都是同一模式產生的通稱。岳父養馬最初的動機可能是為了運動和玩耍，有一次他騎馬往大坪工廠，行至途中六股口之道路通過懸崖上面的地點路滑，馬蹄踩空跌坐，前腳架在斷崖尖端，後腳懸空搖搖欲墜，岳父摟住馬脖子，危如累卵。幸虧忠駒拚命抱住崖端不放，讓岳父在千鈞一髮之際能從馬背伸手抓住路邊草叢攀上路面逃過一劫，可憐那一匹馬在岳父獲救的剎那間墜落二十公尺深的河磧而死。岳父事後差人將其葬在河床並請道士到現場做法事超渡馬魂。

聽說岳父騎術不錯，很少落馬，但大坪路上險遭不測後不敢輕易嘗試而專注於賽馬。他把駿馬輪流送去馬場調教進而使其出賽。日本人的競賽馬喜歡用鷹隼、雷光、飛龍、若駒等暗示雄壯善跑的名字，岳父的馬卻取名紅茶、綠茶、烏龍、包種、玉露等，敬業精神雖然可嘉，但無論字面或音律感都不甚高明，聽起來令人感覺有跑不快的印象。當時臺灣只在臺北和臺南兩地有跑馬場，賽期前把馬送至賽場，賽馬時馬主必須到場為馬打氣，鼓舞騎手，又要賭馬票，賽期過後安排馬匹返鄉等，雖然有人可差，但北奔南走，手忙腳亂，所花費用可觀，岳父曾經若無其事地說，他玩馬一共用掉三萬圓就「適可而止」。記得我們家在一九三九年與堂伯父分家時，我估算父親的全部財產約六萬圓，而這個數字在觀音算是上位，由此可知當年岳父之財大氣粗（以上有關岳父個人軼事都是我同住北埔期間，聽自岳父親口所述）。

日本政府的統制經濟

一九三七年七月七日開始的中日戰爭連續四年多未解決，日本又偷襲夏威夷珍珠港而引發太平洋戰爭。日本國力在這四年間顯著衰退，尤其市面上的工業產品逐日減少，但對農產品的影響有限，臺灣茶業主要市場在日本國內、滿洲，後來擴展到華北一帶，因此岳父的事業依然平穩成長。但是大戰開始後，日本政府不得不採取由國家有計畫的管理生產與分配之所謂統制經濟，為此強制各地域的同業實施合併，例如，由散在州下各地的所有汽車貨運業者用其經營的卡車投資成立新竹運輸株式會社，乃是現在的新竹貨運前身，岳父自營之新南運送店兩部卡車交給新竹運輸，換取二百股股份並被選為監察人，公學校退休老師許金德在新竹運輸當總務課長，默默無聞，戰後接收該公司，自任董事長。並以此為踏板，出任省議員、省議會副議長，最後擔任工礦公司、士林電機董事長等要職。

一九四二年，岳父依照新竹州廳指示，統合竹東郡下亦即竹東、北埔、峨眉、寶山、芎林、橫山、五峰、尖石等各街庄所有茶廠，成立竹東製茶株式會社並擔任社長，新會社設址竹東，業務對象依然是三井農林，除了生產紅茶以外，岩倉先生委任岳父收購包種茶，岳父囑各地家庭茶寮把成品用茶袋打包運至倉庫，拴上竹東製茶的標籤，原封不動地運交三井，為公司賺取不少利益。

太平洋戰爭開戰不到一年，日本敗象已現，運輸補給兵員、武器彈藥、糧食的船隻頻頻遭受美軍潛艇攻擊沉沒，民船被軍方徵收殆盡，茶葉等次要商品失去輸出管道，三井倉庫堆滿茶葉亦徒呼負負。政府要求茶畑轉作食用植物，竹東製茶幾十個廠的機器沉默無聲，唯有焙茶機全力烘乾軍用乾燥野菜，賺取加工費，勉強維持開銷。我在淡中念書時，在學寮餐廳吃過乾燥高麗菜，日本兵有乾燥高麗菜和乾燥茄子可吃，這些很可能都是岳父公司的產品。

太平洋戰爭開戰不久，臺灣總督府受海軍馬公鎮守府之託，下令新竹州廳徵收大量上等杉木，農林課木村技師在州下山林無法找到適當的來源，因而想起早年指導好友姜阿新先生造林的往事，特地來訪岳父並親自走入四十二份造林地視察，認定岳父養育十七、八年的杉木成績甚佳，質與量都能符合海軍的要求。日本於一九三八年公佈國家總動員法，使政府擁有統制運用全國人以及物的資源之廣泛而絕對的權限，印刷在紅色明信片的一紙召集令狀能叫一個壯丁出征沙場，獻軀賣命，何況祭出為了國家這一句正義凜然的理由來徵收民間財物更易如反掌。總督府按照統制價格付錢，但培育杉木三十年，使其成為電線桿甚至棺木用材的原先計畫無法實現，對岳父是一大打擊。木村桑深知岳父的感受，勸他以國家為重並許諾為他向政府爭取金錢以外的補償，岳父雖不稱心，但別無選擇，只好忍痛把四十二份杉林交給海軍處理。木村桑果然言而有信而且神通廣大，不久幫岳父爭取到竹南郡山區三個林班原始林的伐木權，這是一般木材業者個個垂涎三尺卻無法取得的金礦，如果經營得法，保證能夠為岳父帶來難以估計的財富，傾注心血的製茶事業因戰爭挫折，不得不以乾燥蔬菜代工勉強維持公司收支而悶悶不樂的岳父立即心花怒放，為新的事業全力以赴，席不暇暖。

岳父在竹南街通往頭份的公路旁覓地三千坪設立竹南木行，著手山場事業兼營製材所。他選擇竹南鎮，想必是考慮將來運輸木材利用鐵路之便，以及適於當做山場原木的儲存場或轉運站等條件所做的決

永光竹南木行員工與董事長合影，前排左三起廖運潘、姜阿新，右一是姜阿新的胞弟蔡榮火。

定。山場木材的出口在南庄紅毛館，該地經過南庄、獅頭山、三灣、珊珠湖，頭份至竹南約三十公里，公路暢通，路況良好。從紅毛館儲材場仰視，三十六林班好像就在眼前不遠處，但實際上必須爬行陡峻的羊腸小徑五、六個小時才能到達那個看來不高，其實是超過二千公尺的原始林。山場伐木作業所需集材用發動機、搬運用鐵軌、輕便平台車、空中纜車，以及鋼纜、糧食等重物全靠人力搬運上山，工作人員之辛勞難以言盡。戰時一切資材入手困難，尤其是大批鋼索無處可覓，如無此物，整個砍伐設施工程無法進行，木村桑仁至義盡，出面向海軍交涉出讓，海軍無法出售或餽贈，但允諾以貸與（借用）方式提供所需鋼索。

臺灣光復

一九四五年八月十五日，日本向盟軍投降，臺灣脫離日本支配而走出另一個紀元，但岳父事業的茶業處於半休業狀態，伐木業尚未就緒，雖然已知蔣介石政府將取代日本臺灣總督府，但對新政府的認識模糊，因而依過去日本人對中國政府及官吏的評判，在排除異民族壓制的喜悅中，難免內藏著某種恇恍的隱憂。蟄伏在重慶的國民政府於九月一日公佈臺灣省行政長官公署組織大綱，任命陸軍上將陳儀為臺灣省行政長官兼臺灣警備總司令官。陳儀於十月二十四日率領長官公署及警備總司令部幹部搭美國軍機來臺，翌日二十五日上午在臺北公

慶祝台灣光復的北埔街景。

會堂（現臺北中山堂）舉行中國戰區臺灣地區降伏式，接受臺灣總督兼臺灣軍司令官安藤利吉大將之投降，隨即宣佈臺灣再度成為中國領土，所有土地及住民屬於中華民國國民政府主權下，並訂定是日為臺灣光復節。終戰時，在臺日本人數，軍方十六萬六千人，民間三十二萬二千人，總共四十八萬八千人，除了行政長官公署留用之技術人員、教師等二萬多人以外，全部在翌年四月二十日以前遣回日本，三井農林被接收，與其他日人經營的茶業、鳳梨、水產、畜產等多家企業合併成立省營臺灣農林公司，岩倉桑被留用，但他在新機構已無往日光彩亦無心久留，因而自動請求歸國，一九四七年初離開臺灣，返回九州故鄉。

國民政府接收臺灣的同時，斷絕與日本的關係，臺灣的經濟從此成為中國經濟的一環，由過去半個世紀依附日本的地位變為附屬中國經濟的形態。當時中國經濟經過八年對日抗戰以及國共內戰而極其疲憊，近於崩潰邊緣，惡性通貨膨脹已經到了不可收拾的地步，物價不斷的上漲也反映在輸出臺灣的商品價格，因而直接帶動臺灣物價上升。一方面，陳儀來臺後，把過去株式會社臺灣銀行發行的臺灣銀行券，以一對一的比率改為臺灣省營臺灣銀行發行的臺幣，臺幣與中國通貨法幣的匯率採取非常不合理的固定制，使臺灣經濟受到重大損失。國民政府來臺不到半年就使臺灣

英國客人來訪洋樓，最右邊是怡和洋行翻譯張國敏，攝於茶金時期。最左是《中華日報》主筆林世璋先生。

經濟陷入空前的混亂狀態。

美國哈爾賽機動艦隊艦載機群於一九四四年十月十二日首次攻擊臺灣以後，空襲不曾間斷，茶葉成品無銷路，全島一百家茶廠全部停工，竹東製茶處於半休業狀態。終戰的同時，臺灣總督府依據統制經濟政策下達的同一業種合併命令失效，岳父迅速解散竹東製茶株式會社，把所屬茶廠歸還原業主各自經營，從此進入茶業界的戰國時代，岳父於翌年一九四六春季起，在猛烈的通貨膨脹中，把他最拿手的茶業做得轟轟烈烈，氣燄萬丈。

鮑魯頓先生是怡和洋行臺北分公司總經理，他年輕時代一直在東洋勤務，喜歡臺灣，在陽明山購屋定居，一九六〇年代退休後也不回英國，與他的臺灣太太持續住在臺北，他是中國通、老臺灣。一九四一年十二月八日，日本對美、英、荷開戰，鮑魯頓即被日本政府監禁集中營三年九個月，終戰後不久恢復原本職位，負責重振臺灣分公司停頓多年的茶業、貿易、船務代理等各部門業務，而在這百事待舉的環境當中，他最重要的課題是設法為枯竭多年的英國茶葉市場供應大量紅茶。

英國是全世界最大紅茶消費國，根據日本茶業組合一九三九年報告，英國本國每人每年紅茶消費量九・八磅，乃全球之冠，愛爾蘭七・七磅次之，加拿大三・六磅，荷蘭二・九磅，日本人習慣喝綠茶，紅茶每人消費不到〇・一磅。依此可知英國人對紅茶嗜好之深，每年的進口量超過五億磅之多。

矮個子的狄克・張國敏是怡和洋行臺灣分公司茶業部副理，他是早年怡和臺北分公司廣東人買辦的第二代，在臺灣長大，讀上海聖約翰大學，畢業後返臺進怡和服務，所以他能說廣東話、北京話、上海話、福佬話、英語、日語等多種語言。中日戰爭發生後，日本政府表面上對一般在日華僑未採取顯著的壓迫行動，但太平洋戰爭時，日本軍方集中監禁敵國僑民的同時，長期為英國公司服務的狄克也遭到池魚之殃，以間諜嫌疑被捕，終戰後獲釋，成為鮑魯頓得力助手。

茶虎旋風

南洋產地茶園長期荒廢，恢復原來的生產力需要相當長時間，全球茶葉供需關係在短期內難以平衡，歐美茶市需求迫切，茶業的黃金時代於是出現。臺灣客家人產茶地帶素有茶金茶土茶狗屎俚語，而一九四六年開始的三、四年間正是茶金年代，不問品質好壞，只要是茶葉就有人要而供不應求，茶農、茶廠、茶商均霑其利，笑口常開。當時全島最大製茶業者是接收多家日產企業，包括三井農林、東橫產業、成岡茶業、魚池地方之持木、茂木、中村農園等成立的省營臺灣農林公司茶業分公司，但這種由外行人管內行人所造成的管理不善企業令人側目，因此鮑魯頓按照岩倉形式，自動找上門來造訪岳父，要求無限量供給產品並許以資金的支援。

姜阿新。

這是最合岳父胃口的條件，多多益善、愈大愈好是岳父一貫的行事作風。終戰第二年起的四年間，他在臺灣茶業界捲起姜阿新旋風，除了屬下茶廠全力生產之外，利用茶菜販子大量搶購最大產茶地關西茶菁市場的茶菜，在龍潭一帶租借多家茶廠參加生產行列，一方面配合事業範圍擴張而大量採用新進職員，購買卡車八輛載貨並搬運因為貶值而不得不用茶袋包裝的大量鈔票，縱橫穿梭遠近茶葉產地，氣燄之熾無以復加。有一次永光卡車從臺北滿載袋裝臺幣現鈔經過竹東時，多位竹東人士放鞭炮表示讚揚，傳為佳話。

戰後自日本回國的留學生、海軍工員、或從中國大陸及南洋遣回的臺灣日本兵或軍屬軍役有數十萬，但日本人返國後的遺缺大部分被來自大陸的外省人呼朋引類占去，爾後又有大批大陸人士蜂擁而至，因而失業人口不斷增加，岳父事業迅速擴展，對北埔僻壤失業青年給予不少工作機會。其間，岳父也確實賺了不少錢，他用茶業部的利潤，在臺北重慶南路臺銀正對面購買三層樓店舖設置臺北分公司，柯子湖廠遷移擴建二重埔廠，新建北埔總廠、軟橋茶廠之外，全力推行三十六、七林班山場伐採並且陸續出產原木，其中的椎木（日語）大量用在建設二重埔、軟橋以及北埔茶廠，精選檜木、烏心石等上等高級木材用於自宅洋樓建築。

一九四八年秋，怡和洋行總行招待岳父到香港，贈與一紙高額港幣支票，作為岳父協助其臺北分公司茶業部達成輝煌業績的酬勞。由此可知，怡和洋行過去幾年間獲利驚人，岳父在那一次出國購買的浪琴牌金錶，三年後送給我當做我與麗芝訂婚的紀念品。

但是，到了一九五〇年，茶金時期已經過去，南洋一帶茶產地完全恢復生產力，甚而有超越本來產量之勢，全球茶市供需量趨於穩定，逐漸出現買方市場價格疲軟的傾向，亦即茶土時代來臨了。茶金時代確實為岳父帶來可觀利潤，在茶業界亦獲得「茶虎」的美名，但讓他背上很大的包袱也是不爭的事實。在人事方面，隨著事業擴張而雇用所需人員之外，預估將來之發展而延攬不少人才，把茶業部門固有的弱點更加嚴重化，亦

姜阿新與夫人在洋樓。

即，茶廠作業時間七個月卻必須負擔十二個月包括茶廠、運輸、管理各部門，以及臺北分公司的人事其他費用。終戰前與三井農林合作時期甚至茶金時代未曾察覺的問題，在茶土時期成為切膚之痛。當年臺北分公司成員有總經理黃煥智、經理黃盛藩、總務課長張芳燮、會計課長黃又錠、課員詹梅谷、貿易課長張彬茂、課員詹錦川、雇員鄭萬生、小廝徐元制等如此陣容，卻幾乎未曾為公司做出任何業績，而僅止於聯絡處及北埔總公司或竹南木行出差人員宿所的功能，該處設有廚房，請專人供應膳食，經常有食客，董事長來臺北住宿時即千客萬來，添加公司不少負擔。

茶土時代來臨

作業七個月卻要負擔一整年費用是農產加工廠的宿命，把閒置期間的費用反映在作業期間的生產成本是理所當然。製品的直接成本由原料費與加工費所構成，其中，加工費變動不大，原料費則以供需關係而定。一般來講，農作物供給受到天候氣象的影響，產量無法固定，茶廠方面之需求則必須考量茶市行情及本身生產能力之限制，理論上茶菁價格是取決於供需雙方之平衡點，亦即茶菁減產，茶市看好時原料費大漲，茶菁增產超過茶廠收容能力而茶市又不佳的時候，茶菁價格必然慘跌，在茶菁價格漲跌之間應該也潛藏著茶廠閒置期間間接費用的考慮因素，換句話說，茶廠非保持合理利潤不可。

終戰前茶價穩定，茶農與茶廠雙方的生產能力差不多維持均衡而相安無事，但戰後經過三、四年茶金時代，在國民政府農政單位採取放任政策，植茶面積未增加的情形下，濫發建廠許可，使日治時代全島一百家的茶廠增加為三百家，造成僧多粥少、惡性競爭的局面。臺灣的茶廠大部分是個人經營，家族成員便是工廠員工，茶廠生產期間臨時雇用不足的勞力，茶期過後即解雇，是慣例，但岳父從他創業至茶金時代，除了茶期增雇的臨時工以外，有多數長期職員再加上戰後新增員工，過去負擔這些鉅額人事費用以及其他經常支出尚有餘剩，每年還能發放相當可觀的年終獎金的永光財務，隨著茶金時代的終結，很快就出現了警訊。

岳父於一九三六年繼承家產後，每年定期有二萬圓以上的糶穀收入，這個數字等於四十位老師年收的總計，信譽優異，借貸不難。當年地主租穀分成兩期收入，遇到臨急需要大數目時必須借貸，但金融機構需要三擔四保，既麻煩又難堪，所以寧願多付一點利息向私人告貸，俟收成時期再糶穀償還，姜家多位員外似乎都有此習慣，因此一擲千金面不改色，岳父也不例外。

岳父自弱冠年華直至不惑，從事各種事業一貫以借貸獲取所需資金，所幸他貴人顯（命裡註定能得到有力人士的協助），後盾扎實，借錢造林由老父擔待，創設茶廠獲得三井農林大力後援，戰後茶業混亂時期得到怡和洋行全面支持，一切順利，尤其臺幣大貶值反而給他帶來許多利益，所以他把借債看做尋常，甚至在國民黨政權脆弱的財政架構下是有利可圖的行徑。

為了避免幣值慘跌蒙受損失，民眾手中不敢保持現金，一般都換成容易保存或脫手的商品，不然就是把錢寄在錢莊，以獲得高利來彌補損失。

當時地下錢莊吸收資金的日利高達二%，亦即存一〇〇萬元一個月後連本帶利一六〇萬元，兩個月後變成二五六萬元。我記得姊夫說永光向民間借錢的日利是六角，折算月息十八%，本金一百萬一個月付十八萬利息，在物價天天波動的時期看似相當合算。岳父新建或改建茶廠，投資林班伐木設施以及建設運木道路，建築洋樓並且收容大批冗員，到了貨幣改革時，累積債務推算二百億，折算新臺幣約五十萬元。這個債額可謂不小，但以當年岳父財產來講並非可怕的數字，處分臺北店和一家茶廠或五分之一造林地便能夠擺平。可惜岳父堅信國民政府財政必敗，他先把利息逐步減低為月息六%，企圖以茶廠利潤和林班木材收益來抵償債務，但新臺幣不按照岳父如意算盤遽貶，每個月三萬元固定支出等於一百個員工薪水，這一年茶市開始低迷，對竹南木行獲利的期望亦未達理想，岳父陷入以債養債的窘境。

一九五〇年，臺灣茶業開始不景氣，究其因是臺灣茶業固有之先天條件不足，是世界茶市恢復正常時必然顯露的現象。首先，以主要產茶國單位面積一公頃的產量而言，日本為二六五八磅，印度一一七八磅，錫蘭一〇四一磅，爪哇一四一三磅，臺灣只有五七五磅（《日本茶業要覽》，一九三三－三七年五年平均，缺中國大陸資料），亦即諸產茶國的單位面積產量幾乎都是臺灣的一倍以上，除了日本以外之生產工資也比臺灣低廉，因此其他國家的茶葉製品成本低於臺灣許多。在茶葉品質方面，日本茶不適合做紅茶故而不成問題以外，南洋各產地大部分種植阿薩姆等所謂的大葉種最適於製成紅茶，其製品色、香、味均佳而十分投合歐美人嗜好，臺灣紅茶除了永光茶和魚池方面阿薩姆茶以外都無法與其匹敵。如前所述，臺灣茶葉產量只占全球產量之一．二％，此事意味著只要氣候良好等原因造成全球產茶量增產一．二％以上，臺灣茶就可能被排除。失去貿易保護和日本市場的臺灣紅茶就是如此弱勢，一九五〇年的臺灣茶市正是面臨這種處境，外銷前途暗淡，利息負擔沉重，一般茶商、茶廠都不得不把存貨削價求售。

一九四九年中共宣佈成立新中國後兩個月的十二月七日，國民政府正式宣佈遷都臺灣，翌年一九五〇年一月五日，美國總統杜魯門發表不介入臺灣海峽紛爭聲明，表明美國不干涉中共進攻臺灣，袖手旁觀國民黨政權自生自滅，但六月二十五日爆發朝鮮戰爭，不久中共介入，美國改變態度而聲明臺灣海峽中立化，派遣第七艦隊巡航臺灣海峽，以防中共進攻臺灣的同時阻止臺灣方面乘機反攻大陸，此事亦影響到臺灣茶業界的形態。因為中共與美國處於敵對關係，摩洛哥、阿爾及利亞等其他本來向中國大陸進口綠茶的非洲和中東方面法國殖民地改向臺灣購買，其價格高於原來出口紅茶的售價，因此臺灣茶業界一時興起綠茶熱，各茶廠紛紛另起爐灶，加裝炒鍋、望月式揉捻機、滾筒式乾燥機等設備，永光六家茶廠新裝綠茶製造設備付出可觀的經費再加重岳父的負債，可謂雪上又加霜。

紅茶與綠茶的基本差異在於發酵或不發酵。同樣的茶菁，加熱殺青揉捻乾燥而成者為綠茶，把茶菁揉捻促進發酵後乾燥便成為紅茶。因此綠茶保留茶菁的綠色，紅茶則因酵素發酵而呈現黑色，在發酵過程所產生的味和香也與綠茶完全不同，英文黑茶（Black Tea）是由其外觀而來，我們稱之為紅茶是指其泡出來的茶渣和茶湯而言。紅茶所注重的茶湯色、味、香必須靠茶菁的天然條件和周全的製造過程，但銷售非洲的綠茶主要重視外觀而不排斥使用添加物，因此在揉捻過程摻入大量煮熟的糯米漿，藉其黏性使茶葉形狀緊縮，精製的最後工程是把綠茶放在滾筒裡加上滑石粉一起長時間滾轉，使其外貌變得光滑亮麗。因此，雖然永光紅茶的品質是一般茶廠望塵莫及的，但用旁門左道之術製造出來的綠茶卻與永光綠茶相去無幾，沒有區隔。此事對茶菁價格偏高地域的永光茶廠也構成不利的因素。一九五〇至一九五二年之間，永光生產綠茶也是受到怡和洋行的支援，但在倫敦茶市舉足輕重的怡和，對非洲市場似乎不甚活躍，態度相當保守，不像紅茶交易那麼積極。當時臺北長安西路出現一家法商系統的協和洋行，雙併三層建築的三樓設置辦公室，一、二樓裝設綠茶精製機器，收購粗製綠茶加工輸出以外，亦向島內具有外銷能力的茶廠或茶商發出大量訂單和信用狀，由於其要求品質不很高，對永光的茶業產生猶如格雷沙姆法則（Gresham's Law，貨幣學用辭），劣幣驅逐良幣般的打擊。

一九五一年春茶季前一個月的三月四日，我與麗芝結婚，十七日陪伴新婚妻子南下任職地高雄，我們離開北埔後應該是岳父苦鬥惡戰的開始，茶業不順遂，伐木業不理想，他不得已陸續把田地賣出，出售伊灣窩造林地杉木，甚至割愛部分造林地來彌補收支不平衡。但十一月第一屆臺灣省議會議員選舉，他不僅自己出馬，還支援張芳燮參選，雖然雙雙當選，但岳父債額遽增，正如北埔人所說的嘸米兼潤月。翌年，一九五二年，茶業依然獲利有限，利息負擔逐日加重，雖然大量縮減人員，保留派遣竹南的兩部卡車、其他的出讓，又把自己名下田地一百多甲的大部分賣掉，新竹客運股權讓給拜把兄弟許振乾先生，甚至期待帶來鉅富的山林伐木，包括竹南木行的經營權四分之三釋出亦無法挽回頹勢，到了茶季結束的十月，仍然不足二百五十萬元。

岳父錯估國民政府新臺幣改革的決心，認為其必定舊病復發而重施故技，三年後本來限定二億元的發行額突破了七億，物價指數上漲五．五倍，可見岳父的判斷並非完全錯誤，只是其貶值速度趕不上利息，尤其是當年高利和複利孳生之快乃是他的悲劇所在。

岳父曾經一度視為金礦的竹南木行山場伐木事業辜負他的期待，歷年來投入大批人力物力卻未見獲利，原因不在岳父錯估林班價值，而是由於管理不善、漏洞百出所致。此事從岳父釋出七十五%股份，換人經營後立即改觀，三年內盈餘超過六百萬的實績，可以得到最確切的證明。後來我綜合串聯當年參與過竹南木行作業有關人士無意中吐露的隻言片語，以及外界的批評和傳聞，梳理出竹南木行業務雜亂無章的梗概。

深山伐木的最大難題是如何把粗大笨重的原木運下山來，比較安全的方法是開鑿道路通行卡車，但此法成本過高，維護山路困難，最可行的是利用山頭之間的標高落差架設懸空索道，視距離或地勢之需要分成幾個據點，把原木掛在纜車，運轉發動機依次滑行下山的方法，這些機器操作由公司員工擔任，但伐木、製材、集材，依照原木位置和距離，可能用木馬、輕便車或者使用蠻力拉上的石油發動集材機，而此等粗野作業全靠人力並按照原木材積計算工資，由工頭包辦。伐木時應該把樹木的接地部位鋸斷，如此才能得到最大材積，但工頭無法監督廣泛面積的山場，何況下包給原住民的條件是鋸一棵樹多少錢計算工資，所以他們採取最輕鬆的姿勢，站著鋸斷立木，把直徑大、材積多的根株部分留在原地。工頭放棄離集材地點太遠或地形上不容易集材的立木也不難想像，集材時斷索或木馬拖運中滾下山谷的大量原木置之不理等等，在無人負責監督的山場糟蹋掉的原木不知有多少。

這是永光的損失，卻有人因此發大財，因為第一個伐木區三十六、三十七林班作業結束時，竹南人張先生和阿榮叔以意思意思的代價取得殘材處理權，把殘留在偏僻地區的大量立木砍下，凸出地上數尺高的木材根部鋸斷，滾落谷底的原木拉上，榮叔靠這一些收入就足以把岳父的經營權的二十五％買下來，後續的三十八、三十九林班開採完結時，榮叔、傅鼎雲、江順平三位股東個個變成大財主。懸空索道最後抵達點是紅毛館集材所，這裡設有管理站，安排原木載運事宜，可能是事務處理者杜撰或者是管理放縱，卡車搬運途中把原木整條滾下交給接贓人之事亦多有所聞。

鋸木廠製材的第一個步驟是把原木邊材鋸除，使其成為方形，以便按照所需規格鋸成商品。邊材視其厚薄長短等形狀，可製棺木或鋸成寬度較窄之木板或小規格產品，物盡其用後所剩支離破碎的廢材叫做薪炭材，賣給人家當柴火。聽說竹南木行的薪炭材必須靠關係才能買到手，因為其中往往夾有不少尚可製成木材成品的邊材，現場人員與外面商人勾結，把厚肉長條的邊材當做薪炭材出售似乎是司空見慣的事。太平洋戰爭時很多房屋受到空襲破壞，或被劃為都市防空空地區域而遭到拆除，戰後百萬以上大陸人闖進臺灣來，以前蓋屋最重要的材料是木材，所以當年木材尤其是產量有限的檜木、椎木、栂木等高級品一直是最暢銷商品。

據接下竹南木行經營權三位股東之一的岳父胞弟蔡榮火先生大千金秀雲說，她未出嫁在南庄家當父親助手時，每天有買高級料子（原木）的各地木材廠送定金找上門來，他們不敢奢望買現貨，只懇求按照順序配售原木給他們，所以家裡保險櫃經常塞滿鈔票。但永光主宰竹南木行時就沒有如此光景，據我一位親人說，要買竹南木行檜木，非透過特別管道不可，其間有金錢之授受是合理的懷疑。總之，竹南木行是在這種背景之下交出，岳父傾注心血的事業變成如此下場，想必是心如刀割，但他必須負用人不當之責，竹南木行主持人每日搭十時半快車從新竹通勤，下午三點半火車離開竹南，他在任多年卻未曾到過林班現場半次，岳父只以自己人之理由託付重任而不顧其他以致痛失金礦，實在值得惋惜。以上是我在一九五三年三月下旬所理解的岳父所面臨之慘澹經營的現實。

第六章 正式進入茶業界

小卒出師

春茶製造開工日是視茶芽發育狀態而定，北埔周邊茶農配合永光茶廠的作業開始摘茶，茶廠、茶農都要事前做好準備。茶農除了補修或添加茶簍、茶袋以外，耕茶面積較大者需要覓請摘茶幫手；茶廠方面則進行各種機器、器具設備之檢修，乃至廠房內外配電、照明等檢查、道具用器補充，以及雇用臨時工等等。繁忙之際，還必須預備一筆相當數目的資金開銷，一九五三年的春茶收購是從四月五日起，永光各廠依例著手整備，但萬事就緒只欠東風——永光保險櫃空空如也。我每天到北埔茶廠見習技術人員拆卸、清除機器，更換零件，調整傳動帶等各項工作，吸收一點機器的構造、性能、作用等皮毛知識，我怕妨礙作業，長時間只看不言，技工們默默工作，雙方氣氛有一點拘束不自在。詹炳針或姊夫時而出現現場，悄悄問我董事長有無春茶相關的指示，岳父赴北幾日全無訊息，想必是為製茶合作問題向怡和洋行交涉中，但我不知其詳亦未接到任何聯絡。從過去歷史看來，永光是靠董事長個人意志領導而發展壯大的事業體，而今董事長不在公司亦不作任何交代，整個公司好像群龍無首的狀態，而當時我的處境更是嘸下嘸落（彷徨無主），不知如何是好。

四月一日傍晚，岳父回家時表情凝重，有一點憔悴，臺北之行看似不如意。炳針和藍廠長前來請示春茶方針，岳父說：「一切依照往年進行，其他事我會想辦法，你們不用擔心。」

董事長在永光是絕對的權威，用別的說法即是霸道，他們面帶疑惑卻不敢多言，唯唯而退。我經過一番猶豫後，請問老人家怡和洽談的結果如何，岳父沉默片刻後說，怡和老蕃牯推三託四，一直以總公司方針未定為藉口，不肯答應我方要求，他在臺北苦等三天未獲回應，擔心公司情況因而先返回再作道理。我想春茶開工在即，如此荏苒不決，對公司經營或員工士氣都很不利，何況多數債權人正在期待岳父發揮個人才幹的當下，我們非漂漂亮亮的表現一番不可。對我的意見，岳父苦笑著說，時不我予，無奈何，然後突然靈機一動似的正色道，好，現在看你的了，明天去怡和，按照你自己的判斷跟對方做出個結論。

我毫無自信，所以十分不願意，以對茶業完全外行為由婉卻岳父指派，但他卻說內行人行不通，換你外行人試一試，反而能夠找到一條可行之道也說不定。我想岳父雖知怡和非買永光茶不可的神話已不復在，但依然矜持，他不屑淪為推銷員，向鉤鼻仔乞恩——岳父的意思即是說大將不出馬，命我這個無名小卒掛帥，可能是他窮極思變，孤注一擲之策，或許想藉此機會考驗我的能力，作為判斷將來能否交付重任之根據亦不無可能。

第二天，我搭早班巴士出發，十一點多才到達臺北，下午上班時間往設址淡水河第九水門附近貴德街的怡和洋行，求見代理總經理諾頓及茶業部經理赫克，我的日本英語完全不管用，由狄克擔任翻譯。對方仍然提議委託製造，但這一次重新提出製茶數量為十五萬斤，取消低限保證，也就是說十五萬斤以內，按照實際製造數量支付加工費，超過限量他們不負責等條

三井物產若林先生在北埔茶廠揉捻室、背後是36寸傑克遜揉捻機。

件，姿勢之強硬使我立刻遇到難題。因為對方提出的條件比起原先縮水很多，我若答應，必然使岳父不高興，但如果商談不成立，三天後工廠無法如期開工，即使勉強啟動，資金無著落將立即陷入困境。我想，永光財務窘迫是眾所周知，這是怡和對我們採取高姿勢的背景，很多茶業界朋友和北埔周邊人士在注視岳父動靜的環境下，萬一再有差池而失信於社會，很可能損及大局，尤其相信岳父償還能力而同意免除利息的債權人的反應堪慮，對岳父挽回永光頹勢的企圖可能造成致命的打擊。我想打電話向岳父報告怡和方面的堅持並請示他的意見，但怕老人家固執己見又無打開僵局之道而導致進退兩難，幾十名員工的生活必須照顧，整備工廠的費用要付，三天後茶葉進廠非付現不可，我斷定我們沒有逡巡和選擇的餘地，既然岳父授權於我，我應該顧全大局為優先考慮，於是擅自決定承諾對方條件，當場辦完簽約手續並且蓋上岳父交給我的印信。我要求十萬元準備資金，狄克與會計部商量後，請我下午五時回來一趟。那時三點多，我往延平北路三段一個巷子內的洋裁補習班看寄宿在該處學洋裁的三妹繡蘭，五時再赴怡和，狄克桌上有五大綑十元鈔票，總共是五萬元。

怡和是大公司，我很難相信連十萬元現金都拿不出來，稍早也可以開出支票讓我匯款，狄克叫我離開一段時間，後來只付給我要求金額之半數，顯然是要永光認識怡和的錢不再像從前那麼予取予求，想到這裡，我體會到好像在向他們乞恩似的感受，這是欠缺自家本錢的事業家之悲哀，而很糟糕的是這種悲哀好像宿命似的始終跟隨著我的事業生涯。

富家少爺的財務

當時車班不多，我坐火車在新竹轉搭巴士回到北埔時接近十時，岳父聽取我報告，只管點頭不說意見，我不知道他是高興還是不高興，但遵照他指示而做的我這個外行人認為比較合理的決定，我想他即使未完全滿意，也許尚能勉強接受，因為起碼永光貼出去的「四月五日開始收購茶菁」的通告得以順利兌現，我代表他所做的商業行為應該是得到他的認可。

翌朝，我把帶回的現款送至設在北埔茶廠內的公司辦公室，交給出納姜崇威先生。炳針和崇威叔二人異口同聲地問我如何支配五萬元的用途，害我不知所措。因為到此為止我只不過是董事長的扈從，不在其位應該不謀其政，但公司渴錢如芒在背而岳父每日晚睡晚起，不知何時才現身。辦公室看似迫不及待董事長親自來指揮的樣子，然而他們之所以徵求我意見，想必是認定我不妨代理董事長決定不算是很重大的事情之故。為了事務圓滑順遂，我想我不須考慮太多，先把眼前的問題解決，以利公司業務之再生比較要緊。於是我請他們列出最迫切需要支付的款項，炳針答覆大約十萬元，其中包括糖廠師傅工資未付，北埔茶廠謝廠長墊付機器整修零件費用，積欠員工薪水，未付電費等等。他說糖廠作業昨晚結束，煮糖師傅今日下午返回寶山鄉，必須付清工資五千元，謝廠長挪用女兒訂婚聘金購買軸承，傳動帶等機器零件約三千元，電力費六千元已經超過繳期一星期，未付員工薪津三個月約四萬五千元，所以五萬元尚嫌不足。我判斷先付製糖師傅工資、謝廠長墊款、電力費、員工薪水兩個月份，其餘部分暫緩幾天後陸續解決比較合理，並越俎代庖地囑付炳針和崇威叔遵照辦理。

我離開辦公室走進揉捻室整備機器現場不久，崇威叔慌慌張張地跑過來交給我一張紙條，上面寫有合作金庫臺南支庫甲存○○號郭秋煌一萬六千元，彰化銀行埔里分行甲存△△號陳雲輝八千元等字樣。我不解其意，崇威叔皺著眉頭說，董事長命他按照紙條內容匯款出去，他不知該如何處理，崇威叔話未講完，我已經跑到辦公室。櫃台前面有十幾個等著領款的煮糖師傅和員工，岳父坐在角落大辦公桌抽菸，我氣沖沖地站在他面前，岳父大概看到我的臉色不對，先叫我坐下來，然後說這是他答應人家的錢，今天非寄出不可，我問那是什麼性質的錢，他說資助兩位朋友競選下屆省議員的籌備款，此話使我愕然。

公司正在起死回生的緊要關頭，五萬元雖然不多，但對那個時刻的永光的確有關鍵性作用而岳父卻不顧自己難局，欲把得來不易的資金泰半送給別人玩無聊至極的選舉，我直性的頭腦無法領會他老人家的想法。當然永光是他的永光，他愛怎麼做就怎麼做，以往可能無人敢諫諍，大家都在他面前唯唯諾諾，他的事業日新月異的二十年間似無大礙，但現今情勢不同，岳父天生聰慧，年紀已過半百，社會經驗也豐富，只是難免有富家少爺的傲骨，在如此逆境裡仍欲保持無謂的虛榮而不惜糟蹋寶貴的資金，害得無米之炊的出納先生焦頭爛額而無所適從。

這一些事情的經緯喚起我的使命感，我改變旁觀者縮手縮腳的態度，毫無忌憚地直指問題的核心，我抑制感情，盡可能用冷靜的表情和口氣表述看法並且要求岳父收回成命。岳父對我突如其來的反駁似乎感到意外，但並不生氣，他叫我不用擔心，他還奈得何（還撐得住），我說我相信他奈得何，但顯然無法解救目前燃眉之急。岳父理虧，但仍然命我把錢匯出去，我不再反對，指示炳針依照董事長意思處理，所剩金額則按照緩急順序酌量分配暫度難關，不足部分待董事長設法籌措。這個小插曲使我無意中扮演以炳針為首的永光職員之直接上司，亦擔任承奉董事長命令行事的負責人角色，我的永光公司總經理職位是如此自然形成的，岳父可能顧恤鳴鐸兄立場，從頭到尾不曾給我正式派令，我的職稱是職員們隨便叫出來的。

投入製茶實作

一九五三年四月五日，春茶作業如期起工，我正式置身茶業界，因為必須以最快速度脫離外行人的範疇，所以每日抽出一定時間在作業現場觀察學習製茶的各個工程，有時參與實際工作。春茶接近尾聲時，大致能夠理解製造綠茶之要領。扼要地說，綠茶製造方法是先用高溫破壞茶菁的氧化酵素來阻止單寧氧化，以保持綠茶該有的綠色，再以揉捻使茶菁形成捻捲狀後加以烘乾，在此過程中使其產生綠茶特有的香、味。

怡和洋行派來一位茶師名叫高源美，新北市深坑人，臺灣總督府茶業傳習所出身，名目上他是來協助永光提高製茶品質，實際任務是觀察我們製茶進度作為撥款的指標。高先生集計永光各廠每日進廠茶菁資料報告臺北，怡和根據其報表酌核匯出資金，但茶菁的生產並非按照順序慢慢來，如果天候良好，滿山嫩芽齊發，怡和匯出的資金常常就會緩不濟急，買茶菜付現金是岳父最愛，因此遇到如此情景他就暴跳如雷，高源美馬上閃避到呂宋加拉巴（北埔口頭語：非常遠的地方，呂宋Luzon是菲律賓群島中的一個大島，加拉巴Calapagos Islands為太平洋中的火山群島）去，老人家怒目相向，訂約當事人的我只好往臺北跑。有一個下午從臺北回來

怡和船舶部馬熙偉、翻譯張國敏、臺北貿易商與秘書江東英（左起）。

先到公司，遇到岳父為了怡和匯款不多而大發雷霆的場面，我馬不停蹄地又折回臺北，以便翌日一大早向怡和要錢。後來岳父讚揚我做事有魄力、肯負責，我卻大喊倒楣，賣茶菁的茶農不急著領款，岳父反而替他們焦急，他的這個脾氣一直不變，非常不利於公司資金的調度。

茶農從天亮開始採茶，中午和傍晚時間送到茶廠來，工廠啟動，岳父如魚得水，每日午飯和晚飯後來廠，在磅秤附近坐鎮觀察收茶實況。茶菁收購價格是依行情視品質而定，北埔茶廠廠長謝火兄是永光老茶師，北埔地方公認的製茶權威，他茶菁一抓，立刻能判定單價，茶農皆臣服，幾乎無人抗議，但在旁的老闆有時情不自禁地發出不平之鳴。阿火，打起一點

（算高一點），這個干涉常常害阿火哥氣得面都烏忒（黑掉）一半。

阿火哥每日收購幾百位茶農的茶菁，為避免買賣雙方討價還價的煩冗應對，他的權威性不容侵犯，否則無法把大量原料在短時間內納入工廠生產行列，所以阿火哥對董事長的示意總是相應不理，因而招惹老人家不滿，也難免得罪一些茶農。阿火哥曾向我訴苦說，所有當老闆的人莫不想盡辦法壓低原料價格，唯有我們董事長與眾不同，莫怪人家說懋熙哥做事業只是為了嗜好而不是為了賺錢。

實際上，當時茶菁價格確實偏低，不僅是茶菁，大部分臺灣人民賴以生存的農作物全部都如此。政府利用耕者有其田條例，向放領田地的農民收取稻穀，以低價折算新臺幣付給被徵收土地的地主，再以高價肥料收奪農民餘糧，以相對的廉價食米供給軍隊和公務員等等，長期把稻穀價格抑制到最低，一九五〇至一九七〇年代農村生活貧乏乃是糧賤傷農的結果。市價四十元的美金匯率硬性固定為十五．五五元是對外銷農產品的另一個傷農手法，出口一美元貨物應該換回四十元，但臺銀只付不到一半價值的十五．五五元，因此茶菁、甘蔗、鳳梨、香蕉、糧食等價賤乃是自然的結果，岳父常同情農民的下意識感情，想必就是他常違背追求利潤原則的根源。但這是身為一個經營者的禁忌，我們不是慈善團體，如果不賺錢就無法生存下去，岳父當然明白這個簡單的道理，但盡量高價收購原料的理想似乎一直是他的潛在意願，看到茶農肩擔裝滿茶菁的茶袋在茶廠門口大擺長龍，岳父就精神怡悅，心直口快地交代收購人員

怡和職員來訪洋樓，左一為姜崇熹。

盡量高價收購，據我爾後多年的經驗，茶菁單價一旦提高，除非茶市慘跌，否則在同一茶季內幾乎不可能再降回去，因此可以說是後患無窮。

我首次參與的春茶作業是怡和洋行的委託製造，但岳父絕無慷他人之慨的狹窄心懷，高價收購似乎是他追求的理想。我們當時經營五個茶廠，一天進廠茶菁三、四萬斤，一季春茶累計茶菁超過一百萬斤，平均價格若差一角，全體差額便是十萬元，以當年貨幣價值算來是很大的數目，有一天我拿這個試算數字給岳父看，試圖委婉地修改他的理念，他立刻察覺我的意思，不悅地說你太精明了，我的意圖受挫，從此阿火哥與岳父之間的小摩擦換我來承受。

春茶開工後，炳針離職轉往永光林業南庄營業處擔任蔡榮火先生副手，姊夫梅谷接他的職務，主要是擔任會計，公司內外事情包括人事、總務、文書、公關等大小事務都在董事長秘書何禮杞先生協助下，由我主導，所以除了重大事情請示岳父以外，一般瑣事逕行決定並無大礙。茶業方面，岳父、再製廠藍廠長、北埔廠阿火哥等其他多位同事都是我的實務老師，我很誠懇而且認真地向他們學習，也涉獵多種茶葉相關技術書或論著來充實所需專業知識，以減少外行人領導內行人之譏評。

一九五三年春茶開始第二天，新竹縣茶業同業公會假竹東鎮長春茶行召開理事會，理事長宋燕謀先生年約六十，他是上坪茶廠主人，在長春路擁有小型再製廠兼營茶葉零售店，公會設址理事長茶葉店內。岳父名列常務理事之一，但派我代理出席開會。我認為理事會不應該派人代理出席，他卻說無妨，你只管聽人家講話，不必發言，大概無人抗議。開會通知十時，十位理事慢一個小時才到齊，會議半小時結束。理事長致辭說，日治時代農政機關和製茶業者通力合作指導茶農，採茶只採芯部和芯邊二枚嫩葉，以利製造良好茶葉，同時保護茶樹元氣，可惜戰後情況一年不如一年，茶農和業者都只顧眼前而忘了根本，於今採收一芯四葉極為普遍甚至一芯六葉也不在少數，致使製茶品質大不如從前，茶樹整年發芽量以及壽命都大打折扣，希望全體會員一心一意為改善採茶風氣努力。第二件是今年外國買氣不強，所以茶菁價格應該控制在每公斤二元五角以下，以保持合理的利潤。老理事長所言條理井然，但語氣無力。

我幾天後發現，在製造能力遠超過原料供給量的所謂賣方市場裡，宋先生的演講根本是空談，想必是他以理事長身分敷衍場面的說辭，也就是講話無精打采的原因。會議時間只花三十分鐘，但理事會在鎮上新白宮酒家的午餐會卻費時兩個小時，理事成員全是中年人而個個酒中仙，席中有一位濃粧小姐陪酒唱山歌助興，大家心情愉快之餘互相敬酒猛灌黃湯。我首次參加這種宴會，無法與他們同樂，默默坐在一旁，猛吃客家名菜炒粄條。有一位叫做惠比壽（日語：七福神之一）的歐吉桑看我喝了幾小杯就面紅耳赤，竟然以從事做茶行業必須從喝酒開始學習的歪理對我說教，並開玩笑說要訓練我喝酒。他問我能喝多少，我答以不清楚，頂多一瓶，他嗤之以鼻，為了逞強，用大杯裝滿紅露酒，要我跟著他乾杯，兩個人連續喝五大杯時，惠比壽歐吉桑好像覺得不對勁，問我頂多一瓶是什麼酒，我說威士忌，他馬上跑去廁所吐劍光（北埔話：酒醉嘔吐）。

當時，永光旗下的工廠有北埔、大坪、峨眉、軟橋、橫山等五個粗製茶廠，和位於北埔口的再製工廠。粗製工廠製成的粗製茶必須經過再製才能變成商品。再製是指整形分級，使用各種網眼的篩機、剪切機、除梗機、風選機等機器，把茶葉分成多種品級以便待價而沽，此為正茶，其餘的碎末、風車尾、茶梗、茶粉等屬於屑茶或副茶。正茶供作出口，屑茶是廉價品，大部分在島內銷售。

北埔一帶的春茶大概從清明時節開始採收，數量逐日增多，大約穀雨時分達到最高潮，以後逐日減少，五月上旬差不多收工，為期僅一個月，但產量卻占全年度的四〇%。山區的四月是雨季，一九五三年降雨量特別多，對茶農、茶廠都甚為不利。茶芽不斷伸長，如未及時摘下就變成老葉，因而不得不冒雨採茶，工作不方便又不舒服，淋濕的茶菁叫做水菜，缺少香味、纖維較硬，重量也增加，因而不受買方歡迎，茶廠收購水菜通常扣重一成，賣方一定唉唉叫。我做過試驗，水菜的製品品質不理想，尤其是紅茶的香氣不足，湯色較淡，所以春雨不停時，茶廠人員只有望天興嘆的份。

粗製工廠成品以一卡車為單位運交再製工廠，那個時代的卡車雖然都是一九四〇以前出廠的日本豐田或日產決戰型三噸老爺車，但由於其原始設計目標是置於中國大陸戰地之用，所以構造單純而堅韌，裝載六噸煤炭走山路尚可勝任，只因粗製茶比重輕而體積大，裝滿貨台的重量大約是三千斤亦即一．八噸而已。再製工廠每日再製三千斤粗製茶為原則，春茶前半段大致順利，晚上九時以前可以做完，但到了後半段，隨著粗製茶的葉質粗老化，篩剪和除梗工作必須重複多遍，風選機負擔加重幾倍，因而不得不把未處理完畢的半製品留待翌日完成，所以再製進度就緩慢下來，但員工每日工作時間大致固定，這一點與粗製廠依當天進廠原料多寡決定操作時間，有時傍晚收工，有時連續多日通宵達旦的情況大不相同。嗚鐸兄對再製工程產生濃厚興趣，每天在再製工廠上班，向藍先生學習再製技術以及品茶方法，在這一方面頗有心得，兩年後藍廠長離職時，他自信滿滿地對父親揚言，靠他的再製技術每年能淨賺一百萬元盈餘，並自薦負責再製工廠業務。

春茶原料慢慢減少的四月下旬，怡和委託製造數量將近滿額，我要求狄克提高委製額度，但未獲諾頓同意，因此，依據四月二十五日為止累計的茶菁採購數量、單價、製造步留（日語：原料與成品之比率）等計算往來帳目及委製加工費。幾天後，高源美雇用卡車，把再製完工的正茶和副茶全部運往臺北，彼此間的委託製造契約至此完結，但春季採茶尚未結束。

茶季接近尾聲，採收的茶菁比較粗老，大部分茶寮關閉，我們持續製造，雖然資金短缺，進廠原料尚能保持相當數量，製茶品質較差，唯單價低、步留高，所以成本便宜。五月上旬停工時，未付茶菁款十數萬元，庫存粗製綠茶三萬斤，春茶成績算得上差強人意，但庫存之處分和接踵而至的夏茶製造方針又成為我們實際而重大的課題。

三井農林岩倉茶業部長訪臺

這個時期（一九五三年五月初），日本三井農林株式會社茶業部長岩倉一馬先生應岳父之邀來臺訪問兩週。戰後日本缺少外匯，嚴格限制民眾出國，岳父寄出臺、日間往返飛機票並保證負擔在臺灣一切費用，故而能夠順利成行。岩倉桑於一九四七年初返日後仍不離本行，他糾合以前在臺灣的部下多人，在故鄉九州開墾山地種茶，過了一段相當艱辛的生活。日本敗戰使三井農林喪失在臺灣的全部財產，而這一部分占其產業的八十五%，剩下十五%是北海道的山林和畜牧業，因此無力收容從臺灣回國的全部人員，這是岩倉桑計畫重新開創茶業的理由。戰前三井農林在國內紅茶市場稱霸，戰後雖然失去臺灣的茶畑和紅茶來源，但茶業是該會社重整旗鼓的唯一途徑，為此不得不三顧茅盧，請岩倉桑上京擔任茶業部長重任。

日本農林省鼓勵業者在國內生產紅茶，但其茶菁品質不適合製造紅茶，日本國產紅茶之色、香、味都不合格，製造過程彷彿農家做堆肥，因而有堆肥紅茶之稱。一九五二年起，日本政府實施外匯特別配額辦法，對紅茶包裝販賣業者分配小額外匯，允許其進口紅茶作為國產紅茶拼

戰後的1953年，三井岩倉來訪北埔洋樓。

堆提高品質之用。岩倉先生應邀來臺，除了視察戰後臺灣茶業概況以外，研究如何活用有限的外匯進口大量良質紅茶也是重要目的之一。

當時的臺灣尚無觀光飯店，岳父全程陪岩倉桑住平常只有一個職員徐元制看管的永光臺北分公司三樓，隨伴他走動各地，其間也來北埔與我們相聚幾日並參觀工廠作業，或往關西等地會見昔日同業友人。岩倉桑想善用其不多的外匯配額買我們的紅茶一萬磅。與往昔一樣，不談單價，岳父與他的商談幾分鐘就有結論。當時臺灣主管外匯的外貿會把美元公定匯率定為十五．五五元，這個價位差市價太多，所以一般出口貨物都盡量用低於實際單價結匯，把差價留在國外，然後設法將其套匯進來，雖然是非法行為，但大家心照不宣，行之有年，因此官方對各種輸出物資設定出口底價，規定結匯價格不得低於底價。例如紅茶底價每磅美金二角一分，臺灣每年出口一千多萬磅紅茶，在官方文件上的單價一律是二角一分，我們曾經出口一批單價十二美元的紅茶，結匯價格仍是二角一分，既不合理又不實際，政府損失大量外匯，商家被迫違法又吃大虧，這是國民政府頭腦僵化的官僚長期把持最敏感的貿易政策的惡果。岳父把賣價任憑岩倉桑決定，我向岩倉桑說明臺灣外匯制度，請他開二千一百美元信用狀當作一萬磅紅茶的公開代價，三井可節省貧乏的外匯配額，永光可減輕結匯損失而兩全其美。岩倉桑十分滿意，邀請岳父明年赴日遊覽順便收帳。我們北埔廠夏茶特地為三井製造一萬多斤紅茶來再製一萬磅紅茶BOP（Broken Orange Pekoe），我評估其合理單價是每磅四角，翌年早春岳父訪日，岩倉桑交給他日幣一〇八萬圓，等於是三千美元，加上底價二千一百美元，總共五千一百美元，也就是說岩倉桑算給我們的單價是五角一分。

開發新客戶

臺灣茶樹發芽，從四月初開始至十月之間大約有五個週期，一般以春茶、夏茶、六月白、秋茶、白露來加以區別。一季茶的採收期間大約一個月，產量則春茶占全年度之四成，其餘各季是大同小異，但每年各季茶的產期和產量都不盡相同，依氣象天候之推移而異。這年（一九五三年）五月上旬春茶完工時，各廠未付茶菁款以外，工資、薪水、電費、雜費等必須付現之金額也不少，我想出售未加工之粗製茶，徵求藍先生意見。藍先生把現場粗製茶拼堆、採取兩小袋標準樣品交給我，介紹臺北

1954年夫人陪姜阿新赴日收帳。

臺北華茶公司來訪，第二排左二起是廖運潘、唐季珊、姜阿新，前排右二是唐夫人和公子。

中盤商王添祿，並建議我訪問華茶公司唐季珊。

翌日北上，先到北門附近王先生之小加工廠兼住宅而未遇，我把一份樣品交給他家人並請其轉告庫存量後，按址前往延平北路巷內之華茶公司，發現該公司是日治時代專門放映古裝武俠片的電影院第三世界館、經過改修的再製茶廠，唐先生在三樓品茶室見我。人稱老烏狗（福佬話：黑狗，愛時髦的風流男子）的唐季珊先生當年五十八歲，中等身材，全向後梳型（All back）的頭髮烏黑，西裝筆挺，口操略帶廣東腔的北京話，他對我十分客氣，想必是沾岳父之光，看過樣品後很快就按照我提示的單價成交每斤八元的五千斤粗製綠茶。我留宿臺北一夜，翌日會合運茶卡車赴華茶公司交貨順便領回貨款，唐先生說希望往後能與我們公司合作製茶，他的冀望三年後成為事實。唐先生年輕時是上海出名的花花公子，與演藝界女人的花邊新聞不斷，幾年前電影公司以他與民初名影星阮玲玉的故事拍成電影，由張曼玉、秦漢、梁家輝、吳啟華主演，片名《阮玲玉》，一九九一年上映時拿下十幾項國際大獎，張曼玉並得到柏林影展最佳女主角。

我把一批粗製茶交給華茶公司的第二天上午，藍先生打電話要我到再製工廠，有一位凸眼珠、半禿頭的中年人坐在辦公室等我，他就是我兩天前造訪未遇的王添祿先生。王攜帶三罐一磅裝的綠茶樣品，分別是珍眉、壽眉和珠茶。他說某家洋行欲以五：三：二的比例向他購買十萬磅，他自己無此能力，有意讓給我們承包，他要收取二％佣金。對王提示的價位是否合算，符合樣品亦即依照樣品製造之難易，交貨期限等重要問題我近於無知，因此我請藍先生和鳴鐸兄到值夜室聽取看法。藍先生認為價位雖然不算很理想，但品質要求不高，我們可以買進關西方面廉價產品做堆底，因此有利可圖。我盤算，春茶庫存二萬五千斤成本便宜，夏茶較好茶菁製造輸出日本的紅茶，粗老而廉價的原料添加大量糯米粉製成綠茶，不足部分買進關西的茶葉填補似乎能夠應付得宜，對我的分析，藍先生認為合理，鳴鐸兄亦贊成，我用電話找到在臺北陪伴岩倉桑的岳父，向他報告洽談內容和我等的看法並徵求他的意見。岳父以不屑過問零細生意似的口吻說，你們年輕人決定就好，於是我對王先生表示接受他的生意，但提出交貨期限兩個月，交貨地點永光再製工廠，付款條件為簽約時四成，一個月後三成，交貨時三成等附帶條件。翌晨我赴北，王先生帶我到位於館前路的永興洋行簽約，王先生做我方履約保證人，我收到四成價款支票。

夏茶的茶質和天候適合製造烏龍茶而產量不多，因而茶菁價格較高。但我指示各廠壓低價碼收購中級茶菁，甚至鼓勵橫山廠吸收大量關西茶葉生產綠茶，唯獨命北埔廠以較高價格選購青心種製造紅茶。製造紅茶的原理是破壞茶葉細胞，促進酵素發酵作用，使其產生紅茶特有的芳香和滋味後加以乾燥而成，其過程是先把茶菁撒在萎凋室的萎凋棚上使其散消四成水分，然後把凋萎而軟化的原料放進複動式傑克遜（Jackson）揉捻機施以充分的揉捻，揉捻過的半成品擺在發酵室讓其發酵後，倒入熱風乾燥機烘乾，上述步驟都是決定製品良窳的關鍵，尤其發酵程度的判定甚為重要，發酵不足留有不成熟的草腥味，過度者香、味俱退，岳父譏其為茶屍而特別畏忌。永光各廠占二樓全面積的萎凋室都有熱風設備，吸入乾燥機餘熱縮短凋萎時間，揉捻室由三至四部傑克遜揉捻機所構成，發酵室設有調節濕氣和溫度的噴霧裝置，烘茶室各有兩部大型全自動熱風乾燥機，機器設備齊全，堪稱全島紅茶製造廠的楷模，製造紅茶才是永光的本業，所以我全神貫注研習技巧，幾年後便能夠掌握其全盤關鍵。

按照簽約樣品生產十萬磅出口綠茶，估算需要九萬台斤粗製茶，我們打聽到臺北茶市低迷，行情滑落，縣內存貨不少，藍先生認為收購現貨比自製更有利，所以我們走遍縣內較具規模的茶廠，最後向竹東宋高榮、橫山徐能金、關西鄭昌樓等同業買進總共兩萬多斤粗製茶，交貨時藍先生與我同往賣主工廠倉庫驗收，讓我增加不少見識。其間我每日抽空到再製廠見習再製工程，試圖初步了解再製理論，在此我注意到除梗機的性能足夠應付自製茶，但對買進來的枝骨蛸起之貨色效果不彰，重複處理過的茶梗（stalk）中依然摻有不少正茶，正茶價位是茶梗的十倍，相當可惜。我著眼於木化茶梗不吸水的性質，先把蒸氣灌進帶有正茶的茶梗中，使正茶吸入水分後倒進水中，兩者比重不同，茶梗浮上，正茶下沉，沉下的正茶迅速撈起，依照包種轉製的要領使其重生，我用此法，在二千斤茶梗中收回七百斤正茶，聽說非洲人把綠茶放入茶罐裡煮，然後加糖和薄荷喝，反正煮過的茶有味無香，用我發明的方法收回的再製品占全出口量一％不到，對整體品質無影響，但

專注於開發茶業新客戶時的廖運潘（中間）。

究竟不是正軌的作為，故而只用一次，下不為例。

那年夏茶作業順利進行，七月初旬永興洋行的契約綠茶依期交貨後，再製廠著手再製紅茶。當年一般出口紅茶依其形狀、大小分為FOP、BOP、OP、F（FOP=Flower Orange Pekoe，BOP=Broken Orange Pekoe，OP=Orange Pekoe，F=Fannings），但是岩倉桑指定買BOP，藍先生把FOP也剪斷成為BOP規格。北埔廠夏茶生產約二萬斤紅茶，再製成品BOP一萬三千磅以外尚有OP八千磅和F三千磅，這個時期只有永光製造良質紅茶，所以有人聞香而來。彭權有先生、橫山鄉人，他和幾位茶業傳習所同學在中壢開一家美華茶行，拉攏協和洋行買辦盧某合股，專門承包協和洋行的出口綠茶，但本身不備工廠，即是一種中盤商。

彭先生與藍先生有同學之誼，有一日帶了一罐煙茶樣品訪問藍先生，要求我們按照樣品製造，據說是要賣給伊朗的煙茶一萬磅。樣品是OP形狀，但比OP稍小，帶有強烈的煙焦味，彭先生說是紅茶OP熏松樹煙味而成者，喝起來惡心難忍，但竟然有人欣賞此物，這個世界真的無奇不有。藍先生以OP八成，BOP二成的比例混合，剛好與樣品形狀相符，我們估算所需松樹的成本和熏煙的工資後提示價格而當場成交，成為永光與美華爾後斷斷續續合作關係之伊始。熏製煙茶不難，我們利用赤糖工廠的現有糖竈構造，把糖鍋換成大型焙籠，在燒火竈孔悶燒松木樹頭，不到二十天工夫就大功告成，比藍先生原先擬定的一個月縮短很多。

岳父好像在冷眼旁觀我們漫無原則，聽天由命的生意經，但在當時的情況下，我們全無挑剔的空間，只要人家願出高價，我打算連鑊嬤篤（從前農村大家庭用生鐵鑄成的大炒鍋之鍋底中央突起部）都肯敲下來賣給他（客家口頭禪）。

第七章 決心重振岳家

清償全部舊債

這一年夏天，南美洲智利政府通過外交部向臺灣洽購一百萬磅紅茶，價錢低得離譜，無人願意接手，國民政府為了向邦交國智利示好，貼補三百萬元命令當時尚未開放民營的農林公司負責交貨。七月初，六月白茶菁開始採收，我拿印有臺灣省議會議員頭銜的岳父名片去見農林公司茶業分公司經理，簽訂委託製造契約，開始製造紅茶。農林公司限制茶菁價格的上限很低，六月白茶質是上等，適合製造烏龍茶，所以我們各廠進廠原料不多，生產量有限，八月進入秋茶時節，情況也相差無幾，我們的委製工資收入勉強足夠維持日常開銷而已。最後的白露是承製美華茶行委託的綠茶。十月以後秋風吹起，茶樹進入休眠，全島茶廠鴉雀無聲。

決心扶翼岳父追求理想的我經過半年孤軍奮鬥，對臺灣茶業的本質和弱點有了深刻的理解，我認為臺灣茶業前途暗淡，未來堪虞。因為臺灣茶業先天對外缺乏競爭力，對內無法避免惡性競爭，企業無利可圖，半年操作難以負擔整年開銷，此等狀態與日治時代大不相同。戰前，臺灣農產品有一億人口的日本市場而且受日本政府的強力保護，因此不愁外國競爭，島內茶廠按照原料產量認可建廠，所以茶菁價格能反應茶市行情來決定合理的水準。但戰後國民政府毫無原則地濫發執照，使全島製茶能力增加到超過原料生產量之三倍，導致不少工廠以偷工減料、添加異物來增量，有一些工廠把黃土加米漿摻入紅茶，這種殺雞取卵的作法時有所聞，甚者有人為了現金周轉，把高價收購原料製成的茶葉廉價出售，很多茶廠家族成員做工而不計成本，以薄利多銷取勝。處於自相殘殺、雜亂無章的茶業界，永光的處境尤為不利，因為我們無法使出一般業者賴以求生存的不合理手段，國民政府主管機關無意志亦無能力整頓矛盾的產業結構，據此，我判斷臺灣茶業必定逐年衰微，對永光事業的未來非常不樂觀。因此，我想應該把製茶事業慢慢縮小，如果適合，利用舊有的設施，至少活用廠房投入其他整年原料供應不匱而產品附加價值高的生產事業。

白露茶收冬後，茶廠進入長達五個月的休閒期，期間每月的員工薪水、動力基本費、辦公費、工廠維修費等固定支出全靠茶忙期六、七個月的盈餘來支撐，但同業間盲目的惡性競爭經常犧牲應有的利益，因此島內茶廠十之八九都是在掙扎度日的狀態，一般工廠以家族企業居多，只要有飯吃就能捱過冬，唯永光不能。這個弱點在戰後茶業走下坡，無法獲得合理利潤的狀況下，成為加速我們公司經營惡化的原因之一是不爭的事實，消除這個弱點是我們今後的切身課題。我把對茶業將來和我們該走的方向之看法，以及非盡快設法把固定費用轉嫁給別的事業不可的實際問題向岳父陳述。岳父不待我講完話就搶著說：「我半生從事茶業，以振興臺灣茶業為畢生目標而且越來越有信心，你只做半年茶就意興闌珊，想不到你是這樣軟弱，我相信我們的茶業不久一定有大紅大紫的日子來臨。」我說我是根據很多有關資料和實際狀況做判斷，所得到的結論是相當悲觀。他說半年來認定我做事非常精明，精明固然要緊，但信心和魄力更重要，我們兩人相持不下，老人家臉上並無慍色，但浮現著難以形容之悽惘而憂傷的表情，岳父平常倔強的霸氣不再，我見到的是牢固不拔的信念，得不到心腹共鳴的老人家的無奈和悽楚。我無法再堅持己見，不顧一切盡我所能來扶翼他追求他的理想的宿命感油然而起。

我從事茶業的頭一年總算平安度過，擁有六家設備完善的大型茶廠的事業體，在四十多名精英茶師和職員同心協力，慘淡經營一年的結果是不盈不虧，實在令人懊喪。但償還舊債方面稍有進展，我們把臺北店建築物以三十萬元賣出，清償所有銀行債務，從竹南木行分成多次領回紅利總共七十萬，按照金額比例攤還民間借款，減輕了四成重擔。因為此等事務處理全由我經手，債權人後來都向我要債，某些人意圖盡快取回債款，用盡藉口來要求額外支付，我必須低聲下氣，解釋非公平償還不可的道理和原則，大部分人士都能接受我殷勤但堅決的說辭，我變成岳父的代理債務人。翌年，岳父把四十二份和新公館造林地一共一二〇甲賣給榮叔得款六十萬，加上竹南木行分紅八十萬，分批把舊債全部還清。

打杉耳

一九五三年七月初的某一天，我搭乘載運製品的便車，首次前往大坪工廠。我對大坪建廠之艱辛早有詳盡的預備知識，及至見到實體，更加為當年岳父做事的毅勇佩服得無以復加。

我看到茶廠對面一大塊山坡地的山腰中間有一小簇杉木以外，上下左右到處是露出黃土的番薯畑，滿山都是番薯畑而不見杉木成長在其中，我推測管理人忙著打林種番薯當作餵豬飼料而根本不管造林地。

由於不宜讓卡車久等，走到山頂稜線便折返，雖然我首次涉足造林地的範圍只是小面積，卻發現林地未盡其用而任憑居民濫墾削弱地力，聽任杉木萌櫱未予整理而犧牲杉木成長之兩大缺失，因此幾天後我再度前往大坪踏勘造林地，對岳父過去全神貫注的造林事業規模和現況作了概括的了解。

在這個時期，我對茶業的經驗雖然仍嫌淺薄，但直接身臨其境而辛勤學習，周圍不乏良師益友，遇到疑惑難題即獲指

廖運潘在大坪造林地。

明迷津，不過對造林的知識尚是一無所知，我唯一師傅是岳父。我把巡視造林地所見到的情景，包括遍地遭人濫墾甚至一部分已經變成荒廢綠蕪，伊灣窩伐採過的一大片林地萌芽未嘗間伐（選擇性的伐木）整理而任其簇擁，幾處林中有盜伐跡象，林內蔓藤攀纏杉木的情形到處可見，竹林中野生矮樹頗盛，甚而有一處變成濫葬崗等等報告岳父，害他相當傷心和瞋忿。我預定十二月間帶領一批年輕員工往大坪整頓造林地，岳父不置可否，顯然是對深山環境事物毫無經驗及知識的人能否適應或勝任育林事業抱持疑惑。我走遍臺北多家書店尋找有關造林育林、竹林等各方面參考書籍，開始紙上練兵。

北埔糖廠這一年訂於十二月中旬起工製糖，以明治天皇為首的糖廠人員從十一月底開始忙於準備。糖廠沒有固定編制，全由各茶廠員工按照其技能分配工作，擅長機器操作者分擔榨蔗室作業，年老怕冷的人負責監督燒火間，事務系統擔任原料甘蔗秤量，部分人員整備柵欄以便甘蔗靠著豎放，巡視各處蔗畑抽查甘蔗甜度，以安排蔗農採收順序及日期也是他們的職責。我抽出十名員工隨我到大坪整理造林地，各人自備寢具，夜宿茶廠榻榻米床，麗芝自告奮勇與我同行，負責全體膳食。當時蒂玉一歲半，整天饒舌，討人喜歡，老人家尤其是岳父非常疼愛這第一個孫女，出門前和回家時非見她一面不可，蒂玉也對祖父母親熱有加，二老都說樂意照顧小孩，所以麗芝也放心出門。

我派卡車載人員和糧食、被褥、鐮刀等入山，六月間高中畢業進永光公司會計課任職的

永光職員一起去大坪造林。

四弟運琤也是成員之一。大坪廠附有一棟長方形木造宿舍，屋內有六室榻榻米小房間和一間廚房，彭阿興和詹木添兩家人各占兩個房間，我夫妻成為他們的同居人。麗芝為工作者多數人做飯，必須占用廚房，也要彭太太和詹太太幫忙，她們的家人也順天應人的吃起公家飯來。內坪無電燈，照明全靠微暗的燈盞火，油煙味難聞又會把鼻孔熏黑，大家唯有早睡一途。

岳父大坪造林地有四處，其中四十二份及外坪新公館部分內定讓給榮叔，我們整頓對象為茶廠起至煉寮坪為止路段右側的興新造林地一三六甲，及煉寮坪部落左方伊灣窩九十八甲造林地，而第一個工作目標是砍過的杉木殘株萌蘗之剪定。我帶領一群人馬，靠我臨陣磨鎗、一知半解的造林知識要做的就是萌芽更新幾個步驟中最重要的剪定作業。現代建築風靡一世以前，杉木是本島早期三合院土磚構造乃至近代紅磚建築或日本式房屋最普遍的建材。淡水自古就是福州杉的進口港，日本領臺後杉木造林漸盛，種植樹種有福州杉及柳杉，福州杉又名廣葉杉，兩者較大區別在於伐採之後，柳杉必須重新植苗而福州杉能利用萌芽來更生，岳父造林地全部栽植福州杉而且戰後分幾批伐採過，但放任萌芽發育成叢，阻礙杉木成長，可以說是時間和地力的浪費，我認為整理姜家林地，應該從最迫切的問題解決，這是我要最先著手剪定的理由。這種事情，我也不妨叫添哥雇用幾個工人代勞，但凡事想要親自動手學習是我從小以來一貫的潛在願望，岳父母似不冀望我落身（放下身段）去做，我自己亦無率先垂範或標新立異的意識，對我來說只是極其自然的做事態度而已。

從大坪茶廠再往南走產業道路約半公里處，在道路左下方有三十多家民宅聚集的焿寮坪部落。小部落前面不遠處有一條源自鵝公髻山的小河流，過了河便是伊瀾窩造林地，伊瀾窩的名稱，據岳母說是很久以前叫做伊瀾的原住民頭目住在此處而來的。林地由西向東的三個豅（小山脈）所形成，隣近高崗擋北風，南邊豁達，陽光普照，地深土肥，是一處上好林地。但植有杉木的面積不到一半，我想是當年避開陡峻而選擇地勢平坦的地方植樹的關係。未植杉木的土地泰半成長雜木，其餘部分不是濫墾番薯畑就是蘆葦等有莖條的粗大草本植物跳梁跋扈的荒地。此等蘆葦想必就是焿寮坪居民燒畑耕法遺留下來的痕跡。我們的剪定作業先向伊瀾

伊灣窩造林地98甲。

窩最南邊山塊著手。杉木被鋸斷後的翌年春天，殘株周圍發出無數的嫩芽，日語蘖或萌芽，北埔人稱其為杉耳。杉耳到了秋天已經成長三、四十公分，伊灣窩入口杉耳高一公尺半，經過四年間適者生存原則下的自然淘汰，本來密密層層的小杉耳已經剩下二十條上下，但依然在地下競攝養分，地面爭取風光，在此狀況下恐怕永遠不能成林。去除多餘的杉耳，使留存的小杉木能夠得到大量的養分、空氣及陽光，以助長其長大成木，這一項日本課本鄭重其事地叫做萌芽更新之剪定作業，我們只叫打杉耳，聽起來一點學問都沒有。打杉耳的原則是選定一株最強壯端正而立地條件良好的杉耳，其他全部剷除，我把得自書上的理論加上常識的判斷，實地說明鑑定優良杉耳的要領，請造林地管理人添哥示範作業一番後，大家一齊揮起鐮刀開始作業，很快就進入狀況。我使用岳父從前愛用的番刀，外觀看似銳利，用起來重又鈍，久未勞動的手皮不管用，不到一小時就磨出泡來，但工作不算很辛苦，全部成員都能勝任，早出晚歸，前後十二天，完美地達成任務。伊灣窩最後兩天打杉耳的地方，可能就是我邱家五伯父伐木過的區域，推算未經剪定的杉耳之樹齡是七年，每一叢十幾株的大杉耳已經變成直徑六、七公分，高達三公尺多的小杉木，簇生之小杉木為了爭光各個向外傾斜，如果按照一般規格造材，可以取得一材（一寸尾×十尺長），只是這種小尺寸的木材沒有人要，所以只好將其丟棄在林地。倘若三、四年前打杉耳，其成長絕對不止於此，由於怎麼看都覺得太可惜，我決定把這一區的七年生杉耳每叢留下兩株，以觀後效。事實證明我的判斷正確。

幾年後伐採這一區杉木時，全部都變成三寸半尾以上的上等材。伊灣窩深谷有幾處杉木林藪，可能是幾年前伐木時尚未成林而留下來的部分，一日晝食休息時間，我獨自走進去探險，意外發現分散橫臥地面的多棵上材杉木，其中帶枝葉者大部分已經枯萎變色，也有綠色未退者，有砍掉樹枝者，甚至有剝去樹皮待乾者等等各式各樣，但沒有半棵是風倒木，一律是由根部鋸斷，顯然是長期漸進式慎重型盜伐手法，若非吃定姜家管理鬆懈，斷無得逞的可能，因為在蓊鬱多濕的樹林下，針葉樹枝葉的自然乾燥需要好幾個月，然後又要剝皮等待乾燥，我認為此一綠林好漢可能是悠遊歲月的非專業盜賊。在此同時，我看到林中不少杉木受到多種蔓生植物攀附，強勢的蔓莖繞纏樹身或枝葉而延伸到樹梢上，樹芯受到蔓藤凌虐的杉木停止成長，可從其根部發出多數萌蘗之狼籍狀得到啟示，我回到原地質問添哥多久未巡視伊灣窩林內，他支吾其辭，我說出盜伐事，害他失盡面子。

下午我派他一個人到林中割除蔓根，下班時煩勞工作人員順便把盜伐未遂的杉木分批抬回茶廠，其數不下四十，兩年後作為埔里茶廠建材之用。蔓生植物喜歡適量的濕氣，茂盛的林內是其最愛，對造林構成很大的威脅。此物無比的賤骨頭，割斷根莖，馬上屍橫遍野，但很快恢復元氣，不久又蔓延滿天下。除惡務盡，非把根部掘起燒毀不可，但其根部偏偏發自深土中，巡山攜帶鋤頭甚不方便，以後一直為此頭痛。後來我從書上得到知識，在割斷蔓莖的根部傷口塗上煤油，能使其腐爛而深及根部，這個麻煩問題終於有了解決方法。伊灣窩打杉耳十天完工，興新造林地面積較大，但植杉面積只有伊灣窩三分之一，其中伐採過的部分不到一半，因而兩天工作就整理完畢，翌日早上，我們走路兩個小時下山回北埔，結束了十二天的勞動。

我們一進大門就聽到正在院子玩耍的蒂玉大喊媽媽的聲音，麗芝放下行裝，緊抱著小女兒大哭，坐在旁邊石凳陪伴孫女的岳母看見此景也含著眼淚微笑。岳母說，我們上山後，開始牙牙學語的小孫女常向她要媽媽，問媽媽去哪裡，她都答以去山肚（到山上去），小孫女似懂又不懂，但後來她帶蒂玉去基隆綉英家作客三天二夜，綉英家後面有一座小山，小孫女多次從窗戶望著山上大喊媽媽，說到這裡，老祖母又笑著擦眼淚，害麗芝哭得更傷心，從此我不再要求麗芝單獨陪我出門遠行。

來北埔的第一年很快就過去，在協助岳父事業方面，我竭盡所能全力以赴可惜成果不彰，我自己感受到一般對我的批評是貶多於褒，有時難免有孤忠亮節之寂寞感，所幸岳父對我信任有加，讓我無忌憚地放膽行事。當時我年輕，社會經驗不足，思維幼稚，輕易藐視陋規而遭人顰蹙，但岳父大度包容，從旁給我袒護。有一次榮叔從南庄來向岳父說我做事操之過急，做人不夠圓滑，剛愎自用，一般風評不甚好，岳父答以過去用過很多人，個個都風評良好，但沒有一個像他不顧自己利害，不分晝夜，不懼困難，以身作則埋頭苦幹，現在處於非常事態，不得不用非常之人，榮叔從此緘默。我從岳母口中聽知上述兩位長輩的對話，岳父的偏袒令我銘肌鏤骨，決心為岳家中興，粉身碎骨亦在所不惜。

打杉耳作業完工回家，岳父告知我四十一份及新公館造林地讓與榮叔，以及準備把伊灣窩和興新兩地未植樹部分全面進行造林的決定。經過這一次萌芽剪定工作，我推定伊灣窩實際植樹面積不到一半而興新頂多是三分之一，若是把未利用面積全部造林完成，將來我們擁有的絕對立木數不但不減，反而比目前四處造林地的總和更多，這是很合理的作法。岳父和榮叔兩兄弟同樣是急性子，做事積極，兩人已經商量好，四處林地同步進行整地，以便開始植樹並委託榮叔找人包工整地。未造林地帶，除了番薯畑以外都長滿雜木、蛇木、羊齒羶、蘆葦、蔓草等植物，所謂的整地就是把這一些密菁斬除乾淨。榮叔是山場工作老在行，他找幾個工頭來包辦，使其各自雇工，全面清除妨害植樹的障礙物。他們採用人海戰術，不到二十天工夫就把四處林地的菁雜剷除完畢，下一個步驟亦即伊灣窩和興新的植林作業成為我責無旁貸的任務。

十二月中旬，北埔糖廠如期起工，煮糖師傅盧傳寶帶領五個子弟兵前來上陣，他們是糖廠主角，永光員工配合其作業進行各部門工作。甘蔗原料陸陸續續進入糖廠蔗坪柵欄內，蔗石啟動運轉，蔗汁送入糖鍋，燒火間竈孔點燃蔗粕後，甜蜜的糖香味很快就籠罩著整個廠房，並且慢慢地擴散到整個北埔街山城。我們廠地不設圍牆，閒雜人等隨意出入，時常有頑童徘徊在柵欄周圍，伺機抽取甘蔗饞食，明治天皇偶爾巡狩蔗坪，以嚇阻小鬼蠢動，小孩子們遠遠看到天皇駕到便跑得尾瀉屎。市販食用甘蔗與製糖用的甘蔗不同，前者黑皮、肥大、多汁、甜度十二左右，後者黃皮、細長、少汁、甜度十六以上，而最重要的差別是黑蔗肉質酥脆，容易咬碎，適合齧食，但黃蔗又名臘蔗，硬如木棍，除非具有蔗石一般的利齒者，無法享受其高甜度蔗汁，所以很少人對其產生興趣，唯一例外是我丈姻公之遺老金水伯。每一個永光員工都認識這一位老先生，他用無牙漏風的福佬客語，向任意一個員工要求剁一節比較粗大的甘蔗給他都得以如願，甚至把甘蔗洗乾淨才交給他。金水伯把甘蔗擺在大石頭上，拿一個小石頭將其敲扁後，拾起吸飲蔗汁，此法無異於糖廠蔗石的作用，老人家之執著令人莞爾。

北埔鄉地勢山岳重疊，平地不多，水田僅有六百甲，甘蔗都栽植在灌溉不良的旱地，大部分使用牛車或人力板車運送。但數量不多而距離不遠者，有人把甘蔗擺在蔗擎（背負甘蔗時使用之Y形木架，ㄓㄚˇㄎㄧㄚ即扛架），用雙肩揹到糖廠來，其載重量超過一五〇斤甚至達到二百斤，個個力可拔山。永光糖廠在埔尾村中豐公路邊租有兩甲多旱田種植甘蔗，原料不繼時，可採收自營蔗田來調節進廠數量。

大坪造林六十萬棵樹

一九五四年初，大坪造林地開始植樹，大量杉苗由縣政府免費提供，現地雇工六十人，男女各半，男工負責掘地，女工跟隨後面植苗。我進駐大坪三星期指揮作業，依照岳父指示，植樹間隔定為前後左右六尺並遵守深耕淺植原則，由於伊灣寮柴木處理未完，我們先從興新林地開始，每日種植五、六千棵，作業進行甚為順利。這個時期，整個山林瀰漫著濃霧，能見度只有幾十公尺，我必須隨著工作人員移動，怕的是他們偷工，挖了小地縫就草率插苗或避開站立不穩或較多碎石的地帶等，以致影響杉苗的活存率和成長率甚至將來的林相，其間我大約一星期下山一次處理公司業務。舊曆過年前十天，我把五十一包一百斤裝赤糖運回觀音，一包是孝敬父母，其餘五十包委託父親銷售。父親對永光赤糖的品質大為讚許並立即把價款交給我帶回。從這一年起，運五十一包赤糖返鄉成為我每年舊曆年尾的例行公事。

舊曆年底前一星期，興新林地東側部分植樹完竣，面積約六十甲，由於面積計算是以底面積為準，所以山坡斜面的實際造林面積比測量面積大，概算種植杉苗約二十萬株。春節過後，在清理砍倒木完畢的伊灣窩植苗十萬，除了山塊頂部菌枝草茂盛地帶以外，伊灣窩的造林告一段落。一九五五年，完成興新林地西側斜面十五萬株的造林，舊有林木加上新植部分，岳家大坪林地的造林杉木達到六十萬株之多。

一九五六年，縣政府免費提供赤松樹苗，我申領二萬株在伊灣窩和興新林地菌枝地帶各植一萬株臺灣赤松，翌年再領取美洲濕地松（Douglas fir）三萬株種在興新西側嶺線部，至此大坪林地的造林作業大功告成。三、四年後，松林下堆滿一層很厚的松樹落葉所形成的腐植土，本來硬而瘦的淺表土變成鬆軟肥沃的深土壤，這是連岳父都始料未及的一樁驚喜。

姜阿新訪視林地。

植林完畢後，接踵而至的育林工作是不許稍有懈怠的漫長而辛苦之作業。我從事造林事業十一年，很幸運未曾遇到最擔心的病蟲害和山林火災，我估計滿十五年後，可以陸陸續續開始伐採造林木。相信我們的大坪林地是縣內管理最完善，發育最良好的模範造林地。

興新林地內有竹林四處，其中桂竹三處，各占地二、三甲，描眉竹（孟宗竹）約一甲。過去管理散漫，就近住戶盜採肥大竹筍食用，由竹林接近部落地帶的林相稀疏、竹身瘦小的情況可以推斷。我拜訪內坪村長范世耀先生，投訴少數居民在姜家土地恣意埋葬的不是，要求他在村民大會勸導村民不得再有同樣的非法行為，同時找村中僅有的兩家小雜貨店老闆黃丁伯和鄭源哥，請他們幫忙代為宣傳姜家將嚴加管理林地的決心和實際行動，村民本來也知道在他人土地濫葬是不道德的事，從此未再發生。

造林是岳父老本行，雖然中年以後因為事業繁忙而疏於親臨山地監督，但他對造林事業的興趣絲毫未減，每當我從山上回來向他報告林地實況時，老人家一定專心細聽，對每一個瑣碎事情都產生興趣，並垂問甚詳而且不斷吐露他過去所獲有關育林的寶貴心得，來補充我的經驗不足。造林是岳父和我的共通樂趣，因而變成我們的投機話題，我們經常針對山林經營談得心曠神怡而廢寢忘餐。我差不多每隔一年安排一次岳父的山林視察行程，選擇天氣涼爽的晚秋或初冬清早搭卡車入山，黃昏時刻回到北埔，年過知命而缺乏運動的岳父走山路十分辛苦，但他以無比愉快的心情走遍林地的重要部分。我勤於往返林地，不能明顯看出林相的變化，但林木的成長快速對偶爾上山的岳父來說，每一次都是莫大驚訝和興奮。

姜阿新戰後首次赴日本

一九五四年三月初，岳父戰後首次赴日本，滯留一個月間，一直住宿我堂舅父陳阿合先生位於東京新宿區西落合町的家。岩倉先生每隔幾日抽空出來陪伴岳父遊玩東京市內，或嚮導他前往靜岡縣考察產茶地以及三井農林會社設在藤枝市的再製工場等。岳父對東京不是完全陌生，日本全國產品及世界各國名牌商品應有盡有，當時臺灣尚無大型百貨公司，包括日本商品等所謂的舶來品全由正在各地新興的委託行供應而價格貴得會講話（喻貴得離譜），只要是在東京，岳父幾乎每日巡迴各百貨公司，為自己和鳴鐸兄與我各訂做西裝兩套及大衣一件，替岳母、鳴鐸嫂、麗芝各做一套成套西裝和一件大衣，以及購買大量其他在臺灣買不到的日用品，把三井支付的帳款一百萬圓花費殆盡，新臺幣對日圓的兌換率是一比十八，感覺上日本商品非常廉價也是促使岳父大肆採購的誘因，回程行李超重付費和稅關大敲竹槓自然難免，準備贈送親朋的十幾串珍珠項鍊遭到沒收是老人家最大的怨恨，唯十幾件高貴西裝和大衣襯裡繡有物主名字，因而免除高昂的關稅算是僥倖。岳父半世紀前在三越東京本店訂做的英國開司米山羊絨大衣，穿起來輕飄、柔軟而暖和，雖然款式已陳舊，我仍然愛惜穿用。

岳父在日本滯留一個月後，帶了一對兩個月大的杜賓犬返臺。行前一直在看有關養狗的書，也說過想要從日本買回一隻名犬，但萬萬沒有想到他真的說到做到，因為引進動物必須經過輸出國一定期間的檢疫，我認為一向怕麻煩的岳父，不太可能在人生路不熟的異國大都市，不憚其煩地東奔西走辦理檢疫手續。後來聞知，動物檢疫所設在橫濱市而該所不接受寄託，必須每日把小狗帶去接受長達一個星期的檢查才能獲得出口證明書，大忙人合舅每天抽空開車陪岳父到橫檳一趟並非易事，岳父為了自己的興趣給合舅帶來那麼大的煩擾，令我無比的惶恐。岳父回國時，我去松山機場迎接並向稅關提領兩隻小狗，背部黑色短毛，腹部深褐色，剪成銳角三

惠慶與日本帶回來的杜賓犬。

角形的雙耳靠膠帶來維持豎立，這是小狗尚未達到剪耳的年齡卻為了配合輸出而提前施以修剪的關係。尾巴也切掉，只留下根部兩公分長，很不自在地搖擺，頭部是楔子形，四肢細長，身材瘦小，體形呈正方形，走起路來步伐蹣跚，看來怪模怪樣，毫無名犬的架勢卻煞有其事地附有德文姓名的血統證明書。

轉戰埔里開闢阿薩姆茶園

作為茶業企業家，岳父非常注重茶葉的品質，而他這一方面的執著，幾乎近於做茶師父氣質的境界。岳父對茶業特別是紅茶事業的摯愛和熱情，使他投下鉅資整備最完善的生產設施並致力於培育優秀的技術人才。我敢斷言，同樣的茶菁經過永光茶廠製成的紅茶，其品質斷然與眾不同，就製茶的後天條件而言，永光不僅冠於全島同業，與亞洲其他紅茶生產國家相比也絕不遜色，我們的弱點在於先天的問題，亦即臺灣茶菁除了少數例外，大部分遠不如印度、錫蘭、爪哇等產茶國的原料品質，這是岳父始終無法突破的瓶頸。殖民地時代受到日本政府外貿政策的保護和三井農林會社的照應，以及戰後短暫性的全球紅茶嚴重缺貨時期，這個問題不構成切膚之痛，但是產茶國生產力迅速復甦，紅茶供應逐年恢復原狀甚至有超越戰前之勢，世界茶市開始失調而出現所謂的茶土現象的徵兆，身為國際茶市競爭漩渦中的製茶業者，加上長年涵養的茶師氣質，使岳父心中醞釀了在中部阿薩姆產茶區擁有生產能夠頡頏南洋紅茶的據點之強烈願望。

前文已說過，我從事茶業當初，全島茶業者除了規模較小的茶寮製造烏龍茶或包種茶以外，大部分都在生產綠茶。這個綠茶全盛時代大概從一九五〇年起到一九五七年結束，其間永光公司也被迫順從情勢而屈就於綠茶之生產。但岳父對紅茶的熱中和信心牢不可拔，在綠茶風靡全台時，推測綠茶市場的優勢不能持久，常常找機會為我講述自己做紅茶的經驗和心得，尤其岩倉一馬先生充分掌握各地紅茶特徵，使其在合堆過程中相輔相成而產生特別圓熟的（岳父的用語）香、色、味，藉以打出三井品牌而稱霸日本市場的事蹟，是老人家再三重複的話題，最後他一定強調希望我們將來能在中部或東部覓地推廣樹大葉大的阿薩姆茶，大量生產紅茶作為合堆之用，我相信浮顯在岳父腦海裡的遠景，必定是以岩倉桑業績為理想的藍圖。

永光再製工廠右側原為馬房，後來改為機器零件倉庫的背後，植有六十株簇聚而生的阿薩姆茶樹，高約二公尺，較粗的木莖直徑三、四公分，乃是岳父在日治時代引進的，當時樹齡約十五年。一九五四年早春，岳父指示何金哥雇工在秀鑾山背坡地打造面積約二千坪的梯式示範茶畑，並命我設法透過藍廠長昔日茶業傳習所同學林金水先生從日月潭附近取得六千株阿薩姆茶苗。在春霖綿綿中冒著大雨把茶苗種植完畢，可能因為如此，剛開始存活率幾乎達到百分之百，讓大家欣喜的同時，對其發育寄以莫大冀望，但事與願違，爾後的成長相當不理想，

覓得埔里茶廠用地的陳雲輝和姜阿新，身後就是興建中的埔里茶廠。

也許是氣候不合或是土質不適，與就近在來種（本地種）茶樹相比，發芽少、發育慢，三、四年後稀稀落落開始枯萎，六、七年後只剩半數，存活的部分樹勢不振，我們只好用青心大冇茶苗逐年補植缺落部位，最後不得不承認北埔的阿薩茶畑試驗完全失敗。但我做夢也沒想到，兩年後永光竟然在阿薩姆茶樹的產地埔里擁有一家規模不小的茶廠。

曾經受岳父資助選舉的陳雲輝先生原籍芎林石壁潭，天生靈心慧性，日治時代受臺北合會公司前身之大東信託會社社長陳炘賞識重用，擔任社長之得力助手。二二八事件當中，陳儀藉機恣意慘殺臺灣代表性知識分子，而陳炘首當其衝。失去絕對性靠山而本身只有公學校學歷的陳先

技師彭榮壽（左一）、司機魏世金（右一）姜鳴鐸（右二），在魚池紅茶實驗工廠。

生爾後懷才不遇，辭職定居夫人故鄉埔里，一九五三年底競選省議員失敗，有意覓地植茶歸農，但鑑於當時農林公司經營未上軌道，他擔心將來茶菁無出路，為了勸岳父投資設廠，建議岳父親自南下一趟，了解現地實情，以利進一步的策畫設廠事宜。

與岳父南下當日漫長的餐敘時間，陳先生談論有關茶業問題之內容，大致可歸納如下幾點：一、臺灣農林公司戰後接收日本人中村、持木、茂木三家茶業會社自營茶畑總共三百多甲，分布在魚池、日月潭一帶，大部分出租給茶農並收購繳納茶租以外的全部茶菁。二、埔里鎮東邦茶業公司老闆郭少三是臺北士林人，他從一九四〇年代開始，在埔里西南方丘陵地水雞窟一帶購地一百甲種植阿薩姆茶。三、近年來，有不少農家拓墾山坡地種植茶樹而且有逐年增加趨勢。臺灣製糖業在日治時代受到總督府保護而享有廣大日本市場，而今保護罩不再，已經無法與南洋一帶產地的廉價品競爭，蔗農生活每況愈下，前途暗淡。埔里鎮周邊，除了大面積台糖直營蔗田以外，私人蔗田也不在少數，他們有意改植阿薩姆茶，但以目前兩家茶廠的規模判斷，將來茶菁之出路堪虞，故而猶豫逡巡，不知何去何從。所以，如果永光公司能在埔里設廠，對他們將是一大鼓勵。

此一話題正合岳父胃口，一九三六年，岳父以超倫毅力克服惡劣條件，在全無原料的大坪山中建設大型茶廠，埔里雖然離我們根據地很遠，但其他狀況都優於當年的大坪，何況二重埔茶廠燒毀後的全套機器閒置在倉庫裡，企業心不減當年的岳父，交談之間有所決斷似地表示贊同，除了請陳先生代為尋訪適當的建廠地點，並當面命我研究全盤規畫。我學習茶業未滿兩年，只看其粗淺而未究其深奧卻受此重任，想到籌備資金、工廠規模、機械及動力、人事安排、茶廠建設之推行要領、製茶執照等大小問題，我緊張又興奮，因而輾轉反側，終夜無法入眠。

兩星期後，我們接到陳先生電話說，仲介提報兩處建廠候選地，希望我們親自下去看地並洽商買賣事宜。埔里鎮向西二公里處有一座外形酷似赤牛俯臥狀的小山，叫做牛眠山，山麓有一聚落，地名牛眠里，住戶是福佬人和平地原住民參半。接近牛眠里之公路旁右側種植落花生的長方形旱地約八百坪是我們的目標，永光終於在埔里盆地踏上第一個腳步。

我認為埔里設廠內含著相當不安定和冒險的悲觀要素，

永光埔里茶廠廠長彭水德及職員詹桂采。

南投縣府農林課林敬三技佐。

所以必須作萬一遇到不妙事態時，必須把傷害減輕到最少限度之考量：廠房規模縮小為最低需要面積，建築材料採用廉價的磚瓦木材等結構，預定把一九五二年燒毀的二重埔茶廠機器加以整修更生利用，棄熱風萎凋設備不用等都是為了盡可能減少支出所做的安排。

我詳細陳述我的想法，岳父雖然了解並肯定我的處事慎重，但無法完全同意，他說做事業本來就帶有一點冒險性質，經過幾番討論後，岳父大致採納我的意見，委任他的同年換帖鍾娘德先生按照我的腹案繪圖，一方面先把二重埔工廠餘燼中收回之堆積如山的各種機器運至臺北三重埔和榮鐵工廠整修的同時，積極推進各項建廠準備。

翌春三月初，我赴日一個月回來時，建設工事正在進行中，四月四日搭乘載運萎凋室器材的卡車趕往現場，工地正在進行舖蓋屋頂石棉瓦和牆壁之粉刷，外觀已經粗具廠房的規模，萎凋室與其他部分同樣有外牆並在側牆留有裝設排風扇所需的兩個大洞，可見岳父對人工萎凋之重視和堅持。娘德師是擅長建築的木匠師傅，以承造房屋為業，因為是自己人，岳父幾家茶廠的新建或修繕工程都由他承包，美輪美奐的豪邸姜阿新洋樓也是由他擘篙尺（建築總指揮），埔里工廠建造自然是非他莫屬。娘德師手下人馬，利用北埔茶廠寬大的空間，把新廠包括屋頂骨架、門、天棚、窗等一切木工部分加工完成後運至埔里現場，配合先行派遣的泥水匠的工作進度，一氣呵成地把簡陋但堅固實用的廠房蓋起來，委託和榮鐵工廠整修的機器安裝完畢，照明電燈架線通過安全檢查並獲送電，前後一百天，六月上旬埔里茶廠新建工程大功告成。我請在臺北聯絡處上班的G將詹錦川先生，向進口商洽購一部二十馬力發動機，G將送下來的是日本山岡製作所出品的ヤンマ牌（YANMA大型蜻蛉之總稱）臥型20ＨＰ柴油發動機。

發動機安裝完成，地基穩固後開動發動機，為廠內所有機器進行試車，確認全盤順利，我身臨其境，為新廠的落成高興，也為永光員工高水準的機械操作技術感到欣慰。

永光二重埔茶廠於一九五二年秋燒毀撤廢，灰燼中收回的各種機器損傷不大，事前運至臺北三重埔和榮鐵工廠整修完畢後，分批送至埔里茶廠待命。由於北埔地區春茶採收即將開始，我當天傍晚坐原車折返北埔，翌日聯絡和榮鐵工廠派遣技術人員去埔里著手安裝機器，並特請萬能師傅北埔廠長謝火兄和鬼才峨眉廠長彭榮壽撥空前往埔里廠協助和榮人員作業。當時預定安裝的機器有傑克遜式三十六寸揉捻機二部、解塊機一部、全自動烘乾機一部、熱風萎凋抽風機二部，以及傳動設備，此等作業並無特別難處，一週內裝設完竣，謝、彭二位師傅在北部茶菁盛產期到來之前能夠趕回自己崗位。

茗郁出生

茶菜特別香的年房（意指某個農產期間，在此指一九五四年）之茶葉盛產期，北埔一帶製造烏龍茶或包種茶的零細茶寮及生產綠茶的大小茶廠炒茶的清香隨著微風到處飄散，令人有飄飄欲仙的陶醉感。十二月五日晚上十一時半，睡眠中的麗芝突然開始陣痛，因為已經過了預產期，可能就要分娩，我立刻跑到北埔口再製工廠對面宿舍叫醒司機劉少滾開吉普車，帶她到新竹南鄉婦產科醫院。我的次女終於出世，母女安康，長女出生時頭髮前半光禿，但第二個女嬰有密厚烏溜溜毛髮。薄曉打電話回家報喜時，平常極少早起的岳父接聽說，生男生女都是一樣，岳母已經和蒂玉坐頭班車去新竹接班，我可以帶蒂玉回家休息。我生第二個女兒並不氣餒，但去年鳴鐸兄長女紅瑾出生，這一次算是第三個孫女，我擔心渴望得到一個孫子來傳家接代的岳父可能會失望卻反而由他來安慰我，使我心中舒展不少，不久，岳母和蒂玉來醫院時，麗芝和嬰兒已經睡在病房，我告訴她生一個女孩子，岳母笑著說，細賴仔、細妹仔都共樣（男孩、女孩都一樣），只求平順，不求其他，最高興的莫過於蒂玉，她知道自己有一個妹妹而歡喜雀躍，很想抱嬰兒，不得如願而大失所望。

我帶蒂玉回家，蒂玉興奮未艾，二歲半饒舌小女孩在車上不停提出有關小妹妹的各種問題，使我招架無力，同車乘客都微笑著聽她喋喋不休的兒語。這一年茶葉香，茶價好，我祝

次女茗郁表演花木蘭。

福新生女兒未來能像她出生年之北埔茶好年冬一樣地幸運和快樂，為她取名茗郁，她是我第一個姓廖的孩子。

北埔茶廠廠長謝阿火是從小做茶長大的老茶師，眼見街上有不少茶筍（茶芽）著燃，心不由己地技癢，我從他多次談論著燃筍的口氣，聽得出他在摩拳擦掌，而我自己也想要了解製造膨風茶的技藝，所以慫恿阿火哥選購最好的茶芽來做約十斤膨風茶，作為自家品嚐以及贈送知香者之用。一九三五年（昭和十年），三井農林會社想把臺灣值得誇耀全世界的膨風茶獻給皇室，委託永光製作盡善盡美的成品，岳父把這個重任交給阿火哥。據阿火哥說，製茶當天三井會社派一位茶師和一位課長來見證全部製造過程，阿火哥和另一位助手經過齋戒沐浴，身穿白衣，頭戴白帽，手帶白手套，口掛白口罩，在見證人和公司幹部環視下發揮他的高超手路，把事先精選好的著燃茶筍按部就班地做成最高品質的十幾斤膨風茶，六月天公曬大太陽，又要炒茶又要焙茶，大熱天全身被白布封住好幾個小時的情形下做茶，實在是倒楣得很。如果是日本人，有機會為現人神（日本人如此說）裕仁做事，一定是當做無比的榮耀而興奮得粉骨碎身都在所不惜，但阿火哥未把昭和天皇當做一回事，他的印象裡，那一次做茶是熱得難以忍受而全無製作獻上御茶之榮譽感，可見他皇民化的層次低得不能再低（根據謝阿火兄談話）。

一九五四年十二月，虛歲二十七的光陰消逝，我回北埔學習茶業、製糖、造林等事業兩年，未見端緒就被重擔壓得喘不過氣來，所幸岳父為我導師和後盾，蒙永光同仁之默默支持，總算把過去的陰晦拂拭，達成小康局面，但距離岳父期待和自己的理想仍是前途遙遠卻無確乎的信念，周圍說我充滿自信，行事果斷，其實我心窩裡始終盤踞著任重道遠的焦躁感。

這一年，我除了製茶以外，為了埔里新建茶廠的機器、動力、各項設備之安裝、試車，以及製茶許可證和工廠執照之取得等特別忙錄，因而很少前往林地。臺灣北部那一年遇到空前的大旱災，大半農田無水插秧，任其閒置，久旱不雨，使山谷枯渴，空氣異常乾燥，岳父以祈禱上蒼解除旱荒的心願，為隔年秋天誕生的長孫取名為姜百塘（鳴鐸兄長男）。

第八章

窮則思變

寶貴的副茶

一九五五年，永光這一年的業績全無可取之處，除了夏茶自製粗製紅茶二萬斤，其中一萬磅出口日本，另一萬磅熏灼松樹根製造煙茶以外，繼去年方式，接受美華茶行的委託製造綠茶，勉強賺取公司的維持費用。綠茶的銷售出口以及副茶，即不能出口的茶梗、風車尾（茶屑）、茶粉等之處理不關永光的事，但自製紅茶（正茶）出口後剩下的副茶必須自理。臺北有專門收購副茶加工處理的業者，他們把副茶重複剪篩或靠手工揀剔，拾掇可用部分賣給批發低級茶葉的業者。對他們來講，色香味等基本條件勝過一般茶廠數等的永光副茶是必爭之物，但那一夥人同業間好像有默契似的給價甚低，令我頗感不滿。

年約五十，滿臉斑白鬍鬚的禿頭大漢黃阿財是來自臺北的副茶業者。他最擔心永光的副茶被同業搶走，有事無事都隔一段時間來我們精製茶廠看看，差不多與他一樣肥胖的太太也如影隨形地跟在身邊。芎林客家人的黃太太說「大箍財」血壓高又愛喝酒，所以不得不跟隨保護他，但大家都知道阿財哥好色，因而老婆寸步不離。

當時精製茶廠業務由內兄鳴鐸掌管，我看副茶出庫傳票的售價是茶梗和風車尾每台斤二元，茶粉（收集之茶末、茶塵，又稱泥粉）才二角，直覺地認為可能另有更好的出路來代替賤賣副產品。副茶裡面茶梗之四成是木質化部分，風車尾是老硬茶菁的變身，唯有茶粉是茶菁揉捻或精製剪篩過程中摩擦所形成的純粹茶葉，卻只能賣比火灰便宜的價錢，我認為十分不合理。

我想起書中提到茶葉含有大量茶素（caffeine），是提煉咖啡因強心、利尿、興奮劑的最佳原料，我很快就查出有人在竹東鎮二重埔製造咖啡因而找到了劉錦明。劉出價每斤一元成交，後來他以永光茶粉成分高，提鍊咖啡因步留高於別家原料甚多而且產品醇美等理由，自動升價為三元。他說使用我們的原料有事半功倍之效，而鍊出的成品每斤一百多元（劉兄說的，但我不相信，聽說是五、六百元），所以多付二元不算什麼，只是他不說，我也無從得知，老劉算得上是蠻有良心的人。

茶粉找到適當的出路，但數量微不足道，對整體的貢獻不大，占生產物二－三％的茶梗才是問題。茶梗原是較老茶菁的蒂頭部分，受到加壓揉捻後，較嫩的邊葉部分脫離，剩下中間葉脈連接葉莖，經過烘乾以及剪篩後，莖部脫皮露出木質化的茶頭。茶頭形狀大小與葉脈部分所形成的茶梗相仿，除莖機無法將其識別去除，過去都任其混在茶梗賣給副茶業者。我把茶梗取樣三百公克，用手揀選分開茶梗和茶頭，得到的重量比是梗六頭四，我認為倘若有新機器出現，副茶茶梗的六成尚可再製參與出口茶行列。

這一年三月，我在日本藤枝市三井農林精製茶廠見到他們用最新出品的電極除莖機去除混在茶梗裡面的茶頭，其構造是先把茶梗充分乾燥後，進入快速跳動機，使茶梗和茶頭產生陰陽相反的靜電，利用不同電極相吸引原理，通過除莖機電極時使茶與頭分離。我看其除莖速度慢而且分離效果不佳，必須重複三次以上才能達到目的，經過多次高溫烘乾的茶葉難以保持香氣和原味，我認為不適合用來處理品質較高的茶葉。永光茶梗品質不算高，但香和味必須保持，何況新設備進口不易、價錢不貲，我的唯一考慮是找出第二個劉錦明來高價收購我們的副茶。

在地銷售茶梗進帳

那個時節，有一位住基隆的朋友贈送我一磅罐裝的走私立普頓紅茶（FOP），我在品茶室與永光的紅茶FOP（Flower Orange Pekoe）以及茶梗比較，判定永光FOP優於立普頓，茶梗形狀不能與其比美以外，色味香都勝於走私貨，因而信心大增。我想今後不必把茶梗整批廉價出售，將其分成小包裝，以比較高價格在本地和隣近鄉鎮推銷也許是可行之道，因為附近都是產茶地，居民普遍有喝茶習慣而且能判斷茶葉好壞。

此前一年的一九五四年夏天，我淡中同學達摩大師蔡垂茂、阿呆廖清泉、蔣介石何四海等三人突然來北埔找我推銷上市不久的新產品塑膠袋。我首次看到新產品樣本並聽取使用要領，認為其用處一定很多，尚未想出用途之前，先給他們捧場訂購相當數量大小口徑的現貨暫置倉庫，這次正好派上用場。

我請接任藍金輝廠長的鍾林森，把茶梗整形一番，用四寸口徑塑膠袋做二百公克包裝的茶梗樣品分給所有員工帶回試飲，請他們向親朋和左隣右舍推薦說，永光紅茶梗一斤包裝只賣十元。說也奇怪，北埔一帶出產紅茶多年，一般居民卻很少喝過紅茶，想是烏龍、包種歷史悠久而且用手工也能自製的關係。紅茶與烏龍茶本來就相近，同樣是發酵茶，所以一向嗜好烏龍茶的鄉人應該容易接受紅茶，何況以青心種茶菁為主的北埔廠出品紅茶具有烏龍茶同一系統的香氣與味道，我相信我的嘗試並非無的放矢。我們使用六寸口徑塑膠袋，包裝一斤（六百公克）紅茶梗擺在北埔茶廠販賣，起先銷路不如預期的好，但聞名而來的居民逐日增加，不少員工以優待價買回餽送親戚朋友，銷售量日益遞增，我們又以每包七元的批發價交給北埔、竹東幾家雜貨店代銷，我自己每年購買一百斤寄回觀音讓父親的雜貨店零售，水磜村人林炎生到了收冬季節就批購三百包以上送至南投縣國姓鄉一帶行商，後來也有機關學校採用永光茶梗，我們北埔及埔里兩廠產品剔出的茶梗全部在本地消費掉，此事不能算化腐朽為神奇，但每年能為永光多增加幾萬元進帳。

尋找罐裝紅茶的通路

岳父創立茶業公司開始生產紅茶的翌年，即一九三五年五月二十七日，適逢臺灣總督府開基四十週年紀念日。為此，總督府自十月十日起至十一月二十八日止，在臺北舉辦為期五十天的臺灣產業博覽會。岳父租用一個攤位宣傳北埔產紅茶並販賣四盎斯（ounce，一盎斯約為二八．三五公克）罐裝紅茶。當時內銷罐茶是三井紅茶的天下，初出茅廬的岳父不敢奢望能與三井、三菱等老牌相頡頏，主要目標是想要對外宣揚自古出產烏龍、包種的北埔地方如今開始製造紅茶而且是良質紅茶。在這個意義上，岳父似乎達到目的，因為此舉成為後來與三井農林合作的開

臺灣始政40年博覽會，是以北埔茶業組合參展的。

端，但聽說罐裝紅茶的銷路不甚理想（謝火師說）。我住北埔期間，岳家存有博覽會出品剩餘之一百多罐，鄉人相信陳年老茶有消痰化氣和止咳之神效，岳母應親朋懇求分贈出去，如今只留有幾個值得紀念的八十高壽罐裝紅茶而已。

自從投入茶業以來，我不知道什麼時候開始，無論何時何地，只要走進茶莊、食品店或雜貨店就會留意有沒有販賣紅茶，得到的答案是偶爾遇到裝在玻璃瓶秤量零售的店以外，從來未曾看見任何方式的包裝紅茶商品。我認為此事意味著喝紅茶的人不多而嗜飲者都向零售店購買散裝紅茶。

紅茶這個玩意兒原本就是東洋的產物，但日本東京貿易商明治屋在二十世紀

1935年秋天的臺灣始政40年博覽會。

1953年推出的永光綠色罐裝紅茶。許教授在垃圾堆發現，20年後送回的禮物。

初，繞遠從英國進口立普頓紅茶後，飲用紅茶的嗜好才逐漸滲透在日本人飲食習慣中，三井農林於一九二八年在臺北開始生產罐裝紅茶，以三井紅茶商標販售，使其普及全國（後來改名日東紅茶）。我在第二次世界大戰敗戰後十年外滙極端缺乏的日本，看到三井農林各種罐裝紅茶的暢銷情況，認識紅茶在日本人的生活中已經占據了牢不可拔的地位。

記得日治時期在大稻埕或城內（現博愛路、衡陽路一帶）的喫茶店豎立店外的看板價目表有咖啡三十錢、紅茶二十錢等標示，當時的感想是誰肯花那麼多錢來喝一杯不飽又不醉的東西，可是沒多久市面出現代用咖啡，聽說銷路不錯。所謂代用咖啡是把龍眼核炒焦打碎之贋品，可知進口杜絕後，喝咖啡上癮的人不少。戰後在高級食品店稀稀落落出現走私進口的咖啡罐頭，但未曾看到偷渡進來的紅茶。我念大學四年級時，偶爾為了欣賞古典音樂上臺北中山堂前的青鳥純喫茶，咖啡、紅茶價格一律三元，喝起來有切膚之痛（當時切仔麵一碗只賣五角）。戰後十年間，臺灣社會動盪，民眾生活不安逸，咖啡、紅茶等非必需品很難被一般家庭接受，我加入茶葉界的時候，仍然停留在喫茶店或高級餐廳專賣品的階段。

客家口頭語說，有人做戲就有人看，我想把岳父二十年前的企畫重整旗鼓，製造罐裝紅茶供給內銷，如果計畫和推銷得宜，飲用紅茶的習慣或許可緩緩地進入一般家庭也說不定，我同時考慮一起推出大眾慣於飲用的烏龍和包種，藉以引導民眾飲用罐裝茶的習慣，以利罐裝紅茶之推廣，此一構思如能成功，亦可有效運用農隙期剩餘人員及閒置設備，可獲一石二鳥之功。

岳父原則上同意我的想法，但不贊成一併販售罐裝烏龍茶或包種茶。他說永光以紅茶起家，製造技術和品質全島無匹敵，我們應該全神貫注推廣紅茶銷路，以免追二兔而不得一兔。當時精製茶廠倉庫存有埔里新廠未取得執照前試作的阿薩姆紅茶、經過精製之ＢＯＰ二千磅，我請姊夫詹梅谷先生參考日東紅茶的圖案，設計印製永光紅茶商標，訂購白鐵皮四盎斯罐，首先製造罐裝紅茶五百打。岳父對罐裝紅茶表現異常的熱心，親自參與製造，甚至直接下手貼標頭或包玻璃紙（賽璐玢Cellophane，擦水就可黏合）外裝。

商品，尤其新產品之推銷必須先用宣傳廣告打開知名度乃是做生意的初步知識。宣傳廣告必須投入大批資金才能收到效果也是常識。但永光財務依然拮据，我只能暫時仿照販售茶梗的方式，派人造訪竹東幾家食品店打聽有無經銷永光產品的意願。竹東一家糖果店和兩家食品店、北埔蕭瑞榮雜貨店開始賣永光紅茶，但他們只當做罐頭禮品盒裡面的襯飾，因而除了逢年過節略有成績以外，平時銷路不佳，我認為這是鄉下人比較不慣於飲用高級紅茶之故，所以很想在大市鎮尋找多家經銷店，靠其較大的銷貨能力，即使只當做禮盒的點綴，也能擴大相當的銷售量，這是我窮極思變的如意算盤。

一九五六年春茶，永光公司與臺北華茶公司合作生產綠茶，永光擔任製造，華茶負責調度資金及外銷。春茶季結束，永光收取製造費用，華茶計算銀行利息後，所剩利益折半，但數目不大。夏茶以降再度接受美華茶行委託製造綠茶，北埔廠照例生產紅茶二萬斤供作輸出日本和熏製煙茶之用。埔里廠從春茶開始生產，由於該地區茶產地大部分是新茶畑，產量不大，但魚池鄉承租農林公司茶畑的茶農，把部分茶菁用鐵馬運過來，讓我們能夠正常運轉。

茶廠運轉期間，每逢舊曆初二、十六是做牙（打牙祭）的日子，廠方援例出錢派一名女工準備三牲等祭品敬伯公（拜福德正神），晚餐由在廠員工一起分享拜過伯公的鷄鴨肉等其他簡單的菜餚，以祈求作業平安。食物不算豐盛，但有肉有酒，興之所至，有時山歌涯天，在生活質樸單調的當時，能給員工片刻享樂時間，尚不失為勞務者的小小慰藉。我上任後，利用舊曆八月十六日做牙之便舉辦賞月會，北埔廠和精製廠員工及總公司董事長以下所有職員集合在北埔廠前庭，賞月飲酒，那個時期茶季接近尾聲，進廠茶菁有限，傍晚差不多已經收工，所以大家都盡歡而散，爾後年年如此。這一年中秋，我被迫前往後龍外埔海邊掌海（國民兵海防勤務），觀賞明月的黃金時段，孤孤淒淒地站在墳墓荒地怨天尤人，想到此時此刻家鄉同事們正在茶廠廣場盡心暢飲的場面，又想起家裡大小望眼欲穿地等我回家，我歸心似箭，美麗的滿月徒然引起我的悲傷。但一個月的掌海苦役結束返鄉後我才知道，大家以我不能參加而且這一年是潤年，有兩個中秋為由，把賞月會挪後一個月，改在潤八月十五舉行。潤月中秋的月華一樣亮，但陽曆十月山城的氣溫相當低，戶外用膳不大適宜，只是我們不想破壞賞月氣氛，依照往例把酒桌擺在前庭。大概是這一年的秋天來得早，開宴不久，多人嫌太涼，特別是不喝酒的女工無法忍受，所以中途把酒席移到茶廠走廊繼續喝酒賞月，但宴會未完又有人喊冷離席，只好再把酒桌搬入廠內大廳，從此看酒不看月，嗜酒的北埔人表現本來真面目，個個生龍活虎地開始把盞，董事長不勝酒力退席後，划拳、客家山歌通通出場，菜罄酒竭而後已。那一年賞月雖然受到氣溫影響而一波三折，但我領會同事們對我的愛戴，乃是我最愜心的一次聚會。

首度赴日了解日本茶業實況

一九五五年，過了二十八歲的舊曆新年不久的三月，我第一次出國前往日本。春茶即將開始的緊要時期離開崗位顯然不甚恰當，但去年十一月初開始辦理的出國申請，經過各層主管單位多種關卡冗長而緩慢的公文往返和申請人的各處東奔西走，到了這一年二月中旬才拿到最後一紙符令——警備司令部發行的出入境許可證，倘若無此令箭，臺灣人民休想越出雷池一步，也不能進入自己國門，甚至無法購買臺灣通往國外的唯一航空管道——民航局經營的民航空運隊（CAT，中華航空公司前身）的飛機票。當時最大型四引擎螺旋槳飛機只能載客四、五十名，而且赴日班機每週只有兩三班，所以購票又是一個難題，礙於必須早去早回，我不得不忍痛購買頭等票。票價七千八百元等於當年一般公務員一年多的薪水，普通票也要五千

廖運潘和三井茶業部長岩倉一馬，於東京銀座。

元以上。

三月三日星期一下午，我拜訪設址日本橋三井二號館的三井農林會社茶業部，岩倉部長把茶葉課長齋藤禎夫介紹給我，然後帶我到社長室，向社長致意。年事已高的社長曾經長期在臺灣支店服務，對臺灣的現況十分關心，他表示有意大量使用我們公司的紅茶，可惜礙於日本外滙拮据，所以暫時無法如願，為此深感遺憾，我對社長表達謝意，並期待日本國力昌盛以利恢復自由貿易。

我百忙中抽空來日之目的，除了與三井農林會社業務上的接洽並處理一些帳務的同時，也想要了解日本茶業實況，作為臺灣茶業的參考和借鑑。此外，始終揮之不去對臺灣茶業現況以及未來的不安，使我隨時隨地都在用心尋覓可能改善永光公司事業體質的新事業。為此，我來日後每天看報紙廣告欄，意圖在推銷廣告中尋找適合引進臺灣或由臺灣輸出日本的商品，日常參觀百貨公司時也不忘目光如炬地物色值得我們借鏡的東西。

來日後第一個週末，我隨岩倉先生赴日本最大產茶地靜岡縣，參觀三井農林會社的茶葉精製工廠並考察茶園和多家民間粗製茶廠。我們從東京車站搭午後開往大坂的東海道線快車，傍晚抵達靜岡縣藤枝市，下榻藤屋旅館。藤枝是德川幕府時代江戶（東京）通往京都之幹道東海道的宿場町之一（古時德川幕府在總距離六百公里的東海道沿途設置宿驛五十三處，又稱宿場供旅人住宿、休息，後來發展為商業聚落而稱為宿場町）。三井農林的茶葉精製廠設在這個小都市內。

藤枝市是挾著舊東海道、由東向西延伸之細而長的市鎮，藤屋位於街道中心附近，是舊宿場旅籠屋（客棧）的後代，僥倖免於戰火燒毀的木造兩層樓房雖然老舊，但良質木材結構看似十分堅牢，日本人長年不斷的磨擦工夫，把柱子、欄杆、地板、樓梯磨成黑亮，充分表現出該旅籠屋歷史悠久。

第二天星期日，我隨岩倉桑到三井農林藤枝茶葉精製廠。茶廠面積不小，精製用機器規模卻不大，主要作業是三井農林在國內銷售的看板商品日東紅茶的製造包裝，雖然是假日，包裝部門照常上班趕工。那個時代的包裝作業仍舊以手工操作為主，純白工作服清潔整齊的幾十個女作業員排坐在很長的皮帶傳送機兩旁，以熟練的動作按照順序分工處理包括秤量、裝罐、封蓋、貼商標、裝箱等過程。罐裝茶依品質高低裝成白罐、紅罐、青罐，另外有鋁箔紙包裝叫做德用品之比較廉價的一種商品，各級罐裝又有大中小之分，小的一五〇公克，中的三〇〇公克，大的四五〇公克即一磅裝，據說小包裝最暢銷。

這個時期正逢日本戰敗後的復興期，各種工業原料、石油或糧食等物資必須仰賴國外供應，但出口商品卻不多，因而外滙需求非常迫切，日圓對美金滙率固定為三六〇圓對換一美元，相當有利於出口，政府嚴格管制外滙並想盡辦法獎勵輸出產業。在茶業方面來講，一般日本人生活尚未穩定，綠茶消費量大不如戰前，政府鼓勵業者設法將其輸出國外或改為製造紅茶供作外銷。岩倉桑言，日本茶原料不適於製造紅茶，可能因為品種、氣候、土質等關係，發酵過程不理想，製造出來的產品，色、香、味俱不佳，茶湯色薄、無香、味淡、無一可取。發酵過程中的茶葉不變紅而接近烏黑，看起來很像堆肥，所以業者嘲諷為堆肥紅茶，想要外銷恐怕難上加難云云。

岩倉桑邀我在品茶室泡他們以貧乏的外滙輸入的印度、錫蘭、爪哇、臺灣等各地紅茶，品茶台上也有幾盤日本紅茶的樣品。來自南洋的紅茶品質固然不錯，我們永光的紅茶是北埔廠特選青心烏龍和青心大冇兩種茶菁製造的夏茶產品，別具一格。日本紅茶則如岩倉桑所說一無可取，名副其實的堆肥紅茶。我說日本紅茶雖無特色，但似無很大的缺點，能否作為增量材（日語：等於客語堆底茶）之用，岩倉桑笑而不答，頗有天機不可洩漏之貌。

岩倉桑到廠後，陸陸續續有製茶業者來訪，在會客室與岩倉桑洽談生意。日本的春茶從五月初旬開始生產，他們是來推銷去年的庫存或是預售新年度產品則不得而知。

下午，住靜岡池新田村的製茶業者開車來接我們去參觀靜岡縣茶業試驗所，以及號稱東洋最大產茶地牧之原的多處茶園及製茶工廠。據茶業試驗所所長言，該試驗所成立七十多年來培育茶種超過一萬種，其中不乏相當優良的茶苗，但只適合製造綠茶，戰後業界迫切要求能夠生產良質紅茶的品種但仍在摸索中，目前交配出幾個新品種，其中命名紅譽者較有希望，已經把茶苗分送給各地茶農試植並期待有良好的成績。樣品櫥擺放了採用紅譽茶菁在實驗室使用超小型揉捻機製作的紅茶樣品。所長帶我們到品茶室，一位女職員泡幾個紅譽樣品供我們品評。雖然是初出茅蘆，但在茶廠兩年間的實際經驗讓我學到了一點皮毛，我認為新產品味薄色淡而欠缺香氣，唯一可取之處是茶渣較紅，不帶堆肥般的烏暗色，倘若大量生產仍能保持同一水準，可以當作拼堆之用，亦即可當調整品級或增量材之用。離開試驗所後，我向岩倉桑報告我的感想，岩倉茶業大師只管點頭而未表意見。兩年後，三井農林在九州最南端收購大面積土地種植紅譽茶苗，並在枕崎建設規模不小的紅茶製造工廠。

日本最大茶葉產地靜岡縣，平原上一望無際的大面積茶園和碩大茂盛而整齊的茶樹排列令人歎為觀止。在臺灣，無論平地或山岡，只要有些些平坦且能引進滴水的土地就闢為稻田，茶樹大部分種在陡峭的山坡地，一般副業性的茶畑經營幾乎不注重肥效管理和水土保持，所以茶叢瘦小難以旺盛。相反的，日本茶園在平原或緩和的坡地，專業茶農的耕耘施肥和周全的剪枝整容及除草，使茶樹發育成枝粗梢旺的蓊鬱大茶叢，之前，我一直無法理解臺灣茶菁單位面積產量為何達不到日本四分之一，及至親眼見到靜岡茶產地一排又一排的長龍大茶叢立即釋然，茶叢大四、五倍，產量也多出四、五倍，就是這麼簡單的道理。茶廠規模不大而且都是生產綠茶的設備，包括蒸氣殺青機（日本不用炒鍋殺青）、改良型望月式揉捻機、電熱或柴油烘乾機等等，其生產能力一天可能不超過茶菁三千磅，大致上都是把自家茶園出產的茶菁製成粗製茶賣給茶葉精製廠商為原則，由於茶廠生產能力和原料數量相配合，日本茶產地並無惡性搶購原料或粗製濫造等事情，而這卻是永光公司戰後所面對最棘手的問題。

一九五六年十二月二十二日清晨，麗芝在洋樓居室分娩了第三個女兒，她是我夫妻頭一個在家生產的嬰兒，助產士是北埔最老牌產婆老羅先生娘，就是麗芝摯友羅月慧女士A將尊堂。三女面貌相似長女蒂玉，但密緻黑亮的頭髮與蒂玉出生時的日本武士式髮型大相徑庭。岳父替她取名惠慶，有一點男孩名字氣味，想是岳父冀望麗芝早日舉子之自然顯露，後來我發現中華民國有一位著名外交家叫做顏惠慶。

惠慶誕生，我們房間人口略嫌稠密，岳母建議我一樁人搬到老屋裡院的房間住，麗芝與我也有此意，於是岳母請泥水匠劉輝師和木匠金水師，把雙連間土磚屋徹底整修一番，翌春舊曆年過後遷入我們親子五人的新窩。房間雖然不能與洋樓的富麗堂皇相比，但素淨整潔，空間寬闊，甚合我意。老屋前院原先高聳著一棵一九三〇年岳父紀念麗芝誕生種植的福州杉，兩年前樹根遭到白蟻蛀食開始枯萎，岳母委託製材廠將其鋸成木材，這一次裝修工程全部派上用場而物歸原主。後來四女慧美和兒子顯文也在這個老屋房間降世，五女惠琳在竹東彭婦產科醫院出生，惠慶是我家唯一在姜阿新洋樓誕生的孩子。

惠慶和LULU在洋樓花園。

永光蔗田變成北埔初中

一九五八底，永光公司北埔糖廠結束營業，十二月中旬點燃糖竈蔗粕開始煮糖，月末煮糖師傅把最後一鍋糖膏撥入糖槽耙散後，北埔糖廠完成了使命而步入歷史。

北埔糖廠創立之宗旨，與其說是為了賺錢，毋寧說是為了扶植耕作旱田或山坡地的農民，間接亦有救助失業人口的潛在目的。第二次世界大戰後由日本回國的留學生、海軍工員、軍需品工廠技工或從中國大陸及南洋戰地遣返的臺灣日本兵或軍屬軍役等有數十萬人，但在臺日本人返國後的各級機關學校、日產公私營大小企業的遺缺大部分被國民政府接管，接著又有

姜阿新座車停在北埔糖廠前。前排左起姜幼瑾、廖慧美、廖惠慶，後立者是巫秀美小姐。

大批大陸難民蜂擁而至，因而失業人口不斷增加，家住鄉間的農家子弟返鄉幫忙家業，但耕地面積不變而勞動人口遽增，導致勞力過剩。北埔鄉地勢山岳重疊、平地少，水田僅有六百甲而且是山岡看天田（無灌溉系統、全靠雨水耕種的水田）居多，如無大面積貯水池或充足的雨量就無法種稻，製糖原料甘蔗耐旱力強，適合種在旱田，甚至可以利用斜度不大的山坡地開闢蔗田，有助於解決剩餘勞力的問題。地方人士彭水德、蕭瑞榮、姜重烇、陳漢清等人向岳父商量建設糖廠，獎勵鄉人栽植甘蔗。企劃成熟後，岳父把種植椪柑的一甲半柑園廢除，建設北埔茶廠的同一時期，在建廠用地內的邊緣角落蓋了占地三百坪的北埔糖廠，並與北埔、峨眉、寶山農民訂定負責代工製糖契約，以鼓勵鄉人栽種甘蔗（當時叫做甘蔗契約栽培）之外，糖廠本身在埔屋村租賃兩甲多田地種植甘蔗，一九四七年初冬開始生產烏糖（黑糖，又稱紅糖）。

一九四八年十二月，北埔糖廠開工製糖，安排原料、絞蔗（榨蔗）、燒火等工作，其他大小雜務一切由處於閒月的茶廠員工擔任，唯有煮糖工程屬於特殊技能，必須另請高明。家住寶山鄉的煮糖師傅盧傳寶帶領一批子弟兵前來上陣，蔗石開始運轉，蔗汁送入糖鍋，燒火間竈孔點燃蔗粕，甜蜜的蔗糖清香很快就瀰漫廠房並且慢慢地飄溢擴散至整個北埔街，令人感覺初冬的小山城格外溫郁和祥。糖廠日產量依原料甘蔗的含糖度而異，平均大約是一百斤稻草袋裝四十包、亦即四千台斤左右，年產量又依植蔗面積之增減有所消長，我記得大概是二千至三千包之間，唯有一九五二年三灣銅羅圈糖廠機器故障，將其契約甘蔗委託我們加工，因而增加到五千包。但一九五三年北埔鄉發起建立初級中學而公推岳父為建校委員會主任委員，選定永光蔗田為校地優先候補，岳父慨然放棄耕作權，讓鄉公所將其收購，率先出錢以外，捐贈大批檜木建材使北埔初中順利誕生，但北埔糖廠從此不再有直營蔗田，大大地減少了烏糖生產量，犧牲可謂不小。

北埔糖廠產品有其絕對性的優點，顏色非常漂亮，幾乎接近淡黃色而且味道特別清甜，所以名聲好，當銷頭（銷路好），我推測那是因為甘蔗生長在瘦地而且使用堆肥的關係，我曾經在竹東和中壢看到多處雜貨店貼有「本店販售北埔烏糖」的廣告紙條。可惜一九五四年以後糖價低迷，黑糖十五％的重稅卻不能減免，

永光蔗園成為北埔初中時的景況。

姜阿新協助建校的北埔初中。

使蔗農慢慢失去種甘蔗的意興，因而進廠甘蔗逐年遞減，我們估算一九五八年的產糖不超過一千包，因此決定這一年生產完畢後，把糖廠關閉，北埔街從此不再有飄蕩的蔗糖甜香。

若以生意人的立場來講，北埔糖廠從開始就沒有經營的價值，第一，設備過於簡陋，生產效率太差。第二，縮水變成三成半的加工酬金再扣十五%貨物稅，剩下不到三成。第三，糖廠必須負擔電費、燃料費、包裝費，機器、器具、工具消耗、工資（五位煮糖師傅的工資特別高）等，除頭去尾根本無利可圖。

當年北埔巷間有一句謎語，兩個人相遇，問起生意做得怎麼樣或打牌輸贏如何時答稱永光的糖廍（糖廠），謎底是賺絞。客語絞字與玩同音，即是說沒有賺錢，只賺到玩的機會，以永光經營糖廠不賺錢，只是絞甘蔗玩一玩來比喻徒勞而無功。實際上岳父在事業處於巔峰的時代投入一個他完全外行而且微不足道的小小落後事業，我深信他主要的動機是想要幫助地方產業，根本沒有把賺錢放在眼裡，這是他一貫的作風，永光製糖本身雖然不獲利，但在那個長期不景氣時代，對地方經濟或多或少帶來潤澤是不爭的事實，永光董事長當時之用心良苦，鄉人不察，竟將其當做諷刺材料。

一九五九年三月十六日午前九時，四女慧美在老屋新臥房降世，產婆阿田嫂為嬰兒接生。阿田嫂四十出頭，高大

姜麗芝和廖慧美、廖顯文在花園。

全家福。

而強健，她是北埔派出所警員李阿田先生夫人。阿田哥早在一九三五年前後，曾經是觀音派出所巡查，所以我七、八歲時就認識他。爾來二十幾年，換了一個朝代，他仍是一個中華民國巡查，他為人老實，做事認真而穩健，但做了四分之一世紀警察都不能升遷而雌伏在故鄉，除了他是臺灣人以外，我想不出其他任何理由。嬰兒頭圓面圓眼睛大而圓，頭髮密而黑，容貌最像麗芝。埔里茶廠依照往年三月初開始作業，但麗芝產期接近，我無意久留在外，只能隨運煤車往埔里，在工廠過夜，翌日搭載粗製茶車回北埔，所以分娩時，我能在旁陪伴婦娘。連生四胎女兒，麗芝有一點沮喪，我安慰她說生男生女都是一樣，我不在乎，妳也不必難過，何況妳哥哥已經有兩個男孩，相信老人家也不會介意。我生第三個女嬰時，幾個朋友用你是好心人或不必擔心，多生幾個總會碰到男孩之類的話來揶揄我，但這一次無人對我說風涼話，想必是大家判斷我一定很失望，所以不忍開玩笑，怕傷到我的心，這是以凡人之心度君子之腹，我斷無重男輕女的觀念，即使有人說無聊話，我也能坦然處之。

第九章
永光的難題

做生意或做慈善事業

為了茶菁價格問題，我至少有兩次與岳父激烈辯論的記錄。

一九五八年三月下旬，我在南投縣埔里鎮的新設茶廠協助春茶作業，廠長是明治天皇彭水德，技師是彭榮壽。埔里廠設在鎮西牛眠山麓。我們的原料區域屬於新生茶區，產量有限，因而不得不吸收鎮東以及隣鄉魚池、日月潭一帶的茶菁，該區大部分是日治時代日本人直營的阿薩姆茶畑，戰後由臺灣農林公司接收並出租給當地農民耕作，茶農依照租約繳納實物，其餘的茶菁也賣給農林公司魚池茶場。那個時候的農林公司財務困難，上年度茶菁款未付清，新年度又賒欠，而且收購價格偏低，茶農為了求生存，除了繳納畑租以外的茶菁不得不另尋出路。埔里鎮另有一家叫做東邦的茶廠，該廠在西邊小埔社擁有自營茶畑一百甲，製茶能力也不如永光埔里廠，因此我們得到漁翁之利。起初，比較接近埔里鎮的紅仙水、牛洞、挑米溪附近茶農用腳踏車載運茶菁到廠來試賣，不久出現多位茶菁販子，在日月潭周邊魚池鄉茶區大量收購茶菁轉賣給我們，其數量在盛產期遠超過我們工廠的製造能力。

埔里廠一天二十四小時的茶菁消化能力是八千斤，勉強一點可容納一萬斤，但連續幾日進廠量超過一萬二千斤，按照正常加工速度，每日勢必剩下二千多斤原料無法處理，而茶菁擱置時間不能太久。前一天進廠的舊原料未處理完畢，新的茶菁又進來，每日累積剩餘原料愈來愈多，加工原料的鮮度越來越差，很可能嚴重損及全季紅茶的品質，此一事態迫使我非做出徹底解決困境的決斷不可。最簡單的方法是停收茶菁一天，但這可能使茶農走投無路，而往後仍要靠他們提供原料，所以此路不通，何況他們也可以把早一天摘下的茶菁混在第二天新摘原料一起送過來，讓我們解決累積原料的前功盡棄，我想唯一可行之道是以減少工序的做法消化源源而來的大量茶菁，所引起的品質惡化和步留減低之損失由茶農分擔一部分，換句話是要大幅降低收購價格。

當時我們的採購價格是一台斤最高二元一角而農林公司訂價為一元五角以下，我打算把價錢降到一元六角，這樣茶農大概不會賣給農林公司，茶販子照樣得以謀取一點利益。我正在思考這個問題的那一天下午，岳父從北埔搭自用車抵達工廠，滿廠到處是茶菁，員工忙得團團轉是他老人家最中意看的光景。他興致勃勃地聽取我報告有關春茶作業的情況，但我說到降

廖運潘在埔里茶畑，1955年。

價的不得已措施時，岳父立即強硬反對並指斥我如此做法會迫使工廠關蚊（變成蚊子館），我堅持想法說，目前最理想的方法是停止原料進廠一天，以便消化累積原料，然後再收購新鮮茶菁，但此法行不通，次等的辦法是依然讓原料進來，但為了順利解決過量的原料而採取縮短製造時間的方法，例如，縮短萎凋時間，甚至不經過萎凋即施以揉捻，原來三次的揉捻次數改為一次，發酵時間也酌量縮短，只要烘乾就算製造完成。如此粗製濫造出來的紅茶，形狀、香、味都不太理想，再製步留的犧牲更大，這一些損失要茶農負擔一部分不算刻薄。降價後收不到原料以至於工廠關蚊之疑慮恐怕未必，我蒐集了各茶區的情報，判斷最近幾天茶菁將持續盛產，因此若不採取斷然處置，工廠可能被茶菁淹沒而產生大量堆肥，其後果全由我們承擔，會導致無謂的損失。

我的說法理路井然，岳父無從反駁，但不難看出他心中之不平。埔里的茶菁都是傍晚以後進廠，明治天皇按照我指示宣佈翌日起每斤降價五角，幾個人合雇一部大卡車滿載茶菁進廠的茶販們紛紛說如此廉價買不到茶菁，聲稱明日不運茶來並退還借用的茶袋以示言出如山。

茶販們的裝腔作勢使岳父坐立不安，把我叫出外面，勸我三思而行，我請他放心，並叫一位工人查點收回茶販的茶袋。岳父遠道而來，應該很疲勞，我建議早一點回旅社休息，但他照例在工廠待到午夜，離去前還問我今日的決定有無缺憾，我說大概沒有問題，再者本廠員工連日加班趕工，個個力竭筋疲，萬一明日原料不來，讓他們輕鬆一下，未嘗不是一件好事，岳父聽我此言拂袖而去，我住在工廠附屬的簡陋宿舍裡。翌晚，平時茶販進廠的時間未見他們蹤影，岳父開始焦躁，大約慢一個半小時，兩部老爺貨車蹣跚而至，茶販們辯解說茶袋不足，裝袋費時因而來遲，當天原料收購數量比昨日增加了將近三成，單價便宜四角，岳父眉開眼笑，說我料事如神。

翌年，一九五九年四月中旬，我駐埔里茶廠一星期督導春茶作業，搭乘運茶卡車返回北埔，晚上十二時抵達北埔茶廠時，意外發現廠內到處堆滿茶菁，看報表的數字，當天進廠超過二萬斤，前一日的數量也是相差無幾，我認為是異常現象。因為北埔除了永光和兩家較具規模的茶廠以外，另有幾十家大大小小的無照工廠或茶寮從事生產包種或烏龍茶，那一些業者直接分散在茶山一帶占了地利，把北埔地區生產茶菁蠶食一大半，送至永光的茶菁很少超過一萬斤，害得全島最大的北埔茶廠經常原料不足，有時不得不向茶販收購來自上坪寶山等地區的外地原料，所以按照過去統計，那一個時段不應該有那麼多茶菁進廠，我直覺地判斷一定是包種茶等大倒市（市價大跌，所謂的茶狗屎現象）。

北埔廠通宵運轉，我在二樓萎凋室找到值夜技術員黃子琪，問他原料突然大增的原因，黃不很清楚，但知悉很多茶寮停收茶菁靜觀茶葉後市。我回家時岳父未睡，我報告埔里廠概況後，隨即主張北埔、峨眉、大坪、田美等北部四個廠應該把收購單價同步調低六角。老人家同情茶農的論調依然，各廠必定唱空城計的疑慮不變，即是說他不贊成，因而我不得不費盡唇舌來說服他。我說茶菁價廉值得同情，但其原因在於國際茶價低廉之外，政府匯率之剝削才是元凶，我們在商應該言商，生意有賺也有虧，能賺時不賺，虧損時拿什麼來彌補。茶農、茶販也是看準誰家價高就賣給誰，這是人之常情，只有麻布樹排楊興伯一個人是例外，他的茶菁不多，但無論多少都要親自拿到永光來。這兩天驟增的茶菁本來都不是要賣給我們的，永光茶廠擁有特大生產能力，等於是為了養兵千日用在一時，這無異於生意上討價還價占上風絕無僅有的好機會，這一次不降價而盲目吸收原料，立即出現之大量生產所帶來的品質和步留的損失，又要我們來負擔，所以我們不能行宋襄之仁（春秋時，宋襄公與楚戰，公子目夷請攻其陣勢未整，公以君子不困人於阨而不聽，待敵方布陣後出擊而大敗，世人笑以為宋襄之仁）來貽誤商機。因為有埔里廠去年的實績，岳父不再反對，翌日各廠原料每公斤調降一元，等於每台斤減六角，但北埔廠進廠數量反而一日超過三萬斤，這是建廠以來的最高記錄，其餘三廠也占包種茶慘跌之利而收購量大增，這一季春茶完畢，經過再製後很快就全部賣光，我算出春茶毛利超過一百萬元。

膨風茶在倫敦茶市賣出好價錢

一九五九年的夏茶，北埔地區茶山受到浮塵子蟲害，不少茶樹產生著燃現象，這個茶農劫難卻讓北埔地方生產不少真正的膨風茶，所謂的著燃笱是嫩芽剛剛萌動即被大群浮塵子吸走葉汁以致失去成長力而即將枯萎凋落，從而呈現赭紅色看似茶樹著火的蟲害茶芽，乃是最高級烏龍茶（又名膨風茶）獨一無二的原料。著燃笱價錢固然高出一般行情十幾倍，但茶笱短小，比重輕，產量減至最低，故而得不償失，茶農視其為畏忌，勢必設法盡早採摘，以減輕損失，但蟲害蔓延迅速，因而北埔茶廠收購原料裡面摻有不少輕微著燃的茶菁，未加工前即馥郁芬芳，製品之色、味、香絕佳。我認為這一種逸品之精製作業，盡可能保持其原貌特色為妙。森哥照我的意思，小心翼翼地篩出長條ＦＯＰ十五箱（約一千磅）和ＦＢＯＰ二十五箱（約二千五百磅），其樣品經過怡和洋行送至倫敦茶市參加拍賣（Auction），每磅報價ＦＯＰ十二美元，ＦＢＯＰ十美元，未幾傳來照價成交的消息，令我無比的興奮和自豪，也讓岳父大人對我這個初生之犢刮目相看。當時臺灣紅茶出口價格每磅大約〇・二五美元上下，永光產品也不過〇・三至〇・三五之間，我們從大批製品中抽出精華賣出三十倍高價而不影響其餘部分之售價，換句話說，上揭四千磅之所得等於一般紅茶十二萬磅的金額，這種前無古人，可能後無來者的破天荒成績由我這個半桶水來達成，值得驕傲，只是礙於當年國民政府美金官價偏低，我們不得不申報官方認定之最低價格每磅〇・二一美元結滙，以免損失黑市與官價之差額，這是公然違法，但不得公開宣揚，因而鮮為同業所知，乃是美中之不足。

然而，其餘大量夏季紅茶售價未必特別高，此乃臺灣紅茶戰後的宿命使然。

開源節流的生存之道

外國產茶年收成平常或歉收可能招致臺灣茶金之來臨，但一般臺灣紅茶畢竟在品質上較遜色，所以只能屈就於外國紅茶的混合物或增量材，因此出口價格之漲幅相當有限，永光產品以"Hoppo"（北埔的日文發音）商標在倫敦茶市略有名氣，但出口數量在整個市場來講是無足輕重，故而不受重視，"Hoppo Tea"雖然銷路和售價都領先同業許多，但其差距與產品品質之差異不成比例，顯然對我們有失公平。但在外國人進口增量材的立場而言，先求價廉後求物美是理所當然，此乃永光紅茶除了高級品以外難獲應有尊重的理由。於是我考慮把過去一心一意想要提高品級的作

永光茶廠的招牌復刻產品。

法，改為收購價廉而品質平常的同業製品當做永光紅茶的增量材，以降低出口成本的可行性。我把這個構想報告岳父，他即將前往日本做戰後第二次訪問旅行，考慮幾日後，在松山機場才給我答覆，叫我放膽去做。

關西鎮東昌茶廠老闆羅吉垣綽號桶哥與我有一面之識，所以有一天藉臺北走山路回北埔之便，在關西停車造訪東昌茶廠。當時縱貫公路託美援之福，全線舖設柏油完畢，行車安穩而快速，一般都愛走海線（縱貫公路），但竹東方面的車子必須先走完往新竹市十六公里路程，比起經過九讚頭、關西、龍潭再往中壢接上縱貫公路的路線多出十公里，山線彎曲狹窄，路面未舖裝柏油而砂塵沖天，但通行車輛少，蒙塵的機會不多，距離短十公里可節省油費之外，沿途山川景色優美是我偶爾取道山線往返的理由。

東昌茶廠是道地的家族工廠，羅氏三房不分家，全體家眷住在工廠後方樓房大宅。桶哥是大房長子，其父及二叔已經去世，三叔健在，但由桶哥當家負責一切內外業務。工廠運轉時，一家大人細子總動員參加生產行列，工廠賦閒時，退後各忙家事和農事。關照三十多個人生活的重擔落在桶哥雙肩，可知他的腰力強韌無比。東昌廠房不小，但建築簡陋而且不具人工萎凋設施，唯機器設備一應俱全。

桶哥說工廠是茶葉傳習所畢業的已故二叔羅慶任建造的，可惜叔父四十幾歲就病故，所以他才不得不扛起這個重任。他們工廠也有簡便的精製設備，這一年春茶應臺北貿易商要求精製部分產品，對方僅取ＢＯＰ形狀者，因而留有五千斤茶角（Fannings）庫存，我對其品質不滿意，無香又無味，這是關西春茶的本質，無可強求，但製造技術方面似無顯著瑕疵，我認為我們的產品容易掩蓋或彌補其缺點，由於桶哥索價不高，當場成交。

茶角之產生來自茶菁揉捻或毛茶剪篩過程中，老硬茶菁或毛茶篩上（以手工挑揀）是其主要來源，但亦摻有不少嫩葉被擠碎而成者，形狀零碎因而茶湯濃厚是其特色。前已細述，我為了使ＢＯＰ外觀比較均勻並讓茶湯顏色變成更濃的同時降低成本，把大量碎茶加在ＢＯＰ裡面獲得相當的成果，而碎茶是取自茶末之較具粒狀者，取走碎茶之茶末近於茶粉，不合茶腳規格，如無適當的安排，可能淪為副茶賤賣，桶哥的五千斤茶角立刻派上用場。關西產品色香味不足但粒狀多，永光茶末與其摻合，互補長短，正好兩全其美。五千斤等於六千六百磅，我將其湊成一萬五千磅，以每磅〇．二四美元報價而〇．二三美元成交，部分是廉價商品，一大部分是利用低品級茶合堆而成之產品，所以這一批生意做得不錯，更重要的是讓我認識關西茶葉的品質，助我領悟利用同業產品拓展更大銷路的一絲曙光。

這一年夏季開始，我陸陸續續採購東昌產品，其夏茶品質比春茶良好，尤其關西栽植黃柑種居多而其特色是茶渣紅，我本來就不太期待關西茶的香和味，只要製造過程按部就班，不偷工減料而不具異香怪味等缺陷，我認為可以摻進永光茶當做合堆之用，至於摻入比例多少則視雙方實際品質而定，我的願望是不損及Hoppo Tea品質甚至不影響售價的原則下，藉關西較廉產品來降低輸出成本以增加我們的利潤，而夏茶出口成績不錯，大致能達成我的目標。六月白製茶開始不久，關西另一家大廠錦泰茶廠老闆之一的羅慶熾來訪，推銷他們的紅茶。我之所以稱慶熾兄為老闆之一是因為他們也是家族茶廠，老父健在被尊為老頭家，膝下四子擔任實際工作都是頭家之故，這一家族企業老闆們的註冊商標是禿頭，在他們廣濶的廠房內，一眼就認得出老闆在何方。

一九五九年茶季結束，永光公司製茶及輸出相當順利，總合自營廠北埔、大坪、田美、埔里，加上關西東昌、錦泰、宏光三廠製品，我們的出口量約占全臺灣輸出總額的十分之一，在出口價格來講，夏茶六月白特殊高級茶以外的普通品級紅茶也是差強人意，年末結算成績輝煌，把所有負債清償尚有不少剩餘，岳父命我發給員工六個月獎金，但我認為永光倉廩未實，爾後茶市景氣未卜，故而建議減半，岳父准我意見，下令會計各人發給年終獎金三個月。

永光當年發放三個月獎金，不但對員工家計有相當的幫助，對長年蕭條的北埔市曹，也不無小補。

喜獲一男

一九六〇年二月八日，麗芝分娩第五胎，終於獲一男嬰，內兄膝下有百塘、百林兩個男兒，岳家不再有承嗣問題，所以我徵求岳父同意，將兒子歸於廖姓，按照我們塘背武威堂輩份排列（國泰民安逢景運，文經武緯振家聲），取名顯文。我長女蒂玉出生滿月之日，岳家舉辦了盛大酒會，鳴鐸兄長女紅瑾和長子百塘誕生時也是一樣，但後來內兄次男百林與次女幼瑾，或麗芝相繼生下茗郁、惠慶、慧美都不做任何慶祝活動，乃是依據物以稀為貴之原則，顯文滿月宴客二十席，除了上述原則外，也充分顯示當年尊男輕女之風熾。貴賓很多來自廖家親朋，難得出遠門的大姑媽說顯文很像我小時候，家住平鎮的父親堂妹「嬌屍姑」菊妹也特地來向我道喜。

一九六二年十月二十八日，我家第六個孩子，五女惠琳在竹東彭祖信婦產科醫院出生。之前五個子女都在打早（清晨）誕生，唯獨她是下晝頭（下午）降世。麗芝懷孕第六胎時，岳父母期待她再生一個男孩來冠姜姓，以達到其早期願望，但事與願違，生下的又是女嬰，二老有一點失望，我夫妻體諒老人家心意，為滿女冠姜姓。麗芝自從一九五二年至一九六二年的十年間生六個子女，是時我虛歲三十五，麗芝三十三。

廖顯文，於洋樓花園。

選舉恩怨何時了

一九六〇年底第五屆縣議員選舉，北埔、峨眉選區名額二名，北埔鄉二人，峨眉鄉一人參選結果，何禮杞最高票當選，北埔鄉另一候選人姜煥蔚先生同時上榜。何兄是永光公司董事長秘書，自一九五五年開始擔任北埔鄉民代表主席，這一年獲得董事長同意資助全部競選費用，並動員所有人脈輔選，使其登上新竹縣議會議員寶座，從此一帆順風，自第五屆連任四屆議員，在第八屆任期剩下一年的一九七五年十二月三日猝然去世。

此前之一九五六年，岳父堂弟姜崇熹先生出馬競選北埔鄉長，對手是彭派魁首彭瑞鳳先生。岳父出錢出力，以壓倒性票差贏得選舉，使崇熹叔穩坐兩屆八年的鄉長職位。由於法令限制只可連任一次，如若不然，崇熹叔極可能乘勢一直連任下去也說不定。岳父對姜鄉長和何議員之大力助選是因為兩位都是自家人而義不容辭之故，但長時間對其他多位選舉人之援助，我認為是他天生的正義感使然。日本敗戰時，岳父對國民黨政權抱著莫大期待，以為從此脫離殖民地枷鎖成為一等國民，因而對來臺接收的國民黨人殷勤有加，投入巨資參與國民黨創辦的《中華日報》。一九四八年國民黨舉辦全國立法委員選舉時，積極糾合客家鄉親，扶翼半山黃國書當選，成為黃後來當上萬年國會議長的基點。

與一般臺灣人一樣，岳父沒多久就對占居全臺灣官衙高官及公營事業幹部的國民黨人普遍性貪瀆、分贓、結黨營私、官官相護等等非為亂作大失所望，繼而憤慨，在蔣介石白色恐怖統治時代之敢怒不敢言的情況下，逐漸趨於後來的黨外傾向。一九五一年秋，臺灣省政府主席吳國楨成立省議會時，岳父帶著黨外意識參選的同時，資助永光臺北分公司總務課長張芳燮競選而雙雙當選第一屆省議員。岳父當省議員後接觸國民黨大小幹部的機會更多，了解國民黨人之內幕更透徹，眼見臺灣人議員趨之若鶩，自知孤掌難鳴而淡出政界，爾後出錢出力後援具有黨外傾向的候選人。

國民黨在臺灣實施局部性地方自治的一九五一年起，岳父最早支援的是第一屆新竹縣長朱盛淇。朱先生參選第二屆縣長期間，我們家每日門庭若市，餐桌客滿，投票當天午餐炒米粉、煮鹹菜豬肉湯，不分敵我無限量供應投票人，此景在爾後許振乾先生競選省議員時重演。這是岳父比較明目張膽的助選活動，至於其他黨外候選人如鄭鴻源先生（縣長，落選）、林維洲先生（縣長，落選），何禮棟先生（省議員，當選），陳木枝先生（鄉長，當選）都有量力而行。

嗅到洋菇干新商機

一九六〇年初，北埔郵局採行鄉下郵局極罕見的人事異動，在北埔勤務多年的本地人綽

洋菇合作社。

號「郵便海」之陳阿海老局長奉命調臺北市松山郵局，而苗栗縣通霄人蕭正直先生來北埔接任新局長職位的同時，帶來洋菇栽培新技術，為長久以來無法利用農閒勞力從而缺少副業收入的山城帶來一縷新的光芒。一九五〇年代後葉以來，偶爾聽到本島中南部農村有人試植洋菇而慢慢成為時興之說，我較早時期也在日本雜誌讀到戰前少數農家利用陸軍騎兵聯隊之廄肥（馬糞）栽培洋菇相當成功的記事，而對此一新興產業持有濃厚的興趣。

洋菇人工栽培始於十九世紀初之法國，經過歐美各國一個世紀以上的改良，其栽培技術在一九三〇年代已經到了無懈可擊的地步。第二次世界大戰後，日本積極引進先進技術，一九六〇年代已經有相當的產量，而其九成以上是屬於農家副業。臺灣農工業在日治時代（一八九五－一九四五年）的五十年間突飛猛進，戰後脫離日本版圖後仍然直接或間接受到日本技術的嘉惠，洋菇栽培亦不例外，蕭局長擔任通霄一家菌種場代言人，獲得彭清欽老先生、陳天賜、黃阿福、葉國土等地方熱心人士及北埔農會產業推廣人員的協助，成立北埔洋菇生產合作社，積極推進洋菇栽培的同時也推銷菌種。

我未曾參與洋菇生產合作社活動，但對此新興農產加工業興致勃勃，依例在臺北書店購得一本洋菇栽培與加工為名的日文山寨版，一氣呵成讀完。對其內容不求甚解卻注意到整本書的最後兩行字躍然紙上，給我天外飛來的啟示。那兩行大意是據說猶太人古來就有吃洋菇干的習慣，這幾個字後來讓我找到一個商機，雖然未發大財，但對公司財務不無小補，更重要的是能化腐朽為神奇，對臺灣菇農的收入給予一點貢獻。

洋菇生產合作社成立之後，有不少農家響應，接受推廣人員之指導，在第一期水稻收割後，開始啟動栽培菇床堆肥之調製，所需材料主要是稻草，先把稻草切成二十公分長，用水充分灑濕後堆積加硝石灰二％液，以後每隔五天翻堆一次稻草，再陸陸續續添加硫銨、尿素、過磷酸鈣、碳酸鈣等金肥（日語：用錢買的肥料），半個月後堆肥製造完成。

這一階段工程在炎熱氣候下進行，相當辛苦。然後就是把堆肥以二十公分厚度擺在菇舍內木架之分段式竹床上，以備後續洋菇菌種下種等作業，其間，菇舍消毒、室內換氣、溫濕度調節、防蟲防疫等工作十分煩雜，洋菇栽培並非一蹴可幾的家常便飯。我時常偷閒走訪就近作業現場，斷斷續續觀察本身都不太純熟的菜鳥菇農堆肥調製的過程，菇舍設施、消毒作業、菇床佈置、菌種定植、覆土、灑水、濕度、溫度調整、防病蟲害、發菇過程，甚至採菇要領、菇床管理等等，把長時間學習的知識連貫起來，不知不覺中我也變成紙上談兵的洋菇栽培半可通。洋菇發育的適溫是攝氏十七度到二十度，在北埔方面，十二月到三月期間正是採菇期，頭一年雖然經驗不足，但收成可算差強人意，新鮮洋菇初見於菜市場以外，洋菇生產合作社聯繫中部罐頭工廠收購北埔洋菇，讓菜鳥菇農發了一點小橫財，也讓洋菇生產合作社人員士氣大振。

一九六一年夏，眼見上一年度新試菇農的成績，及合作社之鼓吹推廣，鄉中跟進種菇者漸增，農家禾埕忙於堆積稻草或翻堆灑水加肥，促進發酵製造堆肥的光景到處可見，十二月產期到來後，經常有中部罐頭食品工廠的小貨車來載運洋菇生產合作社收購的新鮮洋菇。這一年度聽說合作社靠菌種、肥料、消毒、殺菌藥劑等之銷售，獲得相當的利益。其間，中南部多家大小罐頭工廠銷售歐洲各國的洋菇罐頭大受歡迎而供不應求。

一九六二年，洋菇栽培勃興到了狂熱的地步，北埔洋菇合作社成員認為有必要成立自己的罐頭製造工廠，但建廠工程緩不濟急，眾議推薦常務理事彭清欽老先生造訪我岳父，交涉租用永光公司閒置的北埔糖廠，並以象徵性的廉價租金，與洋菇合作社簽定為期一年的租約。

加入製茶事業以來，我一直痛感公司組織的茶廠經營與絕大多數家族形態的茶廠營運方式相比絕對不利，最大原因在於前者基本員工是全年雇用，而後者基本員工之大部分或一部分是不必支薪，只負擔生活費和零用錢的家族成員為主，兩者人事費用差距尤其在每年五個月的閒置期為大。因此，我一直在尋思足以填補冬季閒置員工薪資，以及公司開銷的額外收入之道。但公司財務長期以來並不富裕，幾乎無餘力增加設備投資，所以我的思考方向限於利用現有廠房及機器設備，以及空閒人力甚至技術力，以廉價而豐富的原料來生產少有競爭從而附加價值高的新產品之如意算盤。

為了順應上述方向，我第一個想到的是乾燥蔬菜，在各地蔬菜盛產期的產地價格暴跌時，大量收購過剩蔬菜，利用製茶乾燥機加工乾燥，再將產品輸出到缺少蔬菜的國度。我們公司在太平洋戰爭時期曾經有把茄子、番薯片、高麗菜等其他多種青菜烘乾交給臺灣食糧營團做為軍糧的經驗，所以設備、技術都不成問題。這個設想在一年後，先以蒜頭粉、蒜頭片，後以洋菇乾等產品，讓我夢想成真。

洋菇合作社獲得岳父同意後，立即著手企劃整備工廠，採購製造罐頭最起碼必備的鍋爐、封罐機、脫氣箱、高壓殺菌鍋、蒸汽鍋、冷卻槽等機器設備，勉強趕上原料洋菇採收期。取得工廠執照生產洋菇罐頭二千五百箱之配額，並悉數經由貿易商外銷歐美市場。

第十章
雪上加霜

峨眉茶廠獨立

一九五八年春茶前，永光公司與怡和洋行臺北分公司簽訂製茶合作契約，約定年度產製一百萬磅以內之紅茶，指定售價、委託怡和向國外銷售，由怡和預付官定出口底價之生產資金。這一年的生產銷售順利，但獲利有限。鳴鐸哥事先得到父親同意，從春茶開始獨立經營峨眉茶廠，而生產之毛茶依然運回北埔精製廠，在其親自指揮下，按照自己的方針另外精製裝箱，但仍以永光名義出口。翌年茶季快要結束時，鳴鐸哥在峨眉廠後面空地加蓋鋼筋混凝土雙層廠房設備，以吉豐名義另行登記公司，以便達到從茶菁到裝箱出口一貫作業的目的。其實北埔精製茶廠全年生產能力超過二百萬磅，處理永光加吉豐雙方毛茶綽綽有餘，一方面峨眉茶廠面積不大，故而無法設置出口包裝場，所以精製完成的產品必須運至北埔再製廠裝箱（震動式裝箱機）才能出口，峨眉廠增設精製部門毫無意義，在財務全無餘裕之情況下，可謂不智之舉。

一九六〇年起，峨眉廠登記為吉豐公司，用Gabi（峨眉的日語發音）或Susan（獅山的客語發音）的商標向歐洲茶市場進軍，同時租用竹東宋高榮茶廠，迅速提高其生產量。可惜一九六一年起東南亞紅茶產量逐年遞增，世界紅茶市場供過於求，使先天處於弱勢的臺灣茶步入所謂茶土甚至茶狗屎的長年困窘狀。永光和吉豐均受重創，尤其後者不自量力的逾分投資，未獲其利，即自食惡果，由於其建築以及增加設備所需約一百多萬元完全仰賴高利貸資金，每月利息負擔不貲，卻遇到茶市不景氣，一開始即陷入以債養債的窘境。

一九六一年，永光和吉豐仍然依靠怡和洋行的資金生產紅茶，但以全球茶市商情不看好為由，怡和洋行勸告我方減少產量並盡可能降低原料成本，以及壓低茶菁收購價格。但這是談何容易的事，戰後來臺的國民政府無視於植茶面積全無擴張的實情，濫發製茶工廠執照，使茶廠數劇增三倍、生產能力遠超過茶菁的產量，僧多粥少的情形下，原料價格居高不下，故而出口成本相對於國際茶葉行情偏高，自然招來嚴重的出口衰退，茶土、茶狗屎的陰晦開始籠罩了茶山天空，而且事態看似愈來愈嚴重。唯有日本三井農林株式會社升任社長的岩倉先生依然對永光製品賞識和愛顧有加，在其十分有限的進口外匯中，照樣撥出一萬磅紅茶出口底價的配額購買永光紅茶。十二月初，岳父戰後第三次赴日重溫老友情誼的同時，收取超過底價雙倍以上的巨額差價，並且享受一個月的遊覽旅行。

客運風雲

一九六一年十二月十九日，新竹汽車客運股份有限公司假新竹總公司二樓會議室召開股東臨時會，當時岳父正在日本東京拜訪三井農林會社岩倉一馬社長，無法親自與會而派我出席。常務董事許振乾先生主持股東臨時會，許派所推薦的候選人自然全數上榜，岳父連任董事，姜家瑞金叔公新任監察人。新任董監事選出後馬不停蹄地改在總經理室閉門舉行董監事會議，同儕閒人無法窺視會議動靜，但不久傳出滿場一致選姜阿新先生為新任董事長的消息，此事完全出乎我的預料之外，後來推想或許岳父出國前已與當事者達成默契在先，但當時對我來說是事出匆遽，所以為事態之嚴重而茫然。

連任常務董事的總經理許振乾先生命我向岳父發送賀電，恭喜當選新竹汽車客運公司董事長之職。岳父年輕以來的結拜兄弟五人，陳鴻增、蔡崑松、林家榮、三位年歲大於岳父而且早年殞落，唯獨許振

姜阿新當選新竹客運董事長，右為夫人，後為許振乾總經理。

乾少於岳父許多（一九〇八－一九六三），兩人雖非同胞卻如兄如弟，年輕到老始終如一。家族來往猶如至親，麗芝於戰前就讀新竹高等女學校時寄宿振乾叔家，日本戰爭失利，美機空襲頻繁期間，許家子女英憲及淑慎疏散北埔姜家，姜家仍留有不少日治時代振乾叔家族在姜家充滿親密而溫馨的合照。聽說先前意圖強行奪取客運公司經營權的某來臺外省要員未能得逞而懷恨在心。二二八事件爆發時，許先生受其陷害，險遭逮捕，在星夜千鈞一髮間脫身走避北埔，岳父不顧一切將他庇護在山區佃戶家迨至雨過天晴，平安躲閃了無妄之災。

新竹客運公司為創立於一九一九年（大正八年）的臺灣軌道株式會社之後身。一九四五年八月十五日，日本向盟軍無條件投降，臺灣回歸祖國，臺灣人由日本人改變成中國人。一九四七年元月，國民黨政府將全省日本公私營事業及其資產，以及民間企業和私有財產加以接收，新竹客運原來股份的一大部分屬於日人所有，因而變成官股，旋於一九四八年元月，政府將全省日臺合資經營之汽車客運公司官股出售給民股經營，同年四月完成改組，成立了民營的汽車客運公司，改選陳性、姜阿新、許振乾等十一人為董事。以上是新竹汽車客運股份有限公司誕生的沿革。

旬日後，岳父由日本返國，許總經理伉儷以下新竹客運幹部十幾位在松山機場迎接新董事長，美麗的遊覽車小姐向岳父獻花，場面熱鬧而充滿溫情。從那一天開始，岳父連日至客運公司與總經理及主要幹部商議新舊體制利害衝突的實際問題而席不暇暖。

姜、許兩家往來親密而溫馨。

新竹客運總股份三萬，陳、許兩陣營各執股份三分之一強，但陳派多為陳姓家族，董監席數及擔任要職者居多，由於陳某為所欲為易於得逞，故而受其他股東垢病。另一方面，許先生為人端正，做事認真，公私分明，一介不取，深獲多數股東及公司同仁之信服和愛戴，不能永遠容忍陳派人胡為亂作乃自然之理。最終雙方不顧一切正面衝突，兩虎相鬥必然兩敗俱傷，倘若善後處理不得圓滿，可能造成不可收拾的局面，經過地方有力人士調停，雙方達成的條件是陳派完全退出經營。但許派必須以實價的近雙倍價碼購買陳派全部股份，爾後井水不犯河水，各奔前程。

岳父原有持股一千股，但改組後竟然增至四千股，經岳父告知後，我默默無言。岳父心平氣和地對我細說決定大量增加認股的理由。一、身為全部董事一致推薦的董事長，他想要成為最大股東以表示對公司經營之自信及決心。二、自己與許總經理情同手足，許需要協助，他義不容辭。三、高額增資股款將由許總經理代為張羅，你不必操心云云。岳父心意我了解，但非完全信服。

岳父所需增資金額將近二百萬，當時無論金融機關或私人借貸的利息都是貴得驚人，我大約推算每月負擔之利息金額，頓時感到大難將至的恐懼與無力感。

詎料一九六三年冬日振乾叔驟逝，雖然岳父心裡曾預感振乾叔可能不長壽，但未料想到事情會那麼早發生而且來得那麼突然，由衷之痛使他茫然自失，默默無言。十二月八日，岳父以姜董事長的身分在新竹市中山堂主持許總經理振乾先生公祭，繼而選任許先生遺孀許楊金涼女士負起總經理職務之重擔。楊女士是許總經理原配去世後續弦的繼室，小丈夫十八歲。從此以後，岳父去新竹客運上班的頻率顯然減少。

土法煉鋼賣蒜頭粉

一九六二年夏茶結束，六月白茶季未開始的觀望期間，有一個外鄉人騎自行車、滿載大蒜，在北埔大街小巷到處叫賣兜售，龍頭前掛一枚木牌寫著蒜頭一斤一塊錢幾個大字。我對蒜頭價格沒有概念，但直覺地認為相當廉價，所以向那個叫賣的福佬哥買一小袋蒜頭，真正用意是想要向他探得有關蒜頭的知識。我得到的回答是，去年蒜頭缺貨而價格大漲，所以彰化海岸線農民爭相擴大種植面積，以致今年產量大增數倍，此物不能當飯吃，雖然一部分對外輸出，但數量有限而且品質要求嚴格，因而滯銷嚴重，尤其是和美鎮、伸港鄉情況最糟糕，每一家農戶都堆滿蒜頭網袋而憂心忡忡，如果無法銷出，夏天過後將自然發芽，變成廢物。想必這一位福佬哥是特別機警而勤快的人，他兄弟三人雇一部大貨車，把家裡全部存貨和三部腳踏車載到竹東近郊、以前當兵同袍之農舍寄放，兄弟三人每日分頭騎車到處推銷，此策深中肯綮，不出十天就把滯銷的蒜頭出售所剩不多云云，福佬哥的一番話，讓我獲得天來啟示，這也許是實踐經濟原則，化腐朽為神奇，以最少代價來牟取最大利益的好機會。

我向福佬哥多買五斤蒜頭提到北埔廠，請北埔茶廠謝廠長把蒜頭切片乾燥，然後打碎製成蒜粉。茶廠設有一天能焙乾茶葉成品二千公斤的大型自動乾燥機兩部，卻沒有試驗用的小型乾燥機，更無迷你粉碎機。但一星期後，廠長把塑膠袋密封的淡黃色粉末交給我，若無其事地說，這是你要的東西，品質是否合格則不得而知。這一小袋約半公斤的粉末就是謝火哥做出來的蒜粉試作品，透過厚質塑膠袋尚能聞到強烈的蒜頭香味。我想這個其貌不揚的淡黃色粉末如果找到出路，或許可以獲取相當的利益，也能給予滯銷發芽可能變成廢物的蒜頭一條生路亦未可知。而我如意算盤的期望寄託於維也納香腸生產工廠。

維也納香腸是手指般大小的細長型香腸，當時在臺灣未曾看過，但過去兩次日本之行，常見在酒吧喝威士忌酒的日本人以此物當下酒菜。我殊途同歸，發現其帶有強烈的大蒜味而甚合我意，因此遇到賣蒜福佬哥時，立刻聯想到東京酒菜，並忖量把滯銷廉價的大蒜製成蒜粉推銷到歐洲市場之可行性。其實想要銷到歐洲並無任何根據，只是因為小香腸號稱維也納，所以推測其可能是德國原產，故而順理成章地想到歐洲而已。

我把蒜粉的一半分裝成十個小塑膠袋當作樣品，囑臺北辦事處詹錦川先生（G將）寄出給歐洲各地食品進口商試探反應，沒想到很快就有三家客戶向我方要求報價。接到來自G將的好消息，我思考少量試作品無法算定正確製造成本，品質亦難以代表大量生產的製品標準，所以決定購進一定數量原料來進行實際製造試驗，藉以決定標準品質並蒐集各種試作資料以算定產品之直接及間接成本。但我們必須事先解決生產過程以及相關的生產機器問題。生產過程，我考慮分成：切片、乾燥、粉碎等三個步驟。關於切片機，我認為尋找適當的現成機器可行，倘無現貨亦可要求鐵工廠打造一部，由於切片的目的在於將原料切薄，使其方便烘乾，只求切片功能有力快速，不需顧及切片的形狀好不好看，所以應該不難找到。

事實上，後來我們在市面上買不到適合我們使用目的的現成貨或中古品，只好與埔尾賴鐵工廠老闆商量，請他按照我們使用目的設計製作一部切片機，結果價廉而物美，完全符合我們需求而且零故障，只是鋒刃的材質硬度稍差，所以停機磨礪頻率較高。乾燥過程似無任何問題，我們可以利用製茶的乾燥設備，最後的粉碎工程看似比較麻煩。起初我考慮採用研磨機把經過乾燥的蒜片磨碎，我先用家裡做粄用的磨石做實驗，馬上發現不可行，因為蒜頭本身含有不少油份，磨碎的蒜頭尚未成粉末前先擠出蒜油，使磨石上下座黏著卡住無法動彈。此事給我的衝擊可謂不小，因為我已經證明一般研末機可能對蒜片不管用的事實。我問阿火哥蒜粉樣品是用什麼道具磨成粉的，他回答是把漢藥鋪的鐵撞臼和「研槽」交替使用而成。這個答案對我好像沒有什麼幫助，我們總不能用玩具般的器具來達成大量生產目的。我碰到很大的難題，為思考解決之道，一整天坐立不安。

我的思緒是在探討如何不擠出蒜油而把蒜片打碎成粉的方法，但門外漢的臨陣磨槍徒勞無功，我把難題丟給阿火哥，火哥也想不出好辦法卻告訴我說，他曾經見過紅毛泥工廠（臺灣水泥公司竹東廠）把結塊的水泥成品透過長大滾筒與大小鋼珠一起滾轉粉碎的過程，我直覺反應認為此法或許能幫我們解決窘境。我迫不及待地騎五十ＣＣ本田機車到新竹向賣舊五金的古物商廉價購得大小尺寸的報廢滾珠軸承（ball bearing）一堆，將其載回拆開取出鋼珠，然後把適量乾燥蒜片和鋼珠一起放進裝茶鐵罐，將其握在掌中，以盡可能的快速搖晃滾動，半小時後把實驗品倒出來看，蒜片泰半變粉，其餘是碎屑，我認為此法可行的同時，相信在精製茶工廠閒置多年的八部綠茶著色機這一下終於有了復出的機會。

取名綠茶著色機的八角型滾筒，其實並非染色用的機器，而是把篩切整形分類完成的各級綠茶添加一些滑石粉，在滾筒內滾轉，藉滑石粉的滑性及綠茶之間的摩擦，為綠茶製造光滑亮麗外觀，是增進賣相之綠茶精製過程中最後一道潤飾工程的機器。但一九五七年春季綠茶停產後，不再有用武之地而退隱在精製廠倉庫角落。

我們先把一部滾筒機搬來北埔茶廠接上動力，另一方面再向蒜頭哥買二、三十斤蒜頭，動員幾個閒人手工切片，使用乾燥機熱風烘乾，經過若干時間完全散熱後，放進滾筒內與磨光的鋼珠一起滾轉，每隔一定時間停機觀察其粉碎程度，並研究決定粉狀的篩目（一英寸長的紗網之網目數，例如一英寸長有二十個網目就叫做二十目，能通過這個紗網的粉粒叫做二十目粉狀）。試作階段很順利，我們按照試驗資料細算成本，附上正式樣品向德國買家報價每公斤單價二・二美元ＦＯＢ（Free on Board，船上交貨、離岸價格），對方還盤（Counter offer）二元成交一萬公斤，總價二萬美元。買賣成立後我立即指示精製茶廠人員將倉庫內的其餘七部滾筒機全部搬到北埔茶廠、安裝在揉捻室，另一方面命臺北聯絡處徐元制赴萬華地區專門買賣報廢機器零件的五金行搜集大小粒鋼珠一百公斤。翌晨，我乘車長驅直入彰化縣臨海蒜頭產地伸港鄉及和美鎮，找到一位張姓中盤商，以一公斤一元五角單價，購買其一萬公斤存貨並約定翌日運至北埔茶廠交貨。成交價格一元五角等於每台斤九角，比福佬哥叫賣價格只便宜一角，但品質略勝於叫賣哥，所以我認為價格尚屬公當。賴鐵工廠製作之切片機試車通過後，我們即時開始蒜頭切片作業，將蒜片撒佈在二樓萎凋室萎凋棚進行約攝氏四十度的熱風乾燥，幾天後滾輪機安裝完竣，鋼珠到貨即日開始製粉。蒜片進行乾燥期間充滿蒜頭香味，滾筒運轉時鋼珠敲擊聲相當熱鬧。

永光公司大量收購大蒜的消息很快就傳遍各地，因滯銷而愁悶不堪的蒜農或囤積現貨苦無出路的中盤商等紛紛找上門來求售。我們選購四萬多公斤，北埔茶廠的所有空間堆滿了裝蒜的網袋。差不多兩個月後，我們製完一萬公斤成品，每二十公斤裝入厚質塑膠袋，再以五褶厚紙箱包裝出口。當時外匯政策已經改為活動匯率，每美元值新臺幣四十元，而我們蒜粉每公斤直接成本不到售價的四分之一，毛利超過三十萬元。對茶業受到前所未有打擊的永光財務給予一服（日語：一帖）清涼劑。

烏雲蔽日

八月中收到出口日本的紅茶一萬磅和高級烏龍茶一千磅的信用狀，但膨風茶只能備足六百磅，由於出口底價未規定高級烏龍茶項目，所以兩種產品都以紅茶底價每磅〇・二一美元計算，結匯金額為二二二六美元，匯率一比四十折算新臺幣約九萬元。我推算實際價款，以過去交易紅茶單價〇・五〇美元計算，應為五千美元，而高級烏龍茶單價每磅三十美元估計為一萬八千美元，總共二萬三千美元，即是說我方留在日方之溢價有二萬多美元，折合新臺幣八十萬元，而此一金額等於岳父嘔心之作——北埔洋樓，當年抵押給銀行金額的兩倍之多。

這一年晚秋的一日，突然接到僑居日本東京的合舅的國際電話說，仄聞三井農林岩倉社長月前中風病倒住院，現在略見好轉返家靜養的消息。進一步打聽得到的結果是說，病情已經穩定下來，但不能言語，有待後續醫療云云。我即用電話向三井茶業部長齋藤先生問候社長病況，齋藤卻含糊其辭，似有難言之隱的樣子。此事對我們是晴天霹靂，除了岳父與他之間的友誼之外，萬一岩倉社長無法再起，我們將失去將來臺、日貿易正常化時的最大最有利於我的貿易靠山，甚至今年夏季出口兩批上等茶葉的結算恐怕有觸礁之虞。

左起姜嗚鐸、青木先生、陳阿合先生、姜阿新、廖運潘。

因為當時日本外匯非常缺乏，故而管理甚嚴，進口業者為活用其有限的外匯配額，採取低價結匯而尋找其他管道補足實際價格之差額的手法，是多年來雙方公開的秘密。我不清楚對方所採取的手段，但推測是用特別會計即是日語所謂的裏金（裏がね-uragane，在商業交易，除了正式付款以外私下收受的金錢）支付是十拿九穩的。現在仍然時有日本各級自治體都、道、府、縣、市、町、村等自治行政團體積蓄被檢舉的報導，企業團體盛行斯道是自然而然的事。既然名為裏金，其支配必須謹慎，不能光明正大而為，所關聯的人愈少愈好，而且不能為人所知為原則。過去我們唯一的接觸人岩倉桑得重疾而且不能說話，萬一無法痊癒，我們不知如何是好，想到這裡，我不由得心亂如麻，意氣消沉。我將此事報告岳父，老人家臉色遽變，不發一語，他的心事，我思過半矣。

岩倉桑爾後的病況並不樂觀，公司讓他離職，我們只能祈求蒼天保佑岩倉桑康復。如若不然，我們的帳款問題恐怕解決困難。聞悉岩倉桑病倒當初，我有意到日本了解詳細情況甚至如果允許就把帳款收回，但當時申請出國手續繁雜費時，況且必須交易對方發行的招聘狀及在日生活保證書方能提出申請，所以岳父認為應該靜觀岩倉桑病情之推移後再作進一步的打算，很少有自己主張的鳴鐸哥也表示同樣的意見，我本身也並非有確實的勝算和自信。此外我正在著手摸索新的產品，即與蒜粉同樣，利用罐頭工廠拒絕收購的洋菇原料，或農家供應量一時超過工廠收容能力而不得不廉價拋售的洋菇原料來製造脫水洋菇的計畫。

如火如荼生產洋菇干

一九六〇年代臺灣全島洋菇產量約五萬噸，臺灣人食用洋菇的習慣尚未普遍化，依賴廉價勞力和稻草生產的洋菇原料絕大部分供應罐頭食品工廠製造洋菇罐頭外銷歐美市場，為國家賺取高額外匯，也為農家入冬閒置勞力提供充分利用的機會。另一方面，栽植菇床材料以農業副產品禾桿為主，菇季過後的廢菇床是理想的有機肥料，所以洋菇栽培盛行，對當年政府傷農的經濟政策下的臺灣人來說是一大福音。

罐頭工廠收購洋菇是以品質分級定價，其判定標準和價格由政府有關機關決定並拒收不適合製造罐頭的原料，亦即所謂的不合格品或等外品，其比例主要依氣溫變化而異，我估算只要是一%，其總量可達五十萬公斤之多。如果將其製成洋菇干，單純以十%製造步留計算，可獲五萬公斤產品。如若成功將是利他又利己，我寄予很大的冀望，但並無多大的信心。因為前已說過，我之所以注意到這產品的靈感是來自一本《マッシュルームの栽培と加工》的黃色書皮海賊版日本書最後一頁末尾的幾行字：「聽說猶太民族自古以來，有以洋菇干做濃湯食材的習慣。」這幾行幾乎不甚可靠的記述，後來竟成為我們公司停產茶葉後的主要經營費用財源，可惜我們計畫申請專利未成功，第二年全島各地即有人模仿我們的作法生產競銷，因而利潤大減。但這個廢物利用的產物爾後多年為臺灣賺進不少外匯，對全島菇農福祉有莫大的貢獻。

洋菇栽培的溫度以攝氏十七到二十度為宜。在北埔，一般都在十月下旬播種，十二月初開始採菇，收穫期視氣候溫度之變化而定，大約三月上旬以後，隨溫度之提高而結束，洋菇生產期間大約一百天。

我直覺地認為使用洋菇不合格原料製造洋菇干可能帶來新的商機，可惜我未嘗見過洋菇干，對其製造技術亦一無所悉，甚至對將來可能成為我們推銷對象的猶太人，有多少人口都沒有概念。但是從戰後日本的報紙看過希特勒在第二次世界大戰期間，屠殺猶太人六百萬之報導，推估其潛在顧客人數應該不少。關於洋菇干的製造技術，我指望鬼才彭榮壽的靈心慧性有所作為。

約一星期後，榮壽向我提示一小撮看似香菇干模樣的東西，據他說是山上採收的雜菇經過簡單的手作乾燥箱烘乾八小時做成的樣品。他說乾燥工程似不成問題，但產品能否受到顧客賞識則不得而知。我認為應先於洋菇產期之前趕緊尋覓一定數量的洋菇原料來實際操作製造，以確定產品品質、製造技術以及各種原材料、加工成本等以利開始推銷行動。當時洋菇產地遍佈中南部農村地帶，所以我利用電話向各地，尤其是海拔較高地帶的農會或鄉公所，打聽有關洋菇生產狀況，特別是最早採收的產地，不久，探悉南投縣鹿谷鄉的凍頂最早能在十一月初有部分菇農開始生產洋菇。

獲得更詳實資訊後，我請魏世金開董事長座車，星夜由北埔出發，早上七時到達凍頂，直接造訪事先取得聯絡的林姓菇農家，以當時罐頭工廠收購價格雙倍價碼收購林家以及附近幾家的產品總共約五十公斤，為保持其鮮度，立即北返，中午趕回北埔。榮土召集幾個閒人，把水洗乾淨的洋菇原料按照原來形狀切成圓扇形薄片，運到萎凋室一角事先用防火蔗粕板隔成、用通氣管引入焙茶乾燥機熱風的小房間，將其撒開在萎凋架上，開始試做洋菇干。榮土與我寸步不離乾燥室邊，每隔半小時進入室內詳細觀察原料之變化。榮土是最優秀的茶師，他把長年焙茶的經驗和技術應用在烘焙洋菇，但這是前人未曾嘗試的領域，所以特別謹慎，稍有疑慮即找我交換意見以期萬無一失。經過八小時，洋菇烘乾得變成微黃白而輕飄飄的洋菇干。我們把乾燥機關閉，使乾燥室熱度下降，讓製品自然冷卻。

負責外銷業務的臺北辦事處詹G將，將洋菇干樣品小包裝寄交德國、瑞士、法國等歐洲各國貿易商或食品廠商試探反應，郵資花費約八千多元，超過當時我三個月薪水。我們望穿秋水等待回音，很快一個月過去卻石沉大海。其間，各地菇農陸陸續續開始採菇，全島罐頭工廠起工製造洋菇罐頭，我們接受洋菇合作社拒收或由菇販收集運來的等外品（大部分是外觀不整、顏色不佳、形狀過大或過熟者）製造洋菇干。產季初期的等外品較少，但發菇週期巔峯時段的產量激增而超過罐頭廠日產能力時，廠方只能限量收購，多餘的洋菇經菇販按照等外品價格運到我們工廠來兜售。銷路尚未打開前，我雖然略有遲疑，但眼見菇販走投無路，我們若是不接受，那一整車洋菇將成廢物而損失慘重，我決定全部收購，因而我們的產品不出一週就堆積如山，令我焦急萬分。

洋菇產期開始一個月後，我們終於得到來自西德一家貿易商的要求試購報價兩公噸洋菇干的電報。洋菇干的生產步留約為一比十，就是說一公斤洋菇需原料洋菇十公斤。我估算洋菇干製造成本每公斤大約新臺幣八十至一百元之間，當時政府外匯政策已有改進，美元匯率定為接近市價的一美元換新臺幣四十元（市價四十一–四十二元），所以我請G將向客戶報價每公斤五美元FOB很快就接到成交電報，一週後接到洋菇干二千公斤、單價五美元，總共一萬美元的信用狀。

一星期後，我們用較厚的塑膠袋每袋裝十公斤洋菇干，再裝入五褶層硬紙箱共二百箱，從基隆港裝船輸出西德，成為臺灣國際貿易史上第一樁洋菇輸出貿易。可惜爾後一個多月未見任何來自國外貿易商或食品商的訂單甚至接洽。儘管我囑咐北埔廠謝廠長把收購洋菇原料數量控制到某一程度，但洋菇採收週期的巔峰時期前後幾天的原料卻由中南部洪流般地流入北埔。這裡是全島所剩唯一的最後希望，我若是置之不理，他們束手無策，唯有任其暴殄天物一途，是可忍，孰不可忍？於是我當天讓其全數照收，條件是價格折半，以補我方因製品品質下降，甚至廢棄部分原料遭受的損失。愁眉苦臉、來自中南部的菇販們喜笑顏開，我們以每公斤三元單價，一天的收購量多達五千至八千公斤，換來阿火哥的臭臉，因為原料數量超過北埔廠乾燥能力太多，而且翌日的進廠量在不可預料之數。我騎虎難下，而阿火哥可能以為我腦筋有問題了。

大量收購原料之舉，讓我們立刻面對兩個大問題，一是生產能力，二是銷路問題有待解決。自從試作樣品經過實際生產的一個多月以來，我對洋菇干生產過程中的觀察和摸索相當謹慎細緻，我能夠把握過程中可行或不可行之細節，因此對大量生產的可能性，我直覺自己有七成的自信。但周遭同事好像都無法相信，只是不敢明言而已。岳父默爾而息，想必心中忐忑，倒是岳母坐立不安，悄悄地跑去五指山灶君堂求神問卜，回來告訴我說，神明旨意洋菇干生意不甚樂觀，我不迷信，但對洋菇干本無十足信心因此深知只許徐步而行，不宜操之過急。不過我膽敢決斷接受中南部菇販的大量原料並非盲目行事，因為我在前幾天接到臺北一家貿易商來函表示，其國外客戶有意以每公斤三．五美元單價採購洋菇干三千公斤。希望我方能照價提供產品，由於對方出價過低，而且或許接到我方提供的樣品和報價的國外買家，想要經過素有商業往來的臺灣貿易商買我們的產品，以期交易上的方便和安全亦未可知。倘若如此，我們極可能失去一家直接交易的客戶而且售價的降低勢必削減我們利益，並且影響到我們自銷的市場價格。我認為暫且靜觀態勢，不宜輕舉妄動因此未回覆。

然而，及時處理用四方形竹籃堆積如山的原料洋菇是燃眉之急。本應召集阿火哥及榮土等其他技術幹部研討對應之策，但我認為事不宜遲而且全部人員對這類工作毫無經驗，恐怕會盲人摸象而延誤處置、影響原料鮮度，損及製品品質。所以我當機立斷下達指令一、派幾個人回家呼喚左鄰右舍賦閒婦女約五十人，囑其攜帶小刀、小墊板、矮凳子到北埔茶廠來做切洋菇工作，工資以重量計算每公斤兩角。二、把廠內四處的八塊大門扇洗乾淨，用出口茶箱做腳搭成枱子擺在工廠內空間或廊下，讓來廠婦女切洋菇。三、把切片的洋菇撒開在二樓東側萎凋室的萎凋棚，樓下兩部大乾燥機全開吹熱風，東西兩側萎凋室各兩台大排風機慢速運轉，使熱風微速通過各段萎凋架，以提高洋菇的乾燥效果。

中午過後，陸陸續續來了幾十個臨時工，由於當時北埔少有副業可做，切菇是老少合宜的輕鬆頭路，而且來去自如全無拘束，所以人數越來越多，後來甚至超過百人，其中不乏切菜老手歐巴桑，大家七手八腳、七嘴八舌、熱鬧異常，為當時一般不鬆融（寬裕）的山域婦女的肚兜子帶來可觀的臨時收入，也讓平均收入不高的田庄家計添加了不少活水。

洋菇外銷市場尚未順利打開，首批裝船輸出的兩千公斤以後，一段時間不再有新的注文（訂購，源自日語，至今客語和福佬仍以各自的發音沿用），亦無潛在客戶接觸或詢價，眼見北埔茶廠存貨滿倉，未付洋菇款日增，我難免有一點坐立不安的焦慮感。

洋菇干一役從頭到尾出自我一人的主意而辱蒙岳父之完全信賴和支持，我不能讓他老人家擔心以致動搖軍心，所以不得不硬著頭皮保持冷靜，故作自信滿滿，一切掌握在我的神氣。我認為我們先前裝船二千公斤洋菇的品質無問題，因此當時我相信並期待買主西德漢堡魯威斯比公司（Ludwig Spi Co.）收到現貨後，很可能給我相當數量的訂單，只是臺灣至歐洲海程遙遠，等待現貨到達西德，本島洋菇生產季節所剩不長，因而恐有坐失商機之虞，一方面我們已有自銷實績和滿大利貿易公司向我洽購的事實，對洋菇干外銷市場之將來好像見到一絲曙光，所以我認為不該膽小懦弱、半途退縮而廢。不過面對逐日增加的產品和源源而來的洋菇原料，我憂慮萬一無法順利獲得後續訂單而漫無止境繼續生產，其後果將不堪設想。經過深思熟慮，我北上造訪滿大利公司李老闆討價還價，最後以每公斤四美元單價成交三千公斤洋菇干而把庫存產品的一大半裝箱運至基隆港交貨。不料，幾天後德國和比利時兩家貿易商的洽購函接踵而至，需求量多達數萬公斤，可惜洋菇採收季節所剩不多，我不敢貿然允諾，僅能接受提供一萬公斤訂貨，因此為廉售滿大利公司而少賺的三千塊美金大鈔令我大捶心肝。

這個洋菇產季，也是永光公司創造洋菇干出口的第一個產期，我們總共生產一萬五千公斤，全部裝船完畢，雖然獲利不少，但若是國外客戶注文提早一個月，我們的利潤可能超過雙倍以上，真是天不從人願，唯有徒乎負負也。在此一產期，全島大小罐頭工廠，尤其是鳳梨罐頭工廠，利用鳳梨採收空隙期製造洋菇罐頭外銷順暢而獲利甚豐。另一方面，在生產洋菇的菇農來講，過去被當作廢物看待的等外品找到暢銷之路，也大大加強了他們的生產意願。在這個意義上，我們可謂功德無量，不可不知也

一九六三年，繼去年以來的茶土甚至茶狗屎時代，全島各地許多茶廠產品滯銷嚴重，永光公司靠銀行高利貸款生產的紅茶十餘萬斤仍在精製工廠倉庫待價而沽，使我們陷入進退維谷

的窘境，卻偏偏這時臺灣全島興起洋菇產業的狂熱。這是因為當時絕大多數臺灣農民在國民政府賤糧政策下，過著吃不飽餓不死的生活，因而想要利用農閒時謀求副業收入的意願十分強烈而且普遍。這一種風潮在新竹縣下自然也不例外，隨後建設洋菇罐頭製造工廠的必要性亦勃然興起。

無暇氣餒的窮途末路

一九六四年三月，永光洋菇干收冬，四月初起春季茶芽滿山齊發，但國外紅茶市況對臺灣依然不利而前途越發暗淡。以生產紅茶為主業的永光公司而言，這是危急存亡之關鍵。此事對全島二、三百家茶廠的衝擊都沒有兩樣，但我已說過，絕大

廖運潘在洋樓南門前，鐵門內是水梨樹和車庫。

多數茶工廠是家族企業，規模不大，尚可做副業，改行另謀別途或暫且忍飢耐寒以期後圖。但永光公司必須固定按月支付數十名員工薪津，向銀行借貸之製茶資金，投資客運公司以及罐頭公司股金利息驚人，倘若無法想出生財之道，我們將陷入走投無路的處境。而當務之急在於設法把日蝕萬錢的公司開銷轉嫁到別的新事業上。這是何等艱鉅的事，但我無暇氣餒，日夜思考並覓尋解決之道而東奔西走，席不暇暖。

洋菇干是我們創始而獲利不少的商品，我自然將其列為第一考慮延續開展擴大的項目。然而想要達到目的的積極作為不用說是再接再厲地對外拓展外銷之路，消極方面的重點應該是對內排除競爭和減低生產成本。以第一年外銷成績以及後段客戶洽購之踴躍看來，我判斷外銷不成問題，但第一年對我未構成威脅的島內競爭之勃興恐怕難以避免。本島商界素有臺灣無三日好光景的忌憚，我們製茶業界深痛其痼，因此我必須盡力杜漸防微，以絕後患。關於這一點，岳父多次提醒我，不可讓外人入廠窺探洋菇干製造過程，以防製造技術洩漏。

岳父之言，我唯唯諾諾，其實口是心非。因為發現並推展臺灣洋菇干的商品價值確實是我們前無古人的成就，但其製造過程實際上只是應用製茶技術的烘乾方法，實無驚人或值得傲人之處，可以說沒有什麼製造上的特殊秘訣，所以只要諳練製茶的人，靠其自己的經驗來推想或訪尋我們工廠幾十個工人的任何一個，或者向從事修理或改造北埔茶廠機械的鐵工廠老闆探聽實況等等，都不難掌握洋菇干的生產方法，況且我們工廠二十四小時作業，為了人員及原料或成品移動方便，前後四處門扇不分晝夜隨時大開，所以岳父下達嚴防外人窺伺之指示，實際上成效不大。

我想我們的產品如果能享受專利權，即有一勞永逸之功，但請教專利事務所會計師之回答令人悲觀。他說製造商品的新式機器設備申請專利可能獲准，但固有商品或機器類不可能取得專利權，我膚淺的如意算盤隨即雲散煙消於絕望中。於是，我判斷下年度洋菇產期中、後起洋菇干生產者崛起將難避免，等外品或次級品洋菇原料搶購可以預見，從而原料價格之低廉恐怕不能期待，甚至數量之確保亦不樂觀。為此，我決定公司本身參加栽培洋菇行列，早冬禾（第一期稻作，第二期稻叫「慢冬禾」。這裡「冬」之稱呼是指收成期而言，故慢冬禾之收成亦稱收冬）收成後，我們盡力向農家購買多餘的稻草，在盛夏炎陽下的北埔茶廠廣場製造大量菇床用的堆肥。從大坪造林地伐採桂竹，利用廣闊的茶廠發酵室搭建菇床，並將製造就緒的堆肥攤鋪在菇架上。晚秋播種，十二月初開始收成。

在北埔市場口經營布店的吳進先生帶頭，由永光公司提供三百坪場地搭蓋菇寮，經營種菇事業而生產之洋菇全數由公司收購。此外，我未曾停止尋找臺灣島內出產，適合烘乾供作外銷之產物，並試製多種樣品交給臺北聯絡處詹先生作為拓展外銷之用。但反應並不理想，唯有接到中東阿拉伯客戶購買生薑干和薑黃干各兩噸的訂單。薑黃（turmeric）為生薑科多年草，鬱金之近緣種，根莖可作藥用及黃色染料，又有大黃和二黃之分，大黃以藥用及染料為主，二黃又可作調味料之用，乃咖哩粉的主要原料。二黃不辣，咖哩粉之辣味應來自其他調味料，而我們客戶訂購的是二黃。生薑原料來自臺東山地，二黃則出產在嘉義縣中埔鄉僻壤，兩處原料都是我親自跋山涉水尋找採購回來。產品製造過程無問題，但原料產地遙遠運費不貲，粗俗東西無利可圖，因而不再接受交易。

陷入以債養債的泥淖

一九六四年，洋菇干生產結束，單就洋菇干而言，獲利確實不少，但整個公司機構龐大的經營費，和逐年遞增的高額負債投資新竹客運、一九六二年製茶資金、國泰及永泰兩家罐頭工廠、造林地伐草工資之高利負擔有加無減。雖然去年起斷斷續續把紅茶庫存虧本求售，但無法阻止因銀行及民間高利所衍生的債台高築而逐漸步入以債養債的窘境。當時銀行利息十五%以上，民間利息超過三十%，永光公司似乎重蹈一九五〇年覆轍之窮途末路而不能自拔。

有一段時期，為了公司財務問題，我夜裡睡不著，整晚輾轉反側，昏昏沉沉，室內掛鐘嘀嗒聲刺耳難堪，我只好每晚睡前讓鐘擺停下來。岳母從麗芝口中獲知此事，向我笑著說七後生八後生就睡唔忑，老來時怎葛煞？（年紀輕輕就睡不著，年老時怎麼辦？）我看她皮笑肉未笑，岳母是由衷地為我擔心。

創業以來賴以生財的紅茶事業遇到空前劫數，而且看不到絲毫起色的徵候。蒜頭原料倒地價不再，我唯一的期待繫於所創始的洋菇干。按照上年度實績，洋菇干的純益高達四成，倘若新產期產銷條件不變而且產銷量能擴大為五十噸，單純計算獲利可達到十萬美元即四百萬元新臺幣，我們就可以把當前的財政枷鎖解決了一大半。但新產期之產銷條件是否照樣有利於我則全無保障，例如：洋菇干仍然在歐洲市場受歡迎而且售價維持原價；島內洋菇原料產量豐收，從而等外品數量不缺；不再有第三者洋菇干生產工廠出現來搶購原料等；都是可望而不可即的要件。然而這一些要件能否庇蔭我乃未知之數，但我們只好把死馬當做活馬醫，別無選擇餘地。

為了新年度洋菇干生產順利，我認為有必要籌措一筆資金以利周轉，但此一時期的公司形象已經接近告貸無門的地步，所剩唯一可想到的財源是大坪造林地。我早於一九五三年以來，為大坪造林及護林投入很多時間和精力，經過十年孜孜不倦的經營，二百四十甲造林地之廣葉杉五十萬株及美洲濕地松五萬株已經亭亭聳峙，可惜樹齡尚幼，離伐採尚須大約五年歲月才可成長到理想的材積。

我們大坪造林地分為伊灣窩造林地及興新造林地兩部分，伊灣窩大部分種植廣葉杉約二十萬株，而興新植廣葉杉三十萬株及美洲濕地松五萬株，桂竹十餘甲。這一些林木產物中唯有伊灣窩往時伐採過後簇生之萌櫱，於十年前施行打杉耳處理過成長較快的部分，大概可以用來換錢。我即赴伊灣窩實地踏查，決定伐採萌芽更新杉木約八千株，估計材積一千六百石（一百材為一石，一千六百石等於十六萬材），可淨得約五十萬元。

洋菇產期開始的十二月中旬，我指定伊灣窩內幾處杉木伐採預定地，命造林地巡迴員詹木添、大坪茶廠廠長彭阿興、會計羅兆源進行伐木作業。伊灣窩的窩底有岳父三弟蔡榮火叔經營之大坪煤礦採炭的礦場，所以窩內（客語窩字是指窪地或沒有貫通的狹谷）車道保養良好而伐採區都離道路不高處，集材不難，一般大規模伐木作業是採用包工制度，但伊灣窩作業容易，所以我們雇工把伐採造林完畢的木材拖下堆積在車道兩旁。

把伐採木依其用途或樹高切斷成適當長度的杉木造材作業，必須具有瞬時判定最有利的切斷長度之慧眼。一般木材從底部算起十二尺為準，切口則無從選擇，直徑四寸－四寸半算是良材，作為屋梁或搭腳架之用。全長十八尺之杉木，可鋸成六尺材和十二尺材，底部六尺材切口大、材積大，可做木板材之用，但單價略遜。也可取十六尺材，十六尺以上木材切口加算五分，即四寸直徑算四寸半。兩種造材方法，哪一個比較有利之判斷有賴多年的經驗。我雖非造材高手，但見識多年，可謂略知皮毛，所以我對伊灣窩伐木材積之估計相信十拿九穩。

一九六四年十二月至一九六五年三月的洋菇生產，由於受到去年度好景氣之刺激，栽培面積擴大不少，從而原料增加顯著，可惜我的憂懼不幸成真，臺灣全島不知出現多少家洋菇干生產者來搶購等外品洋菇原料，以致我們不愁國外銷路卻苦無充足的原料供給，而且收購單價居高不下。為了獲取足夠原料，不得不採購二級品，即是可供製造切片洋菇罐頭的合格原料，因而直接成本增高是必然之勢，洋菇干的獲利自然不如去年。

我於一九五三年四月接任永光公司總經理十多年來身經百戰，精神上無時無刻感悟到背負千鈞重壓，幾乎沒有稍為弛緩的日子，尤其公司財政極端拮据，我經常被迫搬東籬補西壁，甚至針頭削鐵（岳父慣用。可能是他的獨創諺語）來突破難關而力盡筋疲。

岳父是成長於富豪家，從小嬌生慣養，長大從事事業即加入日本財閥三井農林保護罩下高枕無憂。第二次世界大戰後數年，託倫敦茶市倉廩枯渴所帶來紅茶市況空前活躍之福，並靠其大規模完善的生產機構而一飛沖天。加上田租三千石之高額年收，多年來成為其事業發展的後盾。岳父五十歲以前人生行跡一路順風，萬事如意，算得上是非常幸福的人。

我想因為如此，本質上十分節儉的岳父觀念裡好像有錢財得來容易的潛意識，他舉債不手軟，忽視高利負擔，對投資報酬率不均衡以及還債計畫的過度樂觀令我心寒。起初我幾次反對其不可行而以數字說明理由時，他總是有聽沒有懂，有時說我過於精打細算，有時嫌我保守小器，甚至自誇過去多次遇到財政劫數都有驚無險的經驗來反駁我的小心眼。我知道他以前的財力和靠山扎實，時代背景也有所不同，但不敢損他銳氣而忍氣負重，只是心中忐忑始終拂拭不去，成為我如影隨形的長年累贅。

第十一章

起飛的水鳥不攪濁溪水

憑空蒸發的林木材積

這一年洋菇栽培的採菇期接近尾聲的一九六五年二月二日是農曆元月初一春節，所以我們在一月下旬就為了籌措過年資金而傷透腦筋。這裡所指的過年資金，除了洋菇原料未付款為大宗以外，烘焙用煤炭價款、員工薪津、切菇工資、車輛修理保養費、機械改修費、員工年終獎金等籠統估算至少需要五十萬元，而我先前對大坪造林地伐木所指望的金額應該可派上用場。不料，杉木圓材全數點交給木材商載運完畢後，由大坪現場送來交貨傳票的總數八千多支之總材積卻是十萬材，亦即只有一千石，總價僅三十萬元，事態之嚴重，令我愕然失措得六神無主。

須臾過後冷靜下來，我第一個懷疑我靠目測概算的材積不準確，但當時事前巡迴造林地決定採伐區時，我帶林地負責人詹木添同行而詳盡徵求他的意見，不厭其煩地討論過後才做結論。阿添哥是在林地工作二十多年的老經驗，所以我很器重他的目力。我和阿添哥認為十二尺之杉尾切口差不多四寸強，所以概算八千支圓材的總材積為十六萬材，平均每支二十材。此外伐採期間我抽空到林地現場實地鑑定造材完畢成堆待運的圓材，確認杉尾大部分超過四寸，大大加強了對自己眼力的自信。而今算出的成績竟然是每支平均僅為十二．五材，這是我無法承受的事實。我認為其中必有詐而且是非同小可的侵占案，但如何處理此案卻使我面對進退維谷的難題。

二十萬巨款平白蒸發，在當時公司財務狀態下是無法彌補的一大傷痛，所以我非徹底追究責任之所在以索回應得之款項不可，我判斷弊端必定出在木材點交過程中。木材交貨有逐車點交與集材場點交之分。逐車點交是把木材搬上貨車時，買賣雙方人員各持紙筆，搬動每一支木材時，賣方人員聲明杉尾切口尺寸，而買方必須回聲後，各自將其記載表格上，俟裝載完畢後核對數字，如果雙方完全符合就互相簽名表示交貨完畢。萬一支數、尺寸不相符，即將車上木材重新盤點，以期正確。因為如此，疊車時，必須把切口向外，以圖再度點交之便。因為每一支木材切口都事先用油墨畫有尺寸記號，所以複檢並不難，其記號簡單而明瞭，略為，三：三寸，丰：三寸半……。內行人不用尺量，目測準確度極高，必要時才用尺量。集材場點交是把木材堆積如山，再用鐵絲緊縛上面予以固定，畫好尺寸後，雙方立會逐堆點交如儀，即為交貨完畢。此方式需要較大的場地，其長處是得以事後抽查，以期交貨材積正確，也可以杜絕勾串舞弊。

伊灣窩林地礙以場地狹窄，故而採取逐車點交方式，這個決定竟然使年關將屆之周轉不靈，迫在眉睫時期的紓困財源付諸東流是始料未及的憾事，我為自己的輕忽懊悔不已。在事情發生的同時，雖能洞察其始末梗概，但經過長時間深思熟慮後，我認為未能舉證的家醜不宜外揚以免弄巧成拙，所以對岳父報告杉木伐採的實際材積估計錯誤，過年資金不足之苦境而已。

客語云，不抓緊牛鼻卻在拉牛尾，意思是徒勞無功，因為欲使蠻牛乖乖聽命，只要抓住鼻環即可輕易達到目的，若想強拉牛尾來使其就範是無採工（浪費勞力），換句話說，未擊中對方要害就無法置敵手於死地。如今，手頭只有雙方人員簽字的木材點交明細表，而一千六百石現貨早經來自東勢的木材批發商之手分發給各地木材商，牛鼻去遠矣。眼前牛尾徒增我被違背的傷心和識人不深之懊惱，並飽嘗當家不鬧事的無奈落拓而已。

這是我加入永光公司事業後第十一次逢到的年關，之所以叫做年關是因為俗例於年終清償債款，對債務人是猶如關隘一般格外難以度過之意。身為長年處於財務拮据狀態的公司負責人來說，這是最頭痛的關鍵時刻，卻偏偏遇到如此難以補救的窩囊事，我只好硬著頭皮，用盡心機探討度過難關的計策。

患難見真情

至今我仍然不忍回顧一九六五年當時展現在岳父家，以及家業傘下幾十個家庭之窘態。本來永光公司該月出口洋菇干所得結匯收入盤算勉強足以支付洋菇原料款及切菇工、臨時工工資等，不料卻接到臺北聯絡處電話報告，我們長年委任、自稱基隆某大報關行股東的羅先生長期積欠報關行牌照使用費，因而委託其處理的結匯金額被該報關行強行扣除六萬元，本次匯款將短少六萬元之晴天霹靂，這是雪上又加霜，對我打擊之大無以復加，使我手軟腳懶，萬念俱灰。但我的職務不許我垂頭喪氣，我們無論如何都必須設法彌補這個交友不慎所招致的大窟窿，那個時代的六萬元足夠在臺北中山北路巷內購買一間獨棟平房。我只好厚著臉皮，向住桃園的學友陳文宗君求援，第二天我收到他的匯款十萬元。這一筆款，待我們舊曆年過後的洋菇干結匯時，勉強擠出六萬元歸還，但餘額四萬元一直無力償還，五月我們決定把公司結束清理債務時，我以電話向他說明概況並請他把當時匯款之憑證寄下，以便代替登記債權時，他即以無法向好友要債為由，表明放棄債權之同時，經由合作金庫轉寄五千元至北埔農會，供作我家急需之用，而且附言有必要時將助我一臂之力，令我銘肌鏤骨。但陳君對我關照之無微不至，使我非常過意不去，因此後來我長期陷入一貧如洗的窘境時，反而不想再驚動他。可惜陳君在十年後，百般鴻圖蒸蒸日上之時罹病而與世長辭，行年四十八。所幸後繼有人，聽說他遺留下來的機械工廠、食品工業等爾後都茁壯滋長而欣欣向榮。

一九六五年三十暗晡（陰曆除夕晚上）八時家家戶戶人等團聚在吃年夜飯的時刻，我在新竹縣政府附近的一家小診所苦等主人兩個小時，我並非等他看診，為的是對杉木收入金額之失算所造成的過年資金短欠所需填補款項二十萬元。診所這一日休診，只留下一位藥局生看家。診所主人鄭醫師，我只知其名而未曾謀面，岳父命我下午六時造訪鄭醫師，拿一包家裡僅存的臺灣水泥公司股票作保取回二十萬現金。我準時抵達診所時，藥局生說先生去松山機場迎接從美國回鄉的親人，預定六點半以前回來，我只好獨坐空落落的候診室，把習慣性隨身攜帶的小說拿出來看，而這一看就是兩個多小時。雖然故作鎮靜，但想到家人和在公司默默等候我回去解除燃眉之急的同僚部屬，我心掛兩地，焦躁欲焚。

晚上九時，鄭醫師終於出現，道歉辯解說，飛機誤點一個多小時，回程縱貫公路交通阻塞，坐在公路局巴士上徒然焦急卻苦無聯絡之道，事出不可抗力者，我豈有對鄭救星怨天尤人之理，收到主人取自保險箱的現金，先以電話向岳父報告即將返回，坐在魏世金駕駛的雪佛蘭轎車，深思我廖某人何以至此，眼觀鼻鼻觀心而自慚形穢。

回到北埔已經十時，北埔在地同事職工吃完年夜飯後聚集在公司等待積欠薪水和微

姜阿新的孫子、孫女。左起姜百塘、姜蒂玉、廖茗郁、姜幼瑾、姜紅瑾、姜百林（由保母抱著），坐者為廖惠慶。

薄的年糕代金，事務人員電話通知幾家商店餐廳等過來收帳，街上切菇臨時工聞聲扶老攜幼前來領取工錢，公司一時門庭若市。我暫且卸下重負回到家裡赫然發現，除了小孩子以外的全部家人，都尚未吃年夜飯，令我悲從中來。年夜飯又稱團圓飯，是除夕晚上家人團聚用餐之謂，全部家屬成員集在一堂，以享天倫之樂乃是此一習俗存在的意義和價值。自從我參與姜家生活圈以來，十一個年頭年年如此，生活在臺灣的每一個家庭不分貧富也都是一樣。但這個平淡無奇的老習俗卻在百年世家姜吉豐（姜家大房的商號）出現破綻，這是何等難堪而可悲的事。家裡幼弱十一個，嗚鐸哥膝下二男三女，長女紅瑾滿十一歲，長子百塘九歲。我有一男五女，最大蒂玉十二歲，男孩顯文五歲，滿女惠琳才滿兩歲又三個月，個個純真無垢，各自忙於玩耍或看書，對家中即將來臨之風暴看似未有危懼感，令人越發地含悲痛惜。

三百萬元的震撼彈

嗚鐸哥不久從峨眉回來，這是我有生以來第一次接近午夜才開桌之名副其實的年夜飯，雖然腹內空空如也卻全無食欲，只能猛灌姜家名餚雞酒。席上噤若寒蟬而氣氛氣餒的當兒，嗚鐸哥突然拋出一個震撼彈，他說自己已筋疲力盡，峨眉工廠必須結束所有生產作業而把一切業務遷移到北埔工廠，與永光公司聯袂清理債務。我雖然早就風聞其財務狀況不樂觀，但他若無其事宣佈的負債額竟然接近三百萬元，令我幾乎不敢相信而覺悟這可能就是推倒本來就搖搖欲墜的永光經營基盤的一道猛烈滾石流。但岳父母相當冷靜以對，我推測二老對鳴鐸哥的處境了解比我更多。

我成長在農業社會環境裡，家中雖然以漢藥鋪和雜貨店為業，但日常起居與農家生活習慣並無兩樣，舊曆過年適逢農隙，農人空閒無事，都要趕早吃年夜飯，以便收揪（收拾起來，一般指收拾竈下而言）來準備迎接新年之到來，可是一九六五年除夕，我在岳家的年夜飯卻開始沒多久就已跨入元旦，這是何等不尋常的節禮，若是被左鄰右舍知曉此事必然貽笑四方。想到岳父母之感受並自責此乃自己輔佐無能所致之收場而愧疚難當，思前想後，心煩意亂，不知如何是好。

飯後，我想起尚未洗澡，習慣上我不洗澡就無法入睡，而在沐浴中發現了我同時違反兩件客家人過年的禁忌。即洗浴拜祖後才吃年飯，而新年期間當天或三日間或五日間，依人而異不洗澡，以免把財氣沖走。但第一件已無法補救，第二件則人都站在緊要關頭，敢死閻羅王都會恐懼的地步，故而變成特別科學起來，我本來不迷信，從此更加不語怪力亂神了。

一九六五年農曆元旦與往年一樣，恭喜發財頌詞照應，春酒照灌，我虛歲三十八，麗芝三十六，年初二夫妻照例帶領六個子女乘岳父的自用車回鄉拜年。麗芝生來樂天，子女年幼天真，擠在車內合音歌唱鬧哄哄，唯我悵然，想到這般全家歡欣喜躍的場面可能即將雲消霧散而悲傷哀痛，情不自禁。

麗芝雖是樂天知命，但絕非悠閒無為，她相信我的能力和幹練，夫妻間從來不談公事，但始終掛念父親事業之推移而為此一喜一憂。一九六四年春，她突然說要上臺北參加美容師訓練班，我同意她的決定。她把滿一歲半的惠琳託付岳母，寄宿在螢橋國民學校經營福利社的舅父，也是我姊夫詹梅谷家一個月。學藝有成回鄉成為北埔鄉第一個職業美容師。在那個年代的純樸農業鄉村，婦女少有上美容院的習慣，顧客絕大部分限於訂婚女子或出嫁新娘，所以生意不算好，但最近三女惠慶在北埔多次遇到自我介紹說是半個世紀前請麗芝替她做過新娘化妝的祖母級歐巴桑，由此可知當年麗芝的手路和名望是五十年未衰。在此同時，她又在橫屋玄關開了北埔第一家煤氣行，由家裡小廝阿源兼任送貨員。我認為一個富家獨生女這一種幹勁是出自其潛在危機感，和客家婦女傳統克難克儉美德之顯露，而她不屈不撓，勇往直前之勁道，誠然是我日後陷入空前逆境卻不至於失魂落魄而勉強能從艱苦中脫困，使家族免於寒餒之苦的強力支撐。

年初三，我們一眷（一家）赴塘背武威堂公廳廖氏家祠上香，午餐後離開觀音返回北埔，從此不再有全家一齊返鄉的場景。

我們回到北埔時，岳父正在洋樓客廳與客人閒聊，來者彭清訓先生是北埔農會總幹事，為人婉轉圓熟，頗獲農家會員信賴，故而長期堅守其位不移，但他是北埔彭派勢力之核心人物，平時少與岳家姜派人士來往，我想他是有事來訪。但彭幹事告辭後，岳父說清訓是來拜晚年，過去十年來我從未見過他來拜年，所以我心中難免有些微的疙瘩。

少時，一群人馬進來，移席橫屋麻雀間開始打牌，這是岳父老來唯一的快樂消遣。我留下原位獨坐，呆呆地沉思十多年來我所知有關清訓哥（當時我如此稱呼他）的事跡。

他是先父十弟邱能安讀新屋公學校時的恩師彭清殿現北埔國小校長之胞兄，彭派主帥彭瑞鳳老鄉長麾下，與彭榮發農會理事長並列為其左右手，善交際，好酒又好色……，想到這裡，一個我曾經親眼目睹而一直百思不得其解的影像突然浮顯在眼前，越發加深我對他的疑惑。

大約一九六四年早春的一個下午，我在洋樓客廳向岳父報告洋菇干概況時，聽到有人在玄關求見，我出去見到滿頭通紅、酒氣沖天的清訓哥，說有事拜訪懋熙哥（岳父別號，鄉人都如此稱呼）。他隨我進去客廳，見到岳父即雙膝跪在地上說，懋熙哥呀，你係俺介大恩人，俺永久不會忘恩背義。清訓哥突如其來的怪異行徑，害得老人家手忙腳亂，趕緊把他扶起來說清訓，誰把你灌得這個樣子，你趕快回家休息吧！清訓哥說我未曾喝醉，馬上就回家，但我一定要來向您表明我的肺腑之言。岳父要我扶清訓哥回家，我卻躊躇不前，因為他家在水磜子，路遙而崎嶇，所幸他堅持未醉而且還要回農會上班，讓我躲過了一劫。

清訓哥搖搖晃晃走回去後，我就他剛才不尋常的表現向岳父質疑，老人家只管歪著頭而不作一聲，看似真的莫名其妙，不知其所以然的樣子。我想岳父行善為樂，助人百千卻不放在心頭，事過忘懷亦是常理，所以我就不再提起此事，但一絲疑惑似乎始終未曾完全消釋。

一九六〇年新竹縣縣長選舉，國民黨提名在新竹市南門行醫的北埔人彭瑞鷺（瑞鳳先生胞弟）出馬，東京帝國大學畢業的新竹黨外人士鄭鴻源登記競選，彭獲勝當上第四任民選縣長。縣長任期將屆的一九六四年初，準備連任的彭縣長動作頻頻，法官出身的律師劉榭勳磨拳擦掌準備取而代之。在這短兵相接時候的一個上午，我打農會門口經過，看到合作金庫新竹支庫黃副理的身影，由於黃是我臺大學弟，所以我進去農會與他打個照面卻瞥見出納桌上堆積如山的鈔票。我乃銀行員出身者，一眼就看得出是預防擠兌之打屁安狗心措施，因此只得向比我大三、四歲的黃老弟點頭示意而退。當時巷間流傳農會巨額超貸給某縣長候選人之說，亦有農會職員挪用公款之風言風語，但可能都是無影無跡（無中生有），或許是農會獲得合作金庫後援而處理得當，不久又風平浪靜，穩如泰山。

祖產付諸東流

製造洋菇干和製茶一樣，逢年過節只要有原料進廠，工廠就不能停工，因此現場員工照常上班，職員發加班費，職工領雙倍日薪，大家無一字怨尤，永光公司舊時員工絕大部分是任勞任怨，值得敬佩的產業英雄。

峨眉工廠結束之善後處理，鳴鐸哥不言，所以我不知其詳。只聽聞洋菇干成品售罄，柑橘罐頭全數寄託竹東丸倉倉庫，向銀行抵押借款，留朱榮輝一人看管工廠，其餘員工全都解雇等等而已。鳴鐸哥攜帶其自一九五八年以來的積欠財務資料來永光公司共同整理財務（當時鳴鐸哥之說法）。

春節過後洋菇原料之採收逐日遞減，但由於氣溫較高的關係，等外品仍有相當數量，所以我們持續生產洋菇干迨至三月中旬，然後清理所有的庫存洋菇干裝船出口，將所得外匯優先支付洋菇原料款及職工和切菇工資。

去年一個年度，創業以來，以製茶為業的永光公司被迫不能固守本分而不務正業，端賴蒜頭粉、洋菇干之生產來度過難關，並期待其能夠延續命脈，等待世界茶市好轉而一口氣把落日挽回於中天。但春茶滿山萌芽的三月下旬，國外紅茶市況沉滯依然，我認為事不可遲疑，非立即做最惡的打算不可。而在此千鈞一髮之關鍵時刻，我唯一的思考方向是幼時接受日本教育時耳濡目染的諺語：立つ鳥は後を濁さず，意思是從水面起飛的水鳥，不攪濁溪水，即是說一個人要離開其位置時，非把善後做好不可的教訓，比較中肯的中文說法是人過留名，雁過留聲。

我有商業專科的學歷，又有靠利息收入肥碩的金融業服務經驗，所以在商業行為上必然會留意利息負擔在該行為所占的份量，而在我離開銀行投入事業長達半個世紀時間，正是臺灣金融界的高利率時代。銀行放款年利率十五至十六%，民間所謂黑市利率高達三〇%以上，其間我始終都在弱勢的借債人立場，可謂歹命之至，倒楣至極。再者，事業體運轉潤滑時，利息負擔可轉嫁給事業成本，但一旦獲利不順甚至事業停頓時，利息壓力即如洪水猛獸般把你連皮帶骨啃噬皆盡，而一九六五年三月底的永光公司正是處於一種陷入泥淖而進退維谷的境遇。雖然經過多日思慮，我仍猶豫荏苒，因為想到此事對岳家打擊，今後家族的生計、公司職員未來之轉業問題，我的決心頓時萎縮，正在左右兩難時，有一好友對我附耳私語道：老兄可知令泰山是農會總幹事擔保人否？此言猶如雷貫吾身，昔日清訓哥酗酒跪地之謎，瞬時冰消瓦散，合作金庫打屁安狗心之疑陣也迎刃而解。因此我將我的想法及宗旨向岳父報告並獻策。

一九五七至一九六〇年之間的世界茶市雖然未至岳父所期待的大紅大紫的地步，但尚有差強人意的表現，可惜這是臺灣茶業利市之曇花一現，從此臺灣紅茶在世界茶市消聲匿跡，永光公司北埔茶Hoppo Tea商標不再出現在倫敦市場，半個世紀以來至今，臺灣紅茶似乎成為夢幻中的名辭了。

十年前的一九五三年，我不顧本身為茶業界菜鳥立場，初生之犢不畏虎的直腸直肚陳述臺灣茶業遠景之悲觀論，害期待我傳其衣鉢的岳父大失所望，而今我的杞憂竟然成真，我應該何去何從？答案是我這個飛鳥不能攪濁溪水。我盤算岳家資產足以抵償所有債務，但必須直接了當立即行動，若是猶豫不決而遷延時效，恐怕無法圓滿解決債務，累及部分債權者而有失公允。按照我的記憶，當時岳家財產包括精製茶廠、北埔本廠、大坪茶廠、峨眉茶廠、田美茶廠、埔里茶廠，廠地總共一萬坪。北埔街上建地三千坪，造林地總共五百餘甲。地上造林十年杉木五十萬株，十年松樹五萬株，總價估計超過一千萬元。負債包括銀行、民間貸款、洋菇原料未付款、員工積欠薪津等合計九百餘萬元。我認為處理得宜，姜家飛鳥不至於攪濁溪水。

岳父、鳴鐸哥同意我的建議。岳父說我們將祖產付諸東流，但不必氣餒，相信將來還有東山再起的機會，唯有擔心無力給孫兒輩接受良好教育而已。當時岳父年力已衰，但鳴鐸哥和我同庚三十八，可謂年富力強，而且子女全部年少，所以不知實際利害。但幾年過後，隨著子女逐年成長，著實造成我們沉重的負擔。

所託非人

四月底，岳父帶同鳴鐸哥和我三人上臺北，在北門口的律師事務所會見律師朱盛淇。朱先生曾經當過兩任新竹縣縣長，在兩次選舉期間，岳父出錢出力協助其獲勝，平時交情也相當不錯，所以岳父相信他必定全力幫助，把事情解決圓滿。我代理岳父把公司財務實情詳加說明後，岳父特地對朱先生懇求說，我拋出全部財產，自信足夠抵銷一切債務而綽綽有餘，但若是財產處分未臻適宜，其後果不堪設想，希望你看在老友情分，盡最大努力，做到十全十美的善後。六十歲的老律師唯唯諾諾，答應一定全力以赴並安慰老戰友大可放寬心。

一九六五年五月十七日是我永遠無法遺忘的日子，岳父姜阿新先生放棄全部財產來清理經營多年的永光公司巨債，我無法規避扶翼無能之咎，羞愧得無地自容。原新竹縣長朱盛淇老律師在永光公司北埔茶廠主持的債權大會，上午九時開始，與會債權者約六十名包括幾家銀行人員，民間金融業即所謂的高利貸，中南部洋菇販子等人。我也瞥見農會總幹事彭清訓先生的影子。會議進行平靜順利，未聽到粗魯責難之聲，看似粗野的幾位中南部洋菇販子很意外地發言說，永光在十幾年前也一度陷入危機，但後來由廖總經理負責把債務還清，所以他建議債權者限一年期限委由廖總經理繼續經營下去，其間大家犧牲不要收利息。主席問我意見，我說事業背景不同，茶業之前途暗淡，我無力承擔重任。最後決議委任朱律師處理資產、公平分配給債權者，會議兩個小時和平落幕令我鬆了一口氣。我相信這是岳父平時為人受人尊重，而他毫不留戀地把全財產拋出清債的乾脆態度受大家肯定之故。

翌日，《台灣新生報》地方版用整張版面報導永光公司的事，我不忍詳讀，只瀏覽標題而見到千金小姐教車繡補貼家用為題之內容，敘述麗芝學習新娘化粧、賣桶裝瓦斯、教車繡等來補貼家用，但今後車繡用的電動縫紉機恐怕會被搬走抵債的記事時，我不由得落下眼淚來。這是我自從回北埔輔佐岳父事業十二年來經過萬難浩劫，甚至最後一年間作困獸之鬥期間，或爾後數十年走過的峻峭崎嶇都未曾有過的淒涼悲痛。

岳父生來沉默寡言，清償會議過後更加沉靜，但看似有甩下千鈞重擔，今後不再為世俗雜務煩惱之鬆弛中略帶茫然的樣子。是時岳父虛歲六十五，岳母姜詹蒜妹同庚，日本有一言：遇到緊要關頭，女人反而異常的堅毅，岳家遭到空前劫運襲擊時岳母的表現，讓我見證了這句話的可靠性。

公司債務清理會議當天晚上，我百感交集，輾轉反側，無法入睡達旦，天矇光（日未明時）獨坐在横屋飯桌喝茶發呆，岳母從洋樓臥房晨興（早起）走過來，坐在我旁邊，用很平靜的口吻對我講了一個故事。她說，民國三十八年洋樓落成，我們家招待二十桌親朋好友賀客的前夕，廚師們準備翌日午宴忙到半夜而一切就緒，最後把第二天現切現炒用之大塊豬肉料寬約一尺的帶皮豬肉塊，用鐵鉤懸掛在天棚下竹竿架以防貓狗偷襲。沒有想到第二天清早竟然發現歸料（整塊）落在地上而不見肉只見一大張豬皮。我們家沒有養狗，外犬不得其門而入，鄰近幾隻貓，照理沒有短時間內把二、三十斤重的豬肉啃食皆盡的能耐，我們百思莫解，不知何方神聖之所作所為，但心知其意，那是大不吉利。這若是命裡註定，將無法規避，只好堅強面對，另闢蹊徑，千萬不可氣極敗壞。

岳母是屬於舊世代的人，公學校四年級以後便輟學，教育程度不算高，相信神鬼存在和各人命中註定的運數。她可能自從洋樓落成之日以來，一直在憂慮厄運隨時可能到來而戰戰兢競，即是說她早就具有該來的事情總是會來的諦視達觀，比我儕無神無鬼之輩較有先見之明，故而得以處變不驚。

各奔前程

岳家從此不再有祖公福可享，今後鳴鐸哥與我兩家必須各從其志，洋樓屬於鳴鐸哥所有，祖上傳下的伙房屋在麗芝名下，但兩間都被銀行查封。北埔小鎮覓食困難，可能沒有繼續容納我們的空間，我們即將面臨離鄉背井討生活的現實問題。岳母更加正視現實而處事果斷，她要求自己子女立即分家以利今後各奔前程。

我們已經無家可分，她的意思是分炊分食，伙房屋原有廚房交給我們使用，並把家中所有的餐具分出一半交給麗芝，另外把洋樓後面很久無穀可存的穀倉稍微整理添加簡陋炊具，作為洋樓的廚房兼餐廳，同時言明二老與鳴鐸哥一眷共同生活。老戰友彭榮壽聞風提兩瓶公賣局新出品合成酒清酒來訪，我二人素來話不多，默默飲酒，我們同感臺灣清酒有一點像日本產二級酒。當時醉樂園加豬肉配料的湯麵一大碗一元，所以清酒十元算是價不廉物不美，但我喜歡日本酒卻嫌其太貴，號稱名酒的紹興酒價貴臭蟑螂臊，臺灣清酒可謂聊勝於無，以後就成為我寒酸小酌的奢侈品。

破產前在洋樓前的最後合照。

我對於人家過生日無可厚非，對我自己過生日卻頗有意見，但一九六九年，我們從廈門街八十二巷搬到士林洲美街那一年秋天之一日，我下班回家看到餐桌上有一瓶掛著紅彩帶的清酒，而另有一大堆煮蛋，使我想起那一天正是我的生日，贈酒的是念臺北醫學院檢驗科三年級的長女蒂玉，而那是我享受最愜懷的慶生日子之一。

我在北埔無所事事，麗芝卻反而忙碌起來，山城住民心地善良，麗芝的桶裝瓦斯銷售、車繡教導、新娘化妝都有逐日繁盛的跡象。我在北埔全無用武之地，非離開另起爐灶不可，但卻留在舊地發呆。這無他，就是公司解散後員工的去就問題一直掛在我心頭。明知無能為力卻不忍棄而不顧。當時臺灣經濟尚未起飛，求職不易，想到長時間共同打拚的多數舊部下今後之處境不樂觀，造成如此光景泰半責任在我，我心神忐忑難安而後來證明，永光公司解散對舊員工產生直接或間接影響，甚至左右其命運的例證也不少，自然有好的也有壞的影響，也有無關好壞，但若不是公司解散就不可能搬到異鄉定居的老同事至少有兩家。賴煥發在三灣陳錦芳洋菇干工廠覓得一職，在三灣購屋居住終生。吳貴鳳早年在永光埔里茶廠服務並娶附近牛眠山福佬小姐為妻，後來求職於苑裡范雲燕相框工廠，退休後變成苑裡人，早期完全不諳河洛話的阿鳳缸，經過福佬太太和埔里、苑裡兩地河洛莊鄰居之長年薰陶。他的說話變成客話不成客話，河洛又不像河洛的奇腔怪調了。陳文吉當年南下高雄學做香腸加工，出師後自成一家而發財。大坪黃丁伯之子黃義隆未放棄做茶，先在龍潭後在凍頂建立茶廠，兩地都生產凍頂烏龍茶而雙獲成功。彭榮壽由我推薦任祥富工廠廠長，當初採用多位永光舊員工，其中呂東杞因不倫戀跳水自殺。另外永光一號卡車司機羅錦秀，年紀不輕卻轉業開計程車，送客上北於縱貫公路車禍喪命。朱進保負債購車營業，不堪高利貸壓迫而尋短等等。這一些不幸事端倘若永光一直健在就可能不會發生，想到這裡，我至今仍舊難免痛心和自咎。

話雖如此，留在北埔終究無濟於事，發呆十天後我準備簡單的行裝，身上攜帶僅存的八百元新臺幣，跨上本田五十CC老爺機車，搖搖晃晃走了四個小時，黃昏時候到了臺北螢橋國小姊夫詹梅谷先生開設的福利社。翌日十時，我去館前路造訪美國花旗銀行臺灣總裁楊鴻游。楊兄是我念總督府臺北高等商業學校及後來插班讀臺大法學院經濟系三年級前後五年間的老同學，但畢業後各散西東而未曾謀面。聽說，我在一九六〇年二月訪日期間，楊兄曾與幾位朋友來訪北埔而未遇。他未留名片故而無法聯絡，麗芝說他的坐車很有特色，前座沙發而後座是幾張不固定的竹凳子。想不到不出幾年，他已登上世界大銀行臺灣總裁的寶座，實在是欽佩之至。

我訪楊兄之目的是想請他替我尋找適當的職位，先求生活安定，然後再作未來人生規畫。楊兄之成功雖然可算是同窗中的突出者，但當時同儕擔任大銀行一等分行經理或大企業幹部者不知凡幾。我在起跑點就比人家慢了一大截，所以非迎頭趕上直追超前同輩不可，經過十幾年的做事經驗，我自信自己的能力和幹勁，期待楊兄為我安排適當的職場。

楊兄詳知我處境而推測我會來，甚至希望我來找他，我不解其意，他說他一年來規畫製造相框的事業，而且已經成立一家新公司，可惜找不到主持業務的人才，所以浪費一年多時間依舊無法開展事業，他要我接受這個職務。我對相框製造一點概念都沒有，故而裹足不前。楊兄提供的待遇是公司付薪水以外，將提供年度盈餘一成作為酬勞。祥富公司設址臺北後車站太原路，實收資本額二百萬元。董事長楊周素華女士是楊鴻游夫人、萬華名醫，原為官派臺北市長周百鍊千金。她是掛名董事長，實質老闆是楊鴻游，楊兄開南商業學校同學林恆生是楊兄的貼身秘書，承楊兄旨意，幾乎掌管楊家一切大小事務，在祥富來講是無總經理之名的總經理，只是公司成立以來未開始實際運作，所以林先生對祥富公司尚無任何作為。我對相框製造全無知識，楊兄說，臺灣目前只有兩家具有規模的相框工廠。北部楊梅伯公岡有仁富公司，主要製造雕刻相框，南部高雄南山相框公司專門生產模製相框，據說兩家產品都符合國際市場水準，故而供不應求，他認為臺灣人口增加迅速，剩餘勞力日增，價廉而物美，在相框原料雜木生產過剩前提下，相框生產事業之發展指日可待。我還是那一句話，我完全外行，我沒有自信。但楊兄說，你當時投入製茶業時不也是完全不懂茶業嗎？你念書時代就以機敏著稱，什麼事情難得到你？我想他說者也有理，過去我在臺灣銀行做事可以說是學以致用，但對製茶、製糖、造林都是外行，甚至蒜粉、洋菇干製造是前人未曾嘗試之境，後來被迫從事的化學品、鍋爐及鋼管化學洗滌也是無師自通的嘔心瀝血之作，看起來，我家血統有些微發明家的基因也說不定。於是我答應楊兄六月一日開始上班，楊兄問我希望薪水多少，我說三千元夠了吧，楊兄答允給我五千元，當天下午我搭公路局班車回北埔。

我向岳父母報告新的活路，以及不久將舉家遷移臺北的打算並提出租屋就緒後，請二老與我們同住的請求。我同時看出二老顯現安堵（放心）和憂愁交錯的表情，我想二老的憂慮在於從小嬌生慣養而涉世未深的鳴鐸哥和家眷之去就，當時我自身難保，也就不敢虛情假意地敷衍了事。

麗芝是天生樂天派，我北上求職僥倖得以如願，她並不意外，要她準備搬家，她卻認為不必太焦急，她的生意差強人意，看似在北埔依然可以生存下去，臺北日常費用高又要付房租，小孩不懂福佬話，恐怕沒有朋友。我說我正為子女擔心，怕他們因家道劇變而遭受周圍歧視，何況我無法忍受子女不在我身邊的生活。麗芝不是有意堅持其說，我也尚未確定我能夠勝任或適應祥富的工作，所以暫時把這個問題擱置下來。

一九六五年六月一日，我正式成為祥富實業股份有限公司的一分子，祥富公司有名有實無業務而我是唯一的工作人員。公司位置在後車站太原路一家小汽車出租公司的四樓。翌日我花一整天走遍城內多家書店、日文山寨版店甚至牯嶺街舊書店，意圖按照我的老方法找參考書籍，從專門書中吸收知識進而啟發新的構想。

根據過去我挑戰新事態之經驗，確信此法對我十分管用。無論在茶業、造林、護林、竹林管理、罐頭製造、洋菇干等都獲益不少，所以我有恃無恐，膽敢向楊兄誇下海口。但想不到本田五十ＣＣ跑遍天下都未見所需要的東西，我猜測可能是因為高級相框全靠雕刻師傅手造之故。但無論如何，屆時我不能對楊、林二兄空口說白話。我陷入困境不能自拔而正在頭暈腦脹時，腦中突然閃爍楊兄前幾天所說的一句話。當時他告訴我仁富相框公司老闆名叫姜鏡泉，那時我置若罔聞，但現在猶聽天賜福音。姜鏡泉先生是北埔人，我久聞其名，但他很早旅居臺北，故而未曾親近。

姜鏡泉先生與岳家同姓不同系，平時少有來往，一般鄉人認識，他是立志刻苦的成功者，為人剛直、勤儉、好施，是受人尊敬的前輩。但當時我關心的不是他，我的著眼點是他既然是北埔人，其雇用人員必然有不少同鄉人。我想仁富框廠起業有年，或許能在北埔周圍找到仁富相框廠的離職人員，起碼能認得一個資深仁富人，我可用其知識、技術等為著力點，藉以逐步推動企畫。我心已定，立刻以叫人電話找彭榮壽，簡單說明我的意思並囑咐必須以最快速度找人，我明天一早就回北埔。榮壽聽我話好像有一點霧煞煞，但不愧是我的長年忠實夥伴，他允諾明日見面時回我消息。

翌朝，我搭頭一班公路局車十時許回到北埔，與岳父母交談片刻，看一看家族後即赴慈天宮廟左側巷內彭榮壽家（現在的水堂）。榮土（榮壽偏名）家中一瘦長三十多歲青年陳阿郎，正是榮土約來與我相見的仁富框廠離職員工。家住埔尾村的阿郎在仁富框廠服務多年，據他說是因為家庭上的都合（來自日語之外來語：事由、關係、機會、方便的意思）離開仁富賦閒在家。阿郎質樸寡言，但聽他所說有關相框製作之大小事情理路清晰整然，有問必答。這是我完全未曾碰過的行業，他的概略解說只聽得一知半解，例如，外來原料木材、各種先進機器、貼金箔手藝、塗裝技術等，使我與榮土聽得如醉如癡，我相信他是功夫到家的相框師傅。我說明祥富公司新設相框工廠計畫，徵求阿郎有無擔任製框技術工教導的意願和自信，獲得他的首肯。阿郎離去後，我問榮土近來有什麼企圖，他說但願跟著我走，我答允他說，本計畫尚未成熟，但相信不久就有結論，我打算推薦你當廠長，你可以從舊同事中選定幾個助手隨行，究竟能容納多少人數，到時看情況而定，所以暫時不可張揚出去，免得到時害了部分老友失望，一九六五年代確實是頭路難尋的時代。

當天，我留宿家裡，麗芝準備簡單的酒菜，請姜源秀老師、蘊璋哥、陳雲欽、榮壽等老友餐敘，算是辭別宴。我自己前途渺茫，氣勢難振，但鼓起勁來，還是今朝有酒今朝醉，明日愁來明日憂了。

何處是安身之地？

次日禮拜天，我想搬家前先帶顯文和惠琳上臺北作伴，待找到適當居所後全家團聚在新家。當時顯文五歲，小琳三歲，年幼無知，聽到要去臺北就喜孜孜，但麗芝不放心。她以阿舅的福利社白天非常忙碌，你又在上班，兩個小孩太小，一定造成累贅之理由反對。但我為父嚴格卻溺愛子女成性，無法忍受子女長期不在身邊的

左起廖慧美、姜秀瑾、廖顯文、姜麗芝、姜惠琳。

日子，因而堅持自說，下午帶了兩個幼兒上臺北，到姊夫家當食客。英姊家的表姊、表哥美瑩、兆辰、舜君、淑惠都很疼表弟和表妹，使兩個人很快就融入其起居圈內。表姊兄等人白天上課，顯文和小琳在福利社和未就學的淑惠一起玩耍，學生休息時間湧進福利社時，他們站在櫃台內看學生買東西，聽說有時顯文會幫忙賣一支兩角的冰棒。有一天我母親從觀音北上，來福利社見到他們，聽到他們齊聲叫阿婆不禁流淚擦眼睛。我下班時，顯文問我阿婆為什麼哭，令我一時答不出來。

5歲的廖顯文和3歲的姜惠琳在第一個落腳處詔安街紅橋。

楊鴻游、林恆生和我在松江路一〇〇巷的楊公館邊用晚餐，邊討論祥富公司今後的事業計畫和推進方針。商議之結論，初步決定在竹南附近購地建設相框工廠並延聘相框師傅，開始培訓各種作業人員，以利配合建廠落成即時開始試車和試製作業。林秘書是竹南人，所以他主張在竹南設廠，我推薦彭榮壽當廠長、陳阿郎為主任技師，楊、林兩位都同意。以後的作業進行十分順利迅速，林秘書善用故鄉竹南人脈，在竹南鎮大營路購得千坪土地，參考榮土和阿郎的意見，委託建築師設計並建設工廠。十一月底一切完成就緒，祥富公司在短短半年間，從虛幻現身屹立在竹南鎮上。但由於離開北埔不久就在距離不遠的竹南鎮現身，參與新事業並且延請永光舊員工多人，聽說一時有人中傷、盛傳我侵吞永光巨款出走他鄉另起爐灶之說。

六月中旬，姊丈在離螢橋國小約六十公尺的新店溪堤防邊看到二樓出租之紅紙招貼，雖然是二樓，但不必經過樓下登樓，堤防下坡道架一紅色鐵橋通到後門陽台，面積約十八坪、二房一廳，廚房、浴室在通紅橋的陽台上。房租每月一千元，押金五千元。姊丈認為很適合我們居住，特別是近他們家，方便照應我們一家大小老少，所以代墊訂金，以免失去良機。我下班看屋雖然略嫌狹窄，但其他條件十分滿意，恰巧此日我大學好友呂榮茂君送五千元慰問金到公司來，所以晚上就到紅橋之家樓下找房東簽妥租賃契約，並利用公共電話通知麗芝務必在七月一日當天搬到臺北來。麗芝答話有逡巡的口氣，她說新開創的三種行業都生理（生意）當好，一家人糊口應該不成問題，但我在臺北的新職尚未定局，俟兩邊情況明朗後再作進一步決定比較安全。

麗芝之想法不無道理，我所投入的相框事業尚在企劃階段，成敗如何還是未知數，萬一有初鮮終（有始無終），其後果不可收拾。但我分析此一行業在當時臺灣社會背景有相當有利的條件，諸如設備投資不大，製造技術不複雜故而容易雇用勞工，原材料豐富而廉價，外銷市場廣大，資金迴轉速度快……。而今，楊兄著眼於斯而將重任責成於我，我不得不背水一搏，以報老友知己之情。然而我自知自己是情感豐富之人尤其特別愛惜骨肉之親，二十八歲首次赴日時，某日獨自在東京淺草看歷史小說改編的電影，劇中出現女主角帶兩個幼兒雪中逃難的場景，當時蒂玉三歲，茗郁才滿三個月，與劇中兩個稚兒年紀相仿，我立刻淚如泉湧無法控制，無奈只好放棄看戲。第二次旅日一個月時，家有一男四女，我心窩裡時時在想家人，恨不得第二天就飛回家。民國四十年代蔣家威權時期，出國猶如登天難，但偏偏我不喜歡出國，不外乎就是因為不忍離開家人，至今我依舊不愛出國旅行，理由還

想念的家人。

是一樣。

上述是我強烈要求麗芝提早遷出家鄉的迫切理由，但除此以外，雖然鄉親絕大部分對岳家處遇寄以同情之衷，畢竟一種米養百樣人，幸災樂禍、選舉恩怨、利害衝突等不知何時何地得罪於人，或者曾經受惠於岳家卻刻意想要抹煞隱蔽舊事者等對老人家吐露令人難堪的言動（言行）還是有的。

平時清靜無事的山城變成流言蜚語滿天飛的地界，倘若此風蔓延至無垢小學生之間，恐怕有損我家子女心理寧靜。由於我的堅持不移，麗芝終於允諾搬家，車繡教導月底為止，瓦斯生意讓渡他人，新娘化妝則速成教育羅慶芳夫人秀雲女士，並將化妝箱包含賺食碗（掙錢道具）化妝品一式當做畢業獎品傳授給羅太太，至於傳承麗芝衣缽的羅太太後來有無執業新娘化妝師則不得而知。

第十二章

嶄新的生活

告別山城

一九六五年七月一日，我上班至中午提前回家，岳母、麗芝和兩個女兒不久前一起乘坐搬家貨車抵達紅橋之家，隨車工人正在卸貨中，因為租房面積不大，搬來的家具也不多。房屋前面是客廳兼餐廳約四坪，擺圓桌和十張圓凳子，一張大型單人雙層床，頗有轉身不得之憾。用板牆隔間的第二室約五坪，放我們家的大型架子床，第三間是木板大眠床約六疊塌塌米大，可容納五、六人。廚房、衛浴設備在屋外陽台上，麻雀雖小，五臟俱全，與洋樓相比雖有天壤之別，但一家十人勉強可避風遮雨，處在當時逆境，足以自甘也。約兩星期後，北埔好友陳雲欽按址來訪。他苦笑說，北埔有人散佈謠言說你的新居比北埔洋樓更豪華，真是惡劣無聊。我揶揄說，兄台莫非是特地為探個究竟而來，害他怪難為情而連忙揮手否認。

我們搬家的時節剛好是學校年度末，長女蒂玉讀完竹東中學初一，茗郁、惠慶國小四年級和二年級。我希望蒂玉插班古亭女中二年級，但該校日間部不收轉學生，只好報名夜間部二年級，茗郁、惠慶則轉入螢橋國小，各升五年級和三年級。慧美六歲半，顯文五歲半，惠琳三歲未滿，都未達到學齡，白天仍需要人家照看。岳父的堂姪女姜錦雲來舍幫忙半年。

寓所佈置定貼（妥當）後，我們家無儋石，發現我個人薪水顯然無法因應食指浩繁的一家人所費（費用開支），唯一解決之道是多賺錢而且多多益善。麗芝自然想到她手藝高超的車

1965年上臺北後第一個落腳處——詔安街紅橋之家。廖茗郁穿著螢橋國小制服、惠慶三年級、姜惠琳三歲。

鏽，所幸我們家占了地利，螢橋國小近在咫尺，古亭女中也在指呼之間，而兩校都人滿為患，兩間學校成千上萬的學生應該是麗芝源源不絕的主顧客源。

我訂做一枚大書繡學號三個字的看板豎立在紅橋頭，麗芝抽閒造訪古亭女中教務主任，請學校福利社代收託繡衣件，另外找上廈門街一家文具店的客家人老闆娘當她的代理店收發託繡衣件。由於學生每年級的標示有所不同，所以每年升級前必須改繡學號，麗芝電動裁縫車終日運轉，忙不過來，但繡學號工資少得可憐，記得是一個字一角，加上電費、繡線、代收發之兩成佣金等，除頭去尾所剩無幾，她卻樂此不疲，此乃其獨門工夫，無法分擔代勞，令人心疼。後來我在羅斯福路二段的清華日語補習班覓得一週三天、夜間兩節課的兼課講師工作，又在成淵中學夜間部每週代教歷史六堂課，領取日本人所說麻雀眼淚般的微薄鐘點費，我有教師資格，以每節酬金十九元兩角計算，對家計略有小補之功。

我們一眷遷北後，岳父母仍留在北埔一段時間，鳴鐸哥家眷也還未遷出，聽說利用我們搬移空出的橫屋飼養非洲大型安哥拉兔，但我尚未有機會回去觀看之前，便收歇轉業了。

鳴鐸哥大概也感覺到家鄉不能久居，經友人介紹頂下忠孝東路二段一處市場內小麵店，租屋在附近、我臺北高商同學李春來住家二樓，李君聞知是我親戚後，自動減低房租，由於面積大於紅橋之家許多，岳父母與他同住，岳母時而幫忙麵店，有時在家做家事，但岳父無所事事，後來託故無聊而一個人搬來紅橋之家，一者有三個未達學齡的小孫子作伴，二者可到福利社走動或找梅谷先生下圍棋打發時間。

一九六五年底，祥富公司相框工廠開始訓練工作人員並試製相框及框角樣品，以作不久將來投入國外相框市場之準備。某日我赴竹南，在火車上遇到峨眉大茶販曾木雲，從他口中聽到北埔鄉農會遭到擠兌的消息。木雲兄是峨眉石井人，自己耕作茶畑以外，每一茶季在富興頭茶區收購大量茶菁轉賣給永光峨眉茶廠，故而有一面之識。他說北埔農會張姓職員盜用公款百萬圓自首入獄後流言滿天飛，使本來就搖搖欲墜的農會信用雪上加霜，總幹事挪用巨款罪行終於敗露，導致心慌民眾爭相提領存款，迫使農會很快就宣佈停止付款，聽說總幹事已經遭到法院拘押，後續發展如何則不得而知。把北埔小鎮民眾捲入恐慌旋渦的大事，臺北報紙隻字未提，也許是我未注意到，反正那一天若不是遇到木雲兄，我全然不知該來的事情終究到來。我想起清訓哥酗酒跪地的往事，認為我們及時覺悟處理債務是正確的措施，如若不然，身為清訓哥擔保人的岳父之財產可能不足以抵償永光的全額債務，甚至有被農會超前查封的可能性，從而有虧於債權人之利權，也無從接獲法院自動解除破產宣告之判決書。

聽說清訓哥不久由其族內某有力人士，也即是清訓哥挪用公款之始作俑者出面保外就醫，幾年後落魄而終。當時的存款戶多數以三成金額出售存單給借款人，我私人未曾向農會借錢，但替人擔保數十

2012年後永光老同事們仍定期回洋樓聚會。（蔡明易／攝影）

萬，在袁俊彥先生擔任總幹事年代，分期付款還清。清訓哥出事時，我將其經過向岳父報告並陳述當時如未即時清理永光財務，不久也難免受清訓哥拖累而倒閉，後果更慘，應該可謂不幸中之小幸的想法。岳父點頭示意而說灶祥好衰（邱灶祥先生是農會理事長，岳父退保後之清訓哥的擔保人）。誠然，灶祥好衰，聽說他的田地全部遭到農會查封，後來如何善了則不得而知。

我事後再思，若是當時我們未及時處理債務而荏苒無方，清訓哥出事時，岳父名下財產恐怕無一倖存。倘若如此，永光的債務清理勢必無法萬全，也就是說受清訓哥之累而損及永光債權者利益是完全無意義的事，爾後一般鄉親對岳父之情懷可能有所不同，所以我相信當時我們敢於當機立斷是萬幸，不願攪濁溪水之姜家飛鳥，應該值得肯定也。

最溫馨的年夜飯

一九六六年除夕，我萬感交集，想起去年此時此刻在新竹鄭醫院孤坐等錢的情景，回顧當時在家心焦氣躁的兩位老人家，以及永光辦公室無所適從的同事們，我膝頭都快要出目汁（膝蓋流淚）。而今卸下千鈞擔，雖然家無儋石尚可安貧樂道。我有可愛的家人，個個聰明健康，自負有過人的思考能力和行動力，我何懼之有？如此自我陶醉一番後，我頓覺到了安心立命的境地。岳父在北埔與鳴鐸哥一眷吃年夜飯，紅橋之家一梼仔人，客廳兼餐廳圍著圓桌，有說有笑有唱，熱鬧快樂，我一個人欣賞臺灣清酒，發現我有生以來，未曾享受過如此溫馨的年夜宴而心曠神怡。

紅橋之家名字可愛，但缺點也不少，噪音和空氣汙染非常可怕，而其元凶來自同一個地方。我們住家是背向新店溪堤防道路的二層樓建築，與我們居住的二樓相連的屋後堤防道路高度相等，離屋後一百公尺處橫跨著通往永和板橋的中正橋，來往永和、中和方面的所有車輛二十四小時經過我們屋背道路散發猛烈噪音和大量廢氣而去。一九六〇年代還是老爺車橫行時代，噪音和廢氣之凶猛無與倫比。我們全家人每天洗澡的同時必須洗頭髮，因為第一次沖洗下來的水一定是染黑的汙水，沾染頭髮的汙塵可以用水沖走，但吸進肺部的髒廢氣則無法排除，長期積存在肺部的烏煙瘴氣斷非我們慣於享受鄉村清澄空氣之人，尤其是少年幼兒能夠忍受的，我們只好另覓空氣乾淨之地安身。

姊夫是摩托車狂，只要有空閒，他就騎上他的速克達到處跑，有一個星期日，他發現永和街尾不遠處有一排新蓋雙層小房子出售，立刻回頭來帶我去看，離永和街尾一百多公尺處的田中有一批雙層小房子構成一條不甚長的巷子，新編的地址標示永和路三三三巷，建物概況是：土地約二十坪，建坪上下層各十四坪，屋背圍牆內空地兩坪，屋前竹籬內四坪，淺巷相對兩排各五戶，業主是自耕農兼小雜貨店老闆，房子剛剛落成，掛牌吉屋出售一禮拜。大概是景氣不好，有人看屋，無人買屋，各戶標價九萬元。我囊中如洗卻看中門牌號碼三三三巷一號坐南向北之大馬路邊第一間，與姊夫二人大戰耕田人，討價還價殺成八萬三千元成交，那一天是三月十二日，約定三月底交屋。

衫袋仔無半錢（口袋沒有分文）卻膽敢非在二週內籌措巨款不可，在當時我家的背景下是談何容易，但我的算盤超出我的理性。我想，我固定月薪五千元，八萬元只不過等於十六個月的收入。我在十六個月間可省下一萬六千元房租，加上收回租屋押金五千元，我親朋好友不乏腰纏萬貫之人，只要臉皮夠厚，天下應該無難事。在此同時，我想到桃園同學陳君年前資助我十萬元之往事，讓我重新感念他的友情和氣量而銘諸肺腑。

一九六六年三月底，我們搬進永和路新家，地址是臺北縣永和鎮永和路，屋邊通往中和鄉的大馬路自然是永和路，但隔了馬路對面路邊的雜貨店看板卻寫明是中和鄉中和路，令我丈二金剛摸不著頭腦，無法了解其所以然。新家樓下有客廳、廚房、洗盥間加上兩坪大的小房間，樓上分成三個寢室，雖然格局不大，但比紅橋之家強得多。

永和路三三三巷似是海中孤島，周邊大部分是稻田，但沿著馬路稀稀落落有其貌不揚、可能是那一帶尚屬農村時代之兼業小店，離我們家不遠有一家饅頭店，生意只做一個上午，店內有一部寶貝黑白電視機。當時電視三台的播放時間是清早一－二小時，中午二小時，晚上五小時，家裡幼童是傍晚窗外窺視的常客，窗戶裝有防蚊網，可能是把臉部緊貼網子看，四歲小琳和六歲顯文的鼻尖有時沾黑而回。當年屋邊馬路不是要道，交通量不大，到了晚上青蛙叫聲滿天下，有一次母親來舍過夜，第二天早晨埋怨說蛙叫聲騷擾她整晚無法入睡，實在有愧她在四湖田舍長大的十八個年頭。

搬來永和後，麗芝的車繡不得不歇業，自然打擊我們家的生計。有一位同學告訴她，臺灣合會董事長張芳燮採用胞妹為正式職員的消息，張是我岳父栽培，資助其選上兩任省議員，依此趨炎附勢後來當了臺灣合會董事長，而他胞妹正是麗芝新竹女中同學。有此淵源，麗芝直接到臺灣合會求見董事長，拜託他幫忙求得一個糊口機會，張給她的職位是底薪三百元、靠招攬金額抽佣金的外務員。這是公營金融事業董事長賜給曾經資助他之他口中的大恩人的落魄女兒的恩典。所幸天無絕人之路，麗芝新竹女中學妹夫君蔡萬得先生提拔她任國泰塑膠公司總經理日文秘書，因而尚可維持一家溫飽。

九月，新學期到來，蒂玉升古亭女中三年級，茗郁、惠慶各升六年級和四年級，慧美也入學螢橋國小一年級。四個女兒都要搭公共汽車通學，而上下學必須走住家和南山路之間不算短的田唇路（田埂），尤其蒂玉讀夜間部，回程行夜路令我擔心。茗郁和惠慶每天一起上下學，有一個下雨天，茗郁先擠上車後發現妹妹沒有跟進，眼見巴士就要發動開走，心裡著急就跳下車而腿部受傷。此外，麗芝上班國泰塑膠公司的距離遠，我的通勤用五十ＣＣ老爺車賣三千元變成房價之一部分等等，使我考慮重新搬回螢橋的可行性。

1967年廖團景、姜阿新兩位親家於廈門街租屋處。

祥富公司業務漸見曙光，楊兄委任一位花旗銀行退休，與日本人太太留在臺灣享樂餘年的美國人鮑威爾（Powell）先生負責外銷工作後，試驗性訂單逐月增加，也有美國及日本進口商來臺參觀工廠並接洽訂購，榮土和阿郎很認真摸索並開拓新產品。但隨後工作範圍及規模擴大，許多前未所見的瑣屑問題接踵而至，因此我經常去竹南，出口趕工時甚至不得不留宿幾天在工廠。

尋屋大師詹梅谷先生很快就替我們找到一間位於廈門街八十二巷內的日本宿舍，二大一小三個房間，屋前、屋左、屋後有空地，而面積較大的後院附有一間四坪大的加蓋獨立屋，月租一千四百元，房東是當年不算稀有的麻臉外省老太太。九月十六日搬家，那一天，我從永和家出門赴竹南，晚上回來廈門街家睡覺。從此，我們家可節省四個孩子通學車票費用，但多付四百元房租，後來三妹繡蘭一眷搬來後院獨立屋，分擔了月租一百元，減輕了些微我豆腐肩的負重。那正是我家克勤克儉，針頭削鐵之時代。八十二巷口小麵攤，米粉湯一碗五角，無味無香卻是我家六個飯鶉仔（很會吃飯的年紀）的最愛，巷口對面店亭下（騎樓）有只賣傍晚到午夜、操北京話的人開的餃子大攤，生意好得不得了。二十元一百個餃子，我捨不得吃，靜坐觀察六個孩子瞬時把堆積如山的餃子納入肚子的蓋世武功，欣賞養精蓄銳之滿足感而心神怡悅無窮。

祥富公司業務後來推進尚稱順利，不必過於操心。我離開祥富公司後，加入一九六七年整頓成立的信新化學公司，並於一九七〇獨立分設臺灣理光化學有限公司。我認為我們營業對象大部分在臺北市外圍市郊，並無坐落鬧區之必要性，因此把理光化學設在士林華榮街。現在華榮街已經變成雜沓混亂的菜市場，但當時是摻雜幾家小商店的住家為主的巷子街。房租

後排右起廖慧美、姜秀瑾、姜百林，前排右起姜惠琳、廖顯文於士林洲美路雙溪河。

兩千元，房子深邃，有空間供做倉庫兼化學藥劑調配場。這個時期，我差不多研發出不遜於日本品牌效能的產品近二十種，而以理光之商品名開始拓展銷路。

一九六八年我們從廈門街搬到外雙溪下游的士林洲美路，即靠近文林路堤防旁邊二層樓公寓之樓下。居住樓上的房東陳先生竟然是我臺大經濟系慢兩期的學弟。從北埔遷北算起，這是我們家的第四次搬家。九月新學年起，惠慶從螢橋國小轉入士林國小六年級、慧美四年級、顯文二年級、滿女惠琳滿五歲又十個月未達學齡。當時G將赴美求職，岳父母和G將家眷開始同住華光街，由於離我們新的寓所不遠，家人全部上班上學後，小琳經常到祖父母家，G將四千金也很疼愛小姪女，

理光公司承包中油管線清洗工程。

1968年姜阿新夫婦與女兒、女婿及六個孫兒合影於士林洲美路住家旁河堤。

所以小琳有時賴在那裡好幾天不回家。

一九六九年，衰運依然作祟我家，麗芝被臺大醫院院長邱士榮博士診斷為零期子宮癌，必須切除子宮以期萬全。邱院長操刀手術約一個多小時順利完成，住院兩星期後安然返家，當時尚無全民健保亦無勞工保險，對我家計是無米兼閏月（屋漏偏逢連夜雨），但麗芝以後平安無事，真是謝天謝地。麗芝在開刀房手術時，外面家眷休息室我一人獨坐，憂心如焚，四妹夫葉發萬悄悄進來默坐旁邊，對孤立無援而心灰意冷的我給予強有力的精神支柱。

一九七〇年，我們一家的劫數似乎未消，年底岳母身體欠安，臺大醫院檢查診斷是罹患淋巴腺癌，對我們全家是晴天霹靂。一年之內，在同一屋子，母女均遭癌症之害，說偶然巧合，也未免太殘忍，怨天尤人之餘，本來完全不迷信的我突然興起我家人不宜居住此之牢不可拔的信念。

岳母接受鈷六十照射治療以後維持相當時間的寧靜。翌一九七一年春，我和麗芝看中石牌派出所附近新蓋三層樓建築之二樓求售，面積二十六坪三房二廳，索價二十萬而以十九萬元成交，我依然囊空如洗，但蒙麗芝摯友芬吟桑無限期免利息資助十萬元，一般銀行貸款只能貸到二成八的時代，我臺銀老同事蔡瑞生擔任副經理的城西分行特別融通十萬元，使我們很快就搬進新屋，這是遷北六年間之第五次搬家。我們新家同一樓梯出入的隔壁家尚未售出，所以建議當時住在新竹的岳母胞弟詹煥奎舅父夫妻搬來比鄰而住，煥奎舅獨子柏舟是職業軍人很少回家，次女逸美嫁到高雄，長女苑君與夫婿蔡瑞龍住在天母東路，距離不遠，照顧二老比較放心。當時煥奎舅父年齡大約六十出頭，罹患過小中風又有帕金森氏病，行動和語言都有一點不方便，我家人十個，鄰家同一面積卻只住煥奎舅夫妻二人，所以岳母借用隔壁一個房間。

岳母之康寧維持大約一年。一九七二年八月某一星期六，岳母右腳小腿突然紅腫疼痛而發燒，第二天早上我請住在士林華聲街的羅慶鈞醫師，勞駕石牌看診岳母症狀。羅醫師說可能是病菌感染所引起的丹毒症，接了處方箋，我送羅先生下樓梯途中，慶鈞哥好像無意中嘟喃的一句日本話：「再発したのでなければいいが！」令我愕然，希望不是再發就好這一句話顯然在暗示，他診斷岳母癌症再發。岳母問羅先生怎麼講？我若無其事地答羅先生開了藥方，但他說最好住院治療，慎重以對。

第二天，岳母住進臺大醫院內科病房，三星期後病情似有好轉跡象，主治醫師准許出院，但回家療養幾天後再度惡化，因而立刻住進臺大醫院。上一次是多人雜居的三等病房，這一次是三人一室的二等房，同室關節炎病患何菊妹女士是麗芝新竹女中的裁縫老師。岳母住院先後四個月間，週間白天麗芝看護母親，晚上麗芝和臺北醫學院剛畢業而就職馬偕醫院的長女蒂玉輪流陪伴老人家，星期六、日由經營松山高工學校福利社的鳴鐸嫂和女兒們照護病人。

岳母住院期間病情時好時壞，但在醫師和護士照料之下，似無特別的病痛是唯一家人感到差可告慰之事。岳母食欲不振，唯獨寵我購自延平北路與長安西路交叉三角窗的潤餅，每一次看她吃得津津有味，我眼淚都快要掉下來。有一口我去淡水血清研究所看鍋爐，歸途踏入魚市場買兩條鮸魚，麗芝煮好送到醫院孝敬母親，後來岳母多次讚揚那一日鮸魚滋味鮮美，我打算特地跑到淡水購買，但尚未成行之前，岳母已經棄世，為此事我一直耿耿於懷。約十年後，岳父最後一次住林口長庚醫院時，晚上十一點多叫人打電話給我說，他很想吃滷肉飯，我和麗芝立刻跑到士林華榮街夜市，趕上正在收攤的飯攤買到最後一份滷肉飯，趕到林口已經轉頭一點鐘（半夜一時），岳父很高興，但只吃一兩口就吃不下，說等一下還要吃，雖然小事一件，但這是我能為他效勞的最有意義的事。

岳母辭世

這一年冬節（冬至）是十二月二十二日星期五，所以麗芝煮粄圓為母親過冬節，讀北一女一年級的三女惠慶放學後去看阿嬤（姜家人對祖母的稱呼，來自福佬話），惠慶回家說阿嬤食欲好，吃粄圓吃得很開心，還記得冬至是我生日，並說吃了冬節粄圓就算加了一歲。翌日星期六，麗芝在家接到鳴鐸嫂電話告知母親剛剛過世的噩耗。清早離開時全無異狀的母親突然歸天，猶如青天霹靂，使麗芝心慌意亂，先打電話告知我後，立即趕到臺大醫院，我抵達時，岳母還安祥地躺在床上，蒂玉、紅瑾、百塘和其他孫兒也趕來痛哭失聲，麗芝為母親換上壽衣，醫護人員送遺體到太平間。岳父決定把岳母送回北埔辦理後事。岳父、鳴鐸哥夫妻、我夫妻、蒂玉等伴隨救護車，蒂玉等孫輩按照習俗，每逢過橋就喊一次阿嬤我們要過橋回北埔去，晚上十時許回到北埔老家，洋樓已屬於銀行所有，但橫屋仍是姜家產業，當時岳父胞弟蔡榮火先生借住。岳母遺體從橫屋玄關進入，經八角門通過隔壁第二房橫屋之過路間，安置在天水堂姜家正廳。搭公司發財貨車的我家子女也差不多同一時間抵達老家。那一天上午天候溫暖，所以我衣著單薄，但傍晚變天，氣溫劇降，我先到鍾清水店添加一件毛線衣，尺寸都太小，但別無選擇，只好勉強穿上一件以防著涼。鍾老太太出來問我懋熙嫂（我岳母）病情如何，我將岳母不治，剛才把遺體運回老家之事告訴她。我話未完，老太太突然淚滴如珠，令我甚感意外，雖然我知道老太太是峨眉鄉中興莊姜禮貴先生胞妹，但與北埔姜家平常少有往來，所以我認為鍾老太太性靈善良之外，想必是岳母多年在北埔深受鄉人愛戴之自然顯露，似乎不無可能。

岳母患病時期，我家生計全靠我夫妻二人的薪水，但麗芝為看護母親而辭去國泰公司工作，所以食指浩繁的家計十分拮据，所幸臺大醫院住院費用不算很貴，一方面多蒙親朋好友以慰問金名義的餽贈，其他不在少數，岳母把身上最後一個寶貝鑽戒交給麗芝，命其變賣充作住院之資，但未至動用之前，岳母遽赴黃泉。成為遺物的鑽戒，因為煥奎舅母和錦川舅母都說，曾經聽過蒜姑（指岳母）說要留給長孫百塘做聘禮之用，所以在岳母七七（去世第四十九日）之夜，由岳父親手授與百塘。

接到麗芝電話時，慌慌張張趕去臺大醫院，未及想到遺體送返北埔事，由於星期六下午銀行不營業。一時想不出籌錢之策，倒是老人家想得周到，岳父交給我兩萬元現金命我發落，我在逐漸現身的舊職員中見到鍾秀枝，請他保管現金並支應。橫屋客廳坐滿聞訊而來的親朋好友，大家商量殯葬事宜。擇日一星期後出殯，子孫全員在公廳守靈席地而眠，我有半子之誼，自不例外。期間巧逢寒流來襲，寒氣峭厲，孫男孫女十一人靜靜地陪伴敬愛的阿嬤多日。葬禮在天水堂前廣場舉行，場面不大卻莊嚴而恭敬。我父親遠自觀音來致哀，岳父始終默默，想必哀哀之衷莫之與京（哀傷至極）也。岳母土葬於北埔蔗園坪公墓。約五年後，岳父親自在尾隘子山崗營造父母清漢公和自己夫婦之塋地，將清漢公婆和岳母骨骸納入新造壽堂。準備將來自已相偕入土為安。

岳母享年七十二，她之棄世，正逢我們家處於落魄不堪時，岳母少年富家女而嫁為富家婦，而今零落至此田地，對未來之期望仍然一籌莫展之逆境下，她堅忍不拔面對現實，想必期待於我等後代之終究能夠排除萬難，恢復功力，但未見毫末曙光之前，與世長辭，成為她無限的遺憾，也是我最為不捨和悲哀之痛。

一代茶人落幕

翌一九七三年晚春，長女蒂玉與台灣電力公司協理吳永甯先生三男吳錫斌，在新生南路天主教教會舉行婚禮，蒂玉當時剛滿二十歲，新娘年輕，新岳父母也不很老，我未滿四十五歲，麗芝四十三。女婿錫斌，臺北福佬人，輔仁大學英文系畢業，就職於新店卡林塑膠公司。我家與輔仁大學有緣分，後來三女之夫黃雍熙、滿女惠琳，曾經寄宿我家的四妹繡梅之子葉高樹都是輔仁畢業生。

臺灣第一家電視台，臺灣電視公司於一九六二年十月三十一日正式開播黑白影像，當時從日本進口，唯一規格之十六寸電視機售價四千六百元，差不多等於一般公務員三個月以上的薪水，所以北埔街上擁有此物者寥寥無幾，我們家洋樓客廳晚上播放時間，每天都有七、八

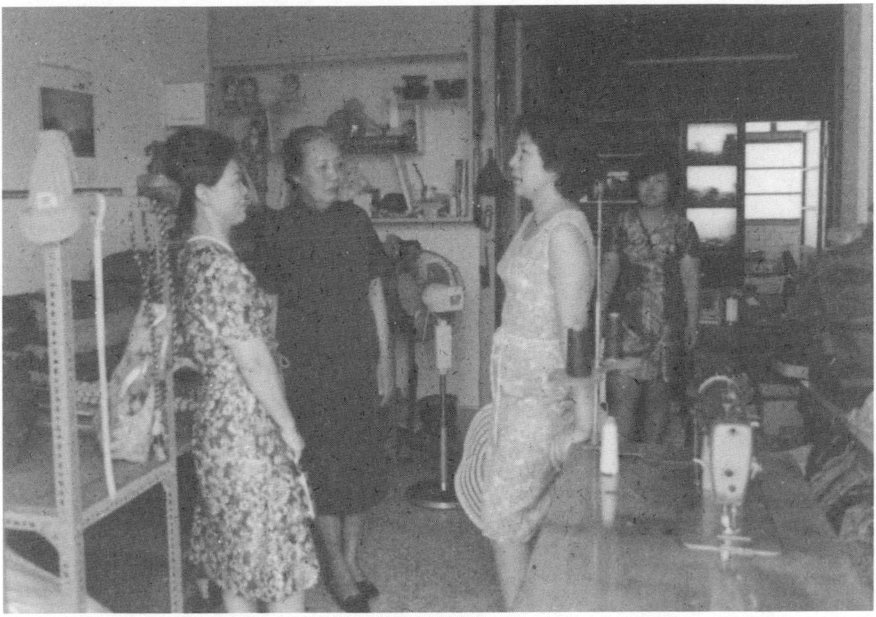

1972年石牌的家變成電視覆布工廠。左起從花蓮來訪的鄭雪娥、岳母詹蒜妹、姜麗芝。

位常客在欣賞電視節目。隔了七年之一九六九年中國電視公司成立，繼而一九七一年中華電視公司開始營業，隨著社會經濟成長，國內生產的電視機相繼出現，規格逐年變大而且慢慢普及在一般家庭，但價格依然昂貴而高居所謂家庭三寶即電視機、電冰箱、洗衣機之冠。因為電視機特殊，大部分都占居客廳之顯要所在，從而獲得家中重要家具的地位。再者隨著電視機的大型化和家具化，木材外殼之採用成為流行，為了保護並加強電視機之存在感，很多人喜歡用覆布蓋在上面，電視機製造廠則投其所好並提高廣告效果，贈送印有廠商文字的上等絨面覆布成為時興。

雅典照相館老闆詹紹基先生供應大同公司贈品的大部分，包括每月一萬份以上的電視覆布。一九七三年起，石牌寒舍的小客廳成為大同公司電視覆布縫製廠，麗芝是廠長兼縫製工，堂妹姜錦雲未婚前一段時間也來當副手和我們一起生活直到出嫁，因而至今和我們特別親近。

麗芝使用笨重的電動截布機。每日裁布四、五百枚是重勞動，但縫製對電繡練達的麗芝是易如反掌，唯對其本來就不強的視力之負擔可謂不小。另外還有位住在附近不會說中國話的中年婦人，每隔幾天來把裁好的絨面布抱回去加工。作業雖然忙亂，但麗芝為了看護母親而辭職國泰公司

姜阿新夫人（中間）與親戚在石牌寓所樓下。

工作以後，不再有其他收入來源，祥富公司相框業務順利成長後，我辭職另闢蹊徑的臺灣理光化學公司新事業仍在五里霧中而心勞日拙，因而麗芝這一份收入對我們家計有極大幫助。唯絨面布之加工過程中難免飛散微細絨屑，恐怕對小孩子健康有害，因此工作時間限於白天子女上學時，但無幾熟能生巧，加工速度突飛猛進而超過大同公司需求量，所以麗芝經朋友介紹，拿到歌林公司定單，數量不算很多，但自製自銷之利潤大於代工的收入很多，只是從進料、加工、交貨、請款、收帳等附帶瑣事都要麗芝一人包辦而忙得不可開交。

我個人不迷信，也不贊同迷信，但未到堅決反對的地步。各人享有信仰自由，而也有迷信的自由。既然多人相信鬼魅魔道之存在，個人為此有所舉動，藉以達到心安理得之目的則未嘗不是件好事，五、六十年前臺灣如此，現在的情形大概也差不了多少。每月舊曆初二、十六日，開店或做生意的人每家每戶都在門前擺祭品拜鬼神，祈求平安息災。這個行之有年的習俗，與特種營業者定期付保護費給管區警察或流氓地痞以息事寧人之作為如出一轍，但付給流氓或警察的保護費是被敲詐，拜鬼神是出於自願，何況事後能原封不動地享用祭品之殘湯剩菜（理論上如此），除了廉價的線香紙錢以外，不再有其他犧牲，而換來的是心靜意足，也許還能期待「異物」在酒醉飯飽精神爽快之餘，暗中幫助發財也說不定，所以這一程度的迷信是無可厚非。

我不迷信，麗芝則更番，她不只不迷信，甚至對這一方面幾乎近於無知。我們於一九六五年遷居臺北，一直從事一些小生意度日，但初二、十六不拜門口，幾年後的某一個月舊曆初二或許是十六，麗芝不知道受到什麼高人指點，突然開始拜起門口來，由於祭拜行事都在我上班時間為之，所以我只能從晚餐菜餚獲知當天是舊曆初二或十六亦即她拜門口的日子而未嘗看過她祭拜禮節如何。大約過了半年，有一個假日剛好是麗芝拜拜之日，我始得觀察她的儀式程序並知道其與眾不同。她把小桌子搬到陽台，擺上三牲祭品、酒一瓶、酒杯三個，蠟燭一對，以量米筒裝米而成的代用香爐等，一切就緒後點燃線香，拜三拜插在香爐後離開去忙她的家事。線香快要燒完時，麗芝出現，很快就把桌上的東西端走，手急眼快，整個過程好像擺攤子商人做完生意收攤子似的那麼熟練而乾脆俐落。我沒有看到麗芝請神（邀請神鬼享用祭品並聽取禱告）因此質疑，她說她不會請神，所以省略那一道手續。這等於是請客又怠慢客人，甚至於客人可能根本不知道被邀請。我對麗芝講解這個道理，問她祭拜的對象是何方神聖，她答說不知道。麗芝說朋友告訴她，臺北生意人每逢初二、十六拜門口求平安，自己也看每家商號都在店頭擺設供物祭拜，因而入境隨俗起來。她認為大家同日同時舉行拜拜，享用者應該不請自來，所以不請神大概也無大礙。我說，你既然不知道拜的是神或是鬼，貴客蒞臨又不打招呼，倘若貴客因此而不來或者如無神論所說真的無神鬼，妳煞費苦心，擺了一大堆東西在拜的只是空氣而已。我夫妻為此大笑一番，從此不再隨聲附和，以上是我家拜門口禮俗之起頭至結尾的始末。

右起盧招女士、姜阿新、姜麗芝。

一九七二年夏天，理光公司由華榮街搬到中正路三八三號，位置在新光紡織公司斜對面，以臺灣理光化學有限公司名義正式申請理光牌之商標專利登記，開始推銷自己開發的各種化學表面處理劑，包括除鏽劑、防鏽劑、鐵材表面皮膜劑、除碳劑、除漆劑、清鍋劑、水垢清除劑、流出油分解劑等三十項商品，自信品質上能夠拮抗日本製品。我們在各地設置代理店，基隆萬陽公司、臺北百業公司、中壢盛泰興、臺中巫先生、斗六楊清霖、高雄朝禾企業公司等。其中萬陽、百業、盛泰興比較活躍，其餘銷售有限，但尚能持之以恆，細水長流。

中年失偶是人生之大不幸，我在北埔期間多次聽岳父說過這一句話，岳父七十二歲失偶，同樣是人生之大不幸，只是他遇到大不幸卻貴人盡顯（卜者稱命中將不缺乏扶助他的人），少岳父二十歲的盧招女士不忘昔日恩情，出自本心地接納他，無微不至的照顧，誠心誠意服侍他迄止岳父人生之最後一刻。我很早就耳聞盧女士此人之存在，岳母自然更早察破此事，但我家人從來未曾見到岳父母二人為了這個問題爭吵的場面。岳母住院期間，岳父時常晚間攜帶補品探望岳母，岳父眼睛不好，暗夜走路不安全，盧女士一定隨行但不敢進醫院，留在大門外石階長時間等待，我忘記哪一個女兒告訴我，送阿公到醫院大門遇見一位女士在等候阿公一起回去，不知她是何人，我心裡有數，但只能推說不清楚。長期陪伴母親的麗芝說，母親知道補品是從哪裡來，還察覺自己來日不長，自己走後父親有人照顧，故而比較放心，岳母心地光明，可謂幾達神仙中人之境界。

這一年盛夏，忘記何人發起策畫以姜家眷族為中心的三日二夜梨山花蓮之遊。是日上午七時，參與者集合在臺北車站廣場內公路局西站，搭新竹客運公司遊覽車。我家一眷抵達停車場時，岳父先到立在車旁，我見到岳父身邊樸素行裝的秀麗中年女人，那一天是我首次與盧招女士見面，她大我五歲，當年五十，從此我與麗芝以日語歐巴桑稱呼她（日語おばさん「小母さん」是對年長女性的親善稱呼，戰後來臺外省人將其當做女傭人的代名詞使用是錯誤用法）。岳母去世後，我家子女時常赴西門町歐巴桑家看祖父，所以親密如故，以福佬話阿媽尊稱她。

旅行之成員以岳父為中心，因為是暑假期間，在學眷屬居多，鳴鐸哥一眷、我夫妻和子女、G將錦川舅全家、姜家三房烘樞叔、蔡瑞龍一家等一共三十幾人。在臺中晝食時，大里初中教師陳勝福加入旅遊行列，遊覽車行橫貫公路，當晚宿梨山賓館，第二天經天祥赴花蓮車上，正在旅行社當助理導遊而準備考導遊執照的鳴鐸哥沿途實演觀光導遊。他口若懸河，從中部橫貫公路建設工程之艱險說起，進而對展現眼前千變萬化的山明水秀讚賞得天花亂墜，可惜全是日本話發言，五十歲以下占多數的成員全是鴨子聽雷（聽得莫名其妙），但他們的掌聲卻比熟語日語的老年階層熱烈很多。

晚餐接受岳母胞妹蜂妹姨、女婿文嵩姊丈和雪娥姊之招待，蜂姨和書爌（蜂姨獨生子）夫婦也來，在一家高級海鮮店桌開三席，欣賞臺北難得一見的海錯珍味（山珍海味），飯後大家住進飯店休息，但書爌餘勇可賈而心誠意敬，留蜂姨和娥姊夫妻在飯店陪遠來稀客聊天，邀請我和G將（錦川舅是書爌之舅父）、鳴鐸哥、烘樞叔、陳勝福等雄兵猛將，冒雨衝出去鬧區一家小酒館，繼續喝二次會（來自日語之外來語，一般是指宴後移席別處延續之小宴）。鄭書爌曾經在永光公司北埔糖廠任職數載，因而北埔舊交不少，往昔的回憶甚豐，話柄特多，談西說東，不知喝了多少酒。

第二天上午，由書爌嚮導年輕人遊覽花蓮市內，岳父、歐巴桑、錦川舅伉儷、鳴鐸哥夫妻、麗芝和我坐遊覽車至花蓮市郊吉安鄉文嵩姊丈家，黃家多年來在此地經營運送店（臺灣鐵路局花東線吉安站火車運輸代理店），住家是日本人留下的宏大日本建築，我完全未料到我三女惠慶後來會成為花蓮黃家的媳婦。

回程之蘇花公路多處仍然保持日治時代開闢當時的原貌，路窄彎曲而陡峻，行車險象環生，乘客個個提心吊膽，借用日語的表現是掌中一直捏著汗（手に汗を握る）。花蓮之旅，無意或有意中給岳父公開他與盧招女士關係的機會，岳父爾後之生涯有所寄託，減輕我們精神上、經濟上之負擔，使我們能有養育子女和生活的餘裕，在當時我們家最慘澹之逆境中，歐巴桑無異是我們的救星。從此開始，岳父的歐巴桑家與我們家眷，以及姜家親戚間之互動逐日熱絡起來，長長短短有見烘楷叔兄弟、文瀾哥、文海哥等多位親族來訪。

歐巴桑的家在西門町巷內的第一間，本來是日本宿舍，後來與建商合建兩棟高樓建築而分配到第一棟六層樓建物，雖然每層面積只有十七坪，但位置當市（熱鬧，適於做買賣的地方），所以一樓租給著名牛肉麵館的月租就足夠生活而綽綽有餘，歐巴桑膝下二子都已成家並有穩定職業而分別住在四、五樓各自生活，雖無血緣關係，但對岳父恭敬有加並以多桑稱呼老人家。

岳父有三個孫子八個孫女，最大的蒂玉已經結婚以外，其餘都在上學，所以無法常去陪伴祖父，唯有念建中及北一女的百塘、惠慶利用下課之便，常去看阿公，惠慶甚至高三那年長住他家，歐巴桑對來訪的孫子輩不分彼此給予照料，使孩子們每每有賓至如歸之溫馨。蒂玉結婚翌年十一月生長男吳祚豪，岳父欣慰之餘，難免嘆息說，我都做阿太了（曾祖父）可惜妳們阿嬤沒有這個福氣。

女婿吳錫斌在美商卡林公司，從基層做起，幾年後累升總經理而極其繁忙，住家也搬到烏來花園新城，但每年多次抽空開車帶家眷陪祖父和阿媽四處遊覽，蒂玉是岳父第一個孫女，相處時間最長，情感想必特別濃密，一九七八年十二月次男樂駒誕生後，照樣撥忙扶老攜幼遊山玩水，以慰阿公之心灰意冷。

一九八〇年秋，蒂玉一家移民加拿大多倫多，我夫妻陪岳父赴桃園機場送行。手執拐杖，茫然目送孫女一家走進登機門之岳父淒涼孤寂的背影，令我情不自禁，至今難忘。

姜阿新長孫女姜蒂玉移民加拿大前邀請親友聚餐，姜阿新坐著，前方為姜蒂玉，右為姜麗芝。

蒂玉進而後出吩咐我說，阿公年事已高，萬一罹患惡性疾病，務必立即知會她，她一定排除萬難回國服侍阿公到最後一刻，千萬不可拖延到臨危時刻才通知。很不幸，兩年後的一九八二年三月，六弟運範發現岳父罹患肝癌且確診剩下不多的日子，蒂玉旋即舉家返臺，女婿事業在身不久須趕回加拿大，蒂玉和兩個幼兒留在我們天母家約半年光景，住院期間，鳴鐸哥家族和我家人尤其是蒂玉盡量長時間陪伴老人家，為竭盡孝道而無憾。岳父病情時好時壞，反覆在林口長庚住院和返回西門町家養病後，終於於七月二十日歸天，享年八十二歲。

後記

重返洋樓

廖惠慶

離鄉

一九六五年家裡出事時，我念北埔國小二年級，由於學期還沒結束，爸爸先上臺北租好房子後接媽媽和其他姊弟安頓，茗郁姊和我留在北埔隨著祖母及伯父母一起生活，每天依舊上學並過去洋樓後方穀倉改成的廚房吃飯，幼小的我們感覺到家裡不尋常的氣氛，經常去野外採魚腥草曬乾想換些零用錢，從來沒有的寂寞和不安讓我們非常想念爸爸媽媽。

有天晚上許久不見的爸爸突然回來。快樂重聚的父女三人在老屋並排躺著講個不停，在近年看到日本卡通《龍貓》時總讓我想起那晚的場景和心情。當時期待上臺北和家人相聚的快樂占滿心頭，完全沒想到隔天早上就要離開出生成長的老家及親友，也沒去學校和老師、同學道別，我照爸爸吩咐只帶點衣物。除了琴譜也帶了滿滿餅乾盒的寶物，裡面是死黨姜文光給的大小彈珠，我愛玩的圓紙牌，兆辰叔特別贈送我的珍貴磁鐵兩個，吾友秀暉送的美麗貝殼。

我永遠記得與久違的家人重逢的情景，幾個月不見，三歲的小琳長大許多，從紅橋的那一端衝出來，真是可愛極了。我的餅乾盒摔落打翻，心愛的大小彈珠滿地亂跳，耳中傳來當時蒂玉姊整天反覆百聽不厭的《窈窕淑女》電影插曲，當時聽不懂英文，只覺得音樂非常好聽。和家人團聚令我們非常快樂。

梅谷舅公經營的螢橋國小福利社簡直就是小孩子的天堂，除了滿櫃糖果、冰棒外，還有秀珍姐煮的大鍋米粉湯，有趣多變化的螢橋國小校園令我們流連忘返，河邊及中正橋下的溜冰場也是首選的去處。離開繁榮的詔安街搬到中和路是段快樂的日子，因為當時附近都還是田野，上下學走路去坐5路公車時，稻田竹林和青蛙昆蟲是熟悉的鄉下環境，採集大水溝旁長滿的過貓回家炒來吃，及撈溝中的大肚魚給我們很多樂趣，我和二姊放學經過永安市場口袋如果湊夠零錢，偶爾會奢侈地買臭豆腐來吃。但是颱風淹水要跋涉上學就較困難。

爸爸在太原路工作的祥富公司我還記得，因為那個暑假爸爸每天騎摩托車上班，順便載我去中山北路一段、美國大使館巷內剛從師大音樂系畢業的姜喜美姑姑家借鋼琴，結束後我自己走去林田桶店旁小舅公家玩或坐45路公車回家。當時個子小的我就坐在爸爸的摩托車前座，這段時間大概是成長過程中和爸爸最常親近的時間了。喜美姑姑那年暑假去義大利留學之後好長一段時間我沒有地方可以彈鋼琴，直到再度租屋搬家到廈門街82巷時，四年級的我開始每天放學後坐公車13路到北門附近文瀾伯的姊夫何禮棟醫師家借鋼琴。記得下車後要經過雜亂的中央市場，冬天濕冷，有時可以買一枝煮玉米放在口袋裡取暖。到現在我還留著當時戴的小小紅色毛線手套，也很懷念煮玉米。之後也曾向巷口的曾婦產科借琴練習，但傍晚是曾家孩子們看卡通的時間，因此我覺得很不好意思發出聲響。幸好不久我們再度搬家到士林洲美路，我改坐車去新生北路媽媽最要好的朋友芬吟阿姨家練琴。六年級轉學士林國小後，媽媽不知從何打聽，租到一位郭老師家的鋼琴讓我練習。可惜那段時間我沉迷於乒乓球，因此不太用功練習，真是辜負了媽媽的苦心。

不斷嘗試各種工作的爸媽

住雙溪河畔的洲美路時回到郊區，我們除了抓螢火蟲及屁股墊塊板子在河堤上滑草之外，天天到河裡游泳、撈蜆、抓魚蝦螃蟹，我們經常串門子到松山工農伯父伯母經營的福利社住幾天，或者邀堂兄姊弟妹過來玩，搬到士林時家裡還沒有冰箱，但有一天回家時竟然發現屋裡多了部鋼琴。雖然是二手舊琴，但原裝進口山葉琴聲音非常好，令我欣喜若狂。從此我不必再跋涉去借琴，也更加用功練習了。

有危機意識的媽媽在家中發生變故前就開始在北埔賣桶裝瓦斯，幫新娘化妝外開班授徒教車電繡花，批發國小合作社糖果。上臺北後更是沒見媽媽閒過。由於爸爸的收入不夠而六個小兒嗷嗷待哺，媽媽起先在門口掛牌收學生制服電繡學號，一邊仍推銷產經日文翻譯資料，一年半後新竹女中好友幫忙，介紹她去擔任國泰產物保險日文秘書，這是份穩定的工作。祖母生病之後，媽媽回家開始做大同歌林電視覆布，替外銷洋娃娃梳頭髮綁辮子等家庭代工，後來有機會去了日本觀光客很多的北投中華陶瓷公司做銷售員，不久有一位親戚介紹媽媽去新光紡織廠教日文，媽媽很高興地去上課，原本以為教自己從小熟悉的語言應該很有把握，沒想到除了讀寫說之外還必須要講述文法，這是頗頭痛的事，因而第一次的日文教學生涯落敗，聽說學生跑光光。痛定思痛之餘，媽媽買了一張書桌放在客廳，桌上擺滿教材，每天孜孜不倦地研究日語教學法。幾個月後，爸爸去中山北路邱永漢日語書店買書時看到招考的告示，媽媽去應徵竟然考上日文老師。據說媽媽是當時永漢教室中唯一的臺灣籍老師，諸多工作中最後的永漢日語雖然辛苦，但應該是持續最久且最喜歡的工作。

爸爸在最落難的時期為了繁重的家計曾身兼四職，白天在祥富公司上班，清晨和中午利用休息時間替產經資料社翻譯日文，星期一、三、五晚間在羅斯福路清華補習班教日語，星期二、四晚上和星期六下午、星期日整天在成淵中學夜間部教公民。離開祥富公司後如同在北埔最後幾年那般不斷地動腦筋嘗試各種生計，曾經家中堆滿剛砍下來的一棵棵小聖誕樹，有時則是滿坑滿谷的螃蟹蘭。最後苦讀研發出清洗鍋爐的化學藥品，在一九七四年開始獨自經營理光化學有限公司，養育一群子女長大成人並完成學業外，把北埔時代被牽累的四家金融機關之債務及承接舊事業體信新化學時的巨額借款清償並購置棲身之地。記得爸爸在家裡做實驗調製配方，經常會從大鐵桶冒出白煙或水蒸氣來，我們租來的房子及後院都是準備裝藥品的空塑膠桶，成了弟弟妹妹玩遊戲蓋房子有趣的玩具。有一年三個弟妹同時念私立大學，加上龐大的借款利息，媽媽教書加公司收入仍入不敷出，很幸運地正好有好朋友通報，爸爸竟考上國防部日本《大東亞戰爭史》套書翻譯，花龐大的時間心力將數百萬字的日本文言文譯成中文，除了爬格子用稿費撐起了沉重的開銷負擔，意外的收穫是練就了一身書寫的功夫。

北埔天水堂橫屋老家

上臺北後，每年除夕祖母仍一定回天水堂祭祖，我們幾個孫輩經常趁機跟著祖母回去北埔老屋住幾天，由於年夜飯前必須趕回臺北。我們提著祭品牲禮大包小包，從北埔坐上新竹客運巴士後必須在竹東站轉車，新竹下車後走到公路局，在已經繞了好幾圈的人龍中慢慢排隊，經常要等一兩小時才能上得了車，到了臺北還要再換公車，每次想到這個畫面中已經年邁的祖母，就有說不出的心疼和難過。

雖然北上後對北埔朝思暮想，但每次返鄉當巴士開到分水龍的時候，心裡就有一種說不出的酸楚，因為再過幾個轉彎就會看到不再屬於我們的永光再製茶工廠和洋樓，這種感覺一直到二〇一二年標回洋樓後與合作金庫的點交日才消失。

住在北埔時我以為全世界都講客家話，成為螢橋國小三年級轉學生之後，由於內向害羞又聽不懂閩南話，加上城鄉差距使考試成績突然掉落，受到許多挫折後，我從此非常用功，總覺得只有努力念書和認真彈琴得到誇讚才是最穩當安全的事情。上了國中後我更加用功並且獨來獨往，青澀少年時期覺得前途未知鬱鬱寡歡，連續假及寒暑假只要父母允許並提供車錢，我便一個人回去北埔住在橫屋老家「臥薪嚐膽」，想要考上學費較便宜的公立學校。

偏遠安靜的山城一向很少外地人出現，但一九七三年國三時的春假，北埔街上來了許多大學生，他們在洋樓的鐵門外好奇張望，我告訴其中一位年紀較大，看起來很和善的大哥哥說這是我的老家，但因為已經成為銀行資產所以也無法進去。他的臉上出現了替我悲傷的表情，至此我才知道這是一群臺大的學生，和我講話的親切大學生姓楊，是屏東佳冬的客家人，他幫我從鐵門外拍了一張照片，然後邀我和他們上秀巒山一起野餐，楊大哥告訴我他因為家貧，所以只好念師專做好幾年小學老師，之後努力考上臺大醫學院，夏天畢業後就要去當兵了。他知道我聯考在即，給我加油並且提醒我要多讀課外書，這樁奇遇給我莫大的鼓勵，讓我知道努力可以達成願望。後來這位準醫師除寫信寄照片外，還開了書單給我，失聯多年後最近拜網路之賜，我終於找到這位明師，致謝並邀請他和家人在北埔相聚。

爸爸媽媽人緣非常好，親戚朋友們都喜歡來我們家玩，即使姊姊們畢業或出國了，老同學們還是會主動來看爸爸媽媽，較難得的是雖然家中經濟狀況不佳，爸媽仍是慷慨幫助比我們窮困的親友。我們很少看到爸爸媽媽停下來休息，因為他們永遠必須同時兼好幾份工作。阿公在事業結束後唯一記掛的是今後沒有辦法讓孫兒們受比較好的教育，媽媽每天給我兩張車票讓我不間斷學鋼琴，也是希望我能具備一技之長，因為受教育學得功夫在身別人是永遠拿不走的。雖然祖先留下來的財產都沒有了，但看著父母辛勤的背影長大，身教其實就是最好的無形資產，因而我們六姊弟各個完成高等教育後，在職場上也都全力以赴。用爸爸的話來說就是客語的「不會失人禮」。

我們第三代成家後陸續分散世界各地，蒂玉姊和顯文弟旅居加拿大，茗郁姊在洛杉磯，慧美住荷蘭，惠琳奔波馬來西亞、新加坡、上海，我是子女中唯一一直留在臺灣的，我想我是離不開父母的人，父母在哪裡我就在哪裡，也因為這樣，我的兩個孩子受公婆、父母照顧很多，和老人家特別親近，六個姊弟中我也是聽最多故事的，因為陪爸爸喝酒時就會聽到觀音和北埔發生的精彩大小事，可惜聽眾只有我一人而已，鍾愛歌劇亦曾拜師學京戲的爸爸偶爾會唱起《四郎探母》中那段「我我好比籠中鳥，有翅難展；我好比虎離山，受了孤單；我好比淺水龍，困在了沙灘……」爸爸也常提起「北埔沒有圖書館，如果有一天你們把洋樓買回來可以為家鄉設立一個圖書館」。雖然這個念頭遙不可及，但不知不覺就種在我們心裡頭了。

幸運標回洋樓

二〇一二年四月我陪媽媽參加姜家的家族旅行赴日本，回程前一天，同為大房的堂兄姜武江先生告訴媽媽及我，合作金庫董事會決定要把阿公蓋的洋樓釋出來拍賣的消息。我當下震驚卻強自鎮定，回到臺北後立刻稟告父親，認為神不知鬼不覺，我們要悄悄地去投標。不料正人君子的父親竟然叱責我，說做人要光明磊落，新光吳東昇先生有恩於我們，要不是一九九五年吳先生向合作金庫租用洋樓時，耗鉅資掀起屋瓦大肆整修，洋樓可能早就傾圮垮掉了，即使我們能標到又要如何面對？見爸爸言之有理，我雖然為難且忐忑緊張，仍是遵從父命鼓起勇氣立刻輾轉寫信給吳東昇先生，沒想到收信當天，吳先生就展現成人之美，慷慨允諾放棄參加競標，讓故事有了美麗結局的可能。

經過寢食難安的一整個月，感謝許多貴人相助，有驚無險。五月二十四日中午我和妹妹姜惠琳得標走出合作金庫，在計程車上迫不及待打電話回家告訴爸爸好消息。當下爸爸便決定將他停筆多年不願意講下去的故事寫完了。

可能是不想接受離開故鄉的事實，二十五歲以前的夢境全在北埔兒時熟悉的各個角落，隨著年齡增長逐漸絕望，成為花蓮媳婦後我開始認為此生和家鄉無緣而寄情第二故鄉，一九九六年由於發起搶救東海岸展開另一段的崎嶇旅程。人生很奇妙，萬萬沒有想到自己長期在東部保護生態節節敗退時，學會勇於嘗試及正向思考，廣結善緣，兜了一個大圈，竟能因此促成埋藏心裡不敢說出口的夢想成真。

值得一提的是永光聯誼會，雖然阿公的公司已經解散多年了，這些念舊的老同事們每年仍定期中秋節後在北埔和老東家見面，大家從四面八方攜家帶眷於老字號快樂食堂或家正餐廳敘舊，但礙於場地，大合照後只能依依不捨相約隔年再見，洋樓物歸原主後，我們終於可以在洋樓舉辦永光會了。大家早早來吃粢粑，慢慢聊，用餐結束時在洋樓合影，雖然每一年老人家逐漸凋零，但後代們仍是會來參與，這可貴的情誼早已傳為佳話。而當年全家傷心離開北埔時，雖然有絕情及落井下石者，但畢竟是少數，關心幫忙、患難見真情的親友更多，父母靠雙手埋頭工作，我們很幸運地能夠在人間溫暖中平安健康地長大。

返家

由於離開已經半世紀，天水堂橫屋和洋樓後的穀倉已經損毀嚴重無法居住，在等待金廣福基金會租約期滿離開前，我們先整修橫屋和穀倉來使用。二〇一七年春天，洋樓修復工程終於開始啟動，二十個月漫長的整修期間，新竹縣文化局、道行營造廠、承熙監造建築師及所有權人的我們四方代表，每週固定星期五開工作會議認真討論細節，大家都希望將洋樓修復得盡量完美。雖然老家乃失而復得，令人喜極而泣，但家人都覺得關起門來自己獨享實在可惜。經家族會議討論，除了開放參觀展示洋樓之美之外，決定延續祖父注重教育的精神，成立姜阿新教育基金會，以洋樓為平台，協助偏鄉弱勢家庭孩童教育，目前在大隘三鄉五所中小學設立獎助金，舉辦建築、古蹟文化講座及音樂會，支持客家八音傳承等，希望為故鄉略盡棉薄之力。二〇一八年底姜阿新洋樓完工開幕，啟用後由姜阿新教育基金會管理營運至今。

二〇一三年底回來整修橫屋時，我在家門口遇到原本不相識的鄒瑞枝阿姨，她告訴我，永光公司鄒進維茶師是她父親，五歲時她便和父親住在大坪茶廠裡。鄒阿姨旋即回家拿了兩張我們從未見過的永光大坪工廠老照片，及鄒茶師在臺灣總督府茶業傳習所進修時寫滿筆記、厚如磚塊的製茶專書來，當我們拿照片去加洗奉還時，鄒阿姨竟然只肯收下複製照片，將原件致贈我們珍藏。其實二〇一八年九月初陳懷恩、李權洋導演兩肋插刀為我們拍家族紀錄片時，洋樓仍空蕩蕩地並沒有什麼家具。後來陸續有許多好心人將原本在洋樓的物件送回來，其中有兩個被拆下來的窗櫺及二樓衣櫥通往維修口處放的古琴，住竹北的美瑩姑運回當年祖母送給親弟梅谷舅公的美麗桌子，許教授致贈二十五年前他在洋樓玄關垃圾堆中發現的永光紅茶綠色茶罐，峨嵋廠長朱榮輝夫人巫盡妹阿姨也拿出家裡收藏的 Hoppo tea（Three stars）黃罐包裝，有了這些原版茶葉罐我們後來才能復刻為洋樓的紀念品。另外有位好朋友在舊貨店看到永光茶公司橫山廠的昔時辦公桌，之後原價讓給我們。當然伯母和媽媽也將以前在洋樓生活時使用的器

皿、杯盤及原本的家具、擺飾放回原來的位置。四十年前蒂玉姊全家移民，當時以為將一去不返，身為最受疼愛的長孫女，大姊向阿公要了眠床及祖母的梳妝台帶去加拿大做紀念，沒想到半世紀後買回洋樓，眠床和梳妝台前年飄洋過海，終於再度回到樓下祖父母房間原來的位置了。不久，更神奇地，我們接獲在北埔新購街屋的一位先生來電，說明已過世的原屋主交代這位新屋主無償歸還昔時從洋樓拆下來的八片拉門，此為最近的又一驚喜。

自從買回洋樓老家，我開始相信世界上什麼事都可能發生了！追根究柢，洋樓能夠物歸原主是祖先庇佑下許多心存善念的貴人幫忙，及一連串的好事情累積使然，如今不可思議的奇蹟出現，第三代充滿感激地回到出生成長之地，繼承阿公「讀有益書行仁義事」的家訓及格局，逐漸融入家鄉事，我彷彿看見阿公、阿嬤在天上對著我們微笑了！

People

茶金歲月：北埔姜阿新洋樓的故事

2021年11月初版　　定價：新臺幣380元
2023年9月初版第九刷

著者	廖運潘
叢書主編	林芳瑜
整稿	廖惠慶
	黃雍熙
內文排版	立全電腦
封面設計	兒日

書眉洋樓圖繪者：蕭銘均

出版者	聯經出版事業股份有限公司
地址	新北市汐止區大同路一段369號1樓
叢書主編電話	(02)86925588轉5318
台北聯經書房	台北市新生南路三段94號
電話	(02)23620308
郵政劃撥	帳戶第0100559-3號
郵撥電話	(02)23620308
印刷者	文聯彩色製版有限公司
總經銷	聯合發行股份有限公司
發行所	新北市新店區寶橋路235巷6弄6號2樓
電話	(02)29178022

副總編輯	陳逸華
總編輯	涂豐恩
總經理	陳芝宇
社長	羅國俊
發行人	林載爵

行政院新聞局出版事業登記證局版臺業字第0130號

本書如有缺頁，破損，倒裝請寄回台北聯經書房更換。　ISBN 978-957-08-6058-0 (平裝)
聯經網址：www.linkingbooks.com.tw
電子信箱：linking@udngroup.com

國家圖書館出版品預行編目資料

茶金歲月：北埔姜阿新洋樓的故事/廖運潘著．初版．新北市．
聯經．2021年11月．340面＋16面彩色．15.5×22公分（People）
ISBN 978-957-08-6058-0（平裝）
[2023年9月初版第九刷]

1.姜氏　2.傳記　3.家族史　4.台灣史

783.37　　110017575

附錄

1935年的原版紅茶罐HOPPO TEA。

紅茶罐HOPPO TEA的頂部。

復刻版茶罐毫不遜色。

北埔家鄉的地標鵝公髻山。

依附在大坪茶廠的聚落已成為廢墟。

姜家祖祠天水堂。（林柏樑／攝影）

50年後的大坪造林地現況。

整修前的洋樓。（蔡明易／攝影）

買回洋樓後第一次家庭會議。

洋樓玄關。

一樓大廳。（劉敏耀／攝影）

洋樓內美麗的窗戶、樓梯。

麗芝在極困苦時買給惠慶的二手鋼琴也回來洋樓。

二樓麗芝房間及失而復得的日本十三弦箏。

優美的廊道。

洋樓二樓大廳。

姜阿新曾孫知行的婚禮。（張雅筑／攝影）

知行、安平的草地婚宴。（張雅筑／攝影）

輕鬆的草地婚宴。

姜阿新家族第四、五代。

惠慶和親家母潘憶蘅在婚禮四手聯彈。（張雅筑／攝影）

50年後，分散世界各地的親人回來參加知行與安平的婚禮而首度團聚在洋樓。

廖運潘在洋樓門口弄曾孫。

2015年3月4日結婚紀念日，左起蒂玉、慧美、顯文、惠慶與父母在天水堂橫屋天井。

廖運潘、姜麗芝夫婦和姜惠琳在洋樓的露臺，身後是姜家祖厝天水堂。（駱裕隆／攝影）

姜麗芝離開北埔那天匆忙帶走的一盆植物，跟著搬了八次家現在回到原來的地方了。

阿公，我們回來了。（姜博文／攝影）

廖運潘夫婦參加大稻埕國際藝術節《茶金》連續劇宣傳活動。（邱萬興／攝影）